跨境电子商务理论研究

徐佳蕾 ◎著

中国商业出版社

图书在版编目（CIP）数据

跨境电子商务理论研究 / 徐佳蕾著. -- 北京 ： 中
国商业出版社，2024. 7. -- ISBN 978-7-5208-2948-9

Ⅰ. F713.36

中国国家版本馆 CIP 数据核字第 2024KA1925 号

责任编辑：郝永霞

策划编辑：佟　彤

中国商业出版社出版发行

（www.zgsycb.com　100053　北京广安门内报国寺1号）

总编室：010-63180647　　编辑室：010-83118925

发行部：010-83120835/8286

新华书店经销

廊坊市源鹏印务有限公司印刷

787毫米×1092毫米　　16开　　12.75印张　　217千字

2024年7月第1版　2024年7月第1次印刷

定价：68.00元

（如有印装质量问题可更换）

前　言

　　跨境电子商务作为电子商务的重要组成部分，已成为我国企业开展国际贸易活动的重要工具，成为我国对外贸易稳定增长和协调的动力。"一带一路"倡议的逐步实施，为中国电子商务走向世界提供了助力。中国的电子商务进入了新的发展阶段：规模发展与规范发展并举。特别是"互联网＋"行动计划以来，电子商务在拉动内需、促进就业和促进创业的作用正空前显现出来。全国从中央到地方多个层面和行业对电子商务的认识逐步提高，电子商务这一先进生产力正在成为我国经济社会新的发动机。在当前新的发展形势下，电子商务企业自身经营管理工作的开展面临着很多新的要求和挑战，我们应该围绕大数据技术应用的相关需求和特点，对自身的电子商务企业管理的模式进行更好的改进和优化，才能更好地促使电子商务企业自身管理水平的提升，让其具备更强的市场竞争能力和适应能力。

　　本书是现代跨境电子商务方向书籍，从现代跨境电子商务概述入手，对跨境电子商务平台与电子商务生态体系进行了探讨；对跨境电子商务网络营销推广与品牌营销进行了分析研究；对跨境电子商务采购与仓储，跨境电子商务客户服务做了一定的介绍；对跨境电子商务风险防范，大数据环境下跨境电子商务金融创新管理提出了建议；最后对大数据环境下的跨境电商支付与物流发展进行了探索。跨境电子商务不仅为中国的商家提供了更广大的国际市场，为创业者提供了更多的机会，也促使中国企业不断提升自身品质，中国制造业的自有品牌和综合素质不断提高。

　　由于跨境电子商务发展快速并不断变化，再加上时间仓促，书中难免存在不足之处，欢迎广大读者批评指正。

目 录

第一章 跨境电子商务概述

第一节 跨境电子商务基础

一、电子商务与跨境电子商务的概念

（一）电子商务的概念

21 世纪，要么电子商务，要么无商可务，电子商务的狂潮正在全面勾画我们这个时代的传奇。电子商务通常是指在全球各地广泛的商业贸易活动中，在互联网开放的网络环境下，基于浏览器或服务器应用方式，买卖双方不谋面地进行各种商贸活动，实现消费者的网上购物、商户之间的网上交易和在线电子支付，以及各种商务活动、交易活动、金融活动和相关的综合服务活动的一种新型的商业运营模式。

电子商务的前提条件就是信息化、数据化，信息的采集、加工和处理及信息内容的合理、准确是电子商务发展推广应用的根基。

人是电子商务的核心。第一，电子商务是一个社会系统，社会系统的中心必然是人；第二，商务系统实际上是由围绕商品交易的各方面代表和各方面利益的人所组成的关系网；第三，在电子商务活动中，虽然我们时常强调工具的作用，但归根结底起关键作用的是人。由于电子商务是现代信息技术与现代商务的有机结合，因此，一个国家、一个地区能否培养出一大批能够掌握运用电子商务理论与实际操作技术的复合型人才就成为该国、该地区发展电子商务的关键因素。

（二）跨境电子商务的概念

跨境电子商务作为电子商务的重要分支，已经成为我国企业开展国际贸易活动的重要手段，更成为当前我国对外贸易稳增长、调结构的推动力量。

所谓跨境电子商务，是电子商务应用中一种较为高级的形式，是指分属不同关境的交易主体通过电子商务平台达成交易、进行支付结算，并通过跨境物流送达商品、完成交易的一种国际商业活动。它被国际社会普遍认为是一种以电子数据交换和网上交易为主要内容的商业模式。

跨境电子商务脱胎于一种被称为"小额外贸"的外贸形式。这种形式主要是交易双方通过互联网达成交易，通过 PayPal 等第三方支付方式进行支付结算。由于买方多为个人、交易产品量小、交易金额小，这类贸易当时主要通过 DHL、联邦快递等快递方式完成运送，形成了一个区别于传统贸易流程的进出口交易方式。

跨境电商的发展离不开国内电子商务的支持，随着国内电子商务的蓬勃发展，企业"触电"成为大势所趋。此外，经济全球化的进一步发展也将"触电"的范围扩展到境外，跨境电商开始崭露头角。相对于传统的电商而言，跨境电商具备了全球性、即时性以及便捷性等多种特点，使下单、付款都能够在更短的时间内完成，同时，在出口贸易中省去了很多中间环节，实现了无国界贸易。

二、电子商务和跨境电子商务特征

跨境电子商务是基于网络发展起来的，相对于物理空间来说，网络空间是一个新空间，是一个由网址和密码组成的虚拟但客观存在的世界。网络空间独特的价值标准和行为模式深刻地影响着跨境电子商务，使其不同于传统的交易方式而呈现出自己的特点。跨境电子商务是在电子商务的基础上发展起来的，因此，其既具有电子商务的一般特征，又具有其独有的特征。

（一）电子商务的一般特征

1. 商务性

这是电子商务的本质特性，即提供买卖交易的服务、手段和机会。

2. 服务性

电子商务作为一种交易方式，必须有相应的服务作为支撑。电子商务环境下交易的大多数仍然是传统的商品，商品没有变，但服务模式却发生了改变。通过更完善的服务满足客户的需求，提高客户的满意度，这是开展电子商务的关键。

3.方便性

在电子商务环境中，人们不再受地域的限制，客户能以非常简捷的方式完成过去较为繁杂的商业活动（如通过网络银行能够全天候地存取账户资金、查询信息等），同时可以使企业对客户的服务质量得以大大提高。在电子商务经营活动中，有大量的人脉资源可开发和沟通，且从业时间灵活，在完成公司业务要求的同时，既解决了就业问题，又获取了劳动报酬。

4.安全性

安全性是电子商务发展和应用的必然要求，同时又是目前制约电子商务可持续发展的重要因素。

5.协调性

商务活动是一种协调过程，它需要雇员、客户、生产方、供货方以及商务伙伴间的协调。为提高效率，许多组织都提供了交互式的协议，使电子商务活动可以在这些协议的基础上进行。

6.可扩展性

企业运用电子商务是一个循序渐进的过程。企业电子商务的解决方案必须随着客户群的变化、企业业务的发展、市场环境和管理环境的变化而进行扩展和调整。

（二）跨境电子商务特征

1.全球性

跨境电子商务让贸易自由度大大拓展了，因此，具有了全球性和非中心化的特性。跨境电子商务与传统的交易方式相比，一个重要特点在于它是一种无边界交易，突破了传统交易所具有的地理因素限制，互联网用户不需要跨越国界就可以把产品尤其是高附加值产品和服务提交到市场。网络的全球性特征带来的积极影响是信息的极大程度的共享，而消极影响是用户必须面临因文化、政治和法律的不同而产生的风险。任何人只要具备了一定的技术手段，在任何时候、任何地方都可以让信息进入网络，相互联系并进行交易。比如，一家很小的爱尔兰在线公司，通过一个可供世界各地的消费者点击观看的网页就能顺利通过互联网销售其产品和服务。只要消费者接入了互联网，很难界定这一交易究竟是在哪个国家内发生的。

2. 无形性

网络的发展使数字化产品和服务的传输盛行。数字化传输是通过不同类型的媒介(例如数据、声音和图像)在全球化网络环境中集中进行的,这些媒介在网络中是以计算机数据代码的形式出现的,因而是无形的。数字化产品和服务基于数字传输活动的特性,必然具有无形性。传统交易以实物交易为主,而在电子商务中,无形产品却可以替代实物成为交易的对象。以书籍为例,传统的纸质书籍其排版、印刷、销售和购买被看作产品的生产、销售,然而在电子商务交易中,消费者只要购买网上的数据权便可以使用书中的知识和信息。

3. 无纸化

跨境电子商务主要采取无纸化操作作为主要交易方式,这是以电子商务形式进行交易的主要特征。在跨境电子商务中,电子计算机通信记录取代了一系列的纸面交易文件,用户发送和接收信息的整个过程实现了无纸化。无纸化带来的积极影响是使信息传递摆脱了纸张的限制,但由于传统法律的许多规范是以规范"有纸交易"为出发点的,因此,无纸化也带来了一定程度上的法律空白和管理真空。

4. 即时性

对于网络而言,传输的速度和地理距离无关。传统国际贸易交易模式中的信息交流方式,如信函、电报、传真等,在信息的发送和接收间存在着长短不同的时间差。而跨境电子商务中的信息交流,无论实际时空距离远近,一方发送信息与另一方接收信息几乎是同时的,就如同生活中面对面交流。跨境电子商务可以通过跨境电子商务交易平台,实现多国企业之间、企业与最终消费者之间的直接交易。

5. 虚拟化

网络经济时代的国际贸易活动将以物理空间为主转向以数字媒体空间为主,出现了诸如虚拟要素市场、虚拟商品市场、虚拟金融机构等虚拟经济场所和经济主体。跨境电子商务通过网上"虚拟"的信息交换,开辟了一个更加开放、多维、立体的市场空间。虽然跨境电子商务交易过程在虚拟的场景中进行,但这种"虚拟"并不等于"虚无",贸易活动仍然实实在在地进行着。

6. 小批量

"小批量"是跨境电商相对于传统贸易而言的，单笔订单大多是小批量，甚至是单件。这是由于跨境电子商务实现了单个企业之间，或者单个企业与单个消费者之间的交易。随着电子商务公司兰亭集势在美国上市，以小额高频率订单以及在线交易为核心的跨境电子商务越来越受到消费者青睐，小额跨境电子商务，即所谓的 B2C。

7. 高频度

高频度是指跨境电子商务实现了单个企业或消费者能够即时按需要采购、销售或消费。因此，相对于传统贸易而言，交易双方的交易频率大幅提高。

8. 税收监管难

互联网是一个新生事物，现阶段它尚处在成长时期，故网络设施和相应的软件协议对未来发展具有一定的不确定性。但各国税法制定者必须考虑的问题是，网络像其他的新生事物一样，必将以前所未有的速度和无法预知的方式不断演进。基于互联网的电子商务活动也处在瞬息万变的过程中，短短的十几年中，全球电子交易经历了从 EDI 到电子商务零售业兴起的过程，数字化产品和服务更是花样出新，不断地改变着人类的数字化生活与数字经济的发展轨迹。

一般情况下，各国为维护社会的稳定都会注意保持法律的持续性与稳定性。税收法律也不例外，这就会引起网络的超速发展与税收法律规范相对滞后的矛盾。如何将每分每秒都处在发展与变化中的网络交易纳入税法的规范，是国际税收监管领域的一个难题。跨境电子商务具有不同于传统贸易方式的诸多特点，而传统的税法制度却是在传统的贸易方式下产生的，必然会在电子商务贸易中存在漏洞。因此，跨境电子商务也给税收法律规范带来了前所未有的冲击与挑战。

三、跨境电子商务的模式

按照跨境电子商务的交易主体分类，目前，我国跨境电子商务主要分为企业对企业（简称 B2B）的跨境电子商务，企业对消费者（简称 B2C）的跨境电子商务，消费者对消费者（简称 C2C）的跨境电子商务。B2C 和 C2C 合称为跨境零售贸易。

（一）我国跨境电商的主要模式

1.B2B 模式

B2B 模式的跨境电子商务是指一国（地区）供应商使用跨境电商平台，或通过互联网和电子信息技术向其他国家企业提供商品和服务的国际商业活动。其交易活动的内容包括：一国企业向另一国供应商进行的采购；一国企业向另一国客户的批量销售；一国企业与另一国合作伙伴间业务协调等。

企业运用电子商务以广告和信息发布为主。从实现方式来看，企业可以通过自建网站直接开展 B2B 交易，也可以借助电子中介服务来实现 B2B 交易。自建网站开展 B2B 的企业多为产业链长、业务伙伴多，或自身专业性强的大企业、跨国公司，如飞机、汽车、计算机等行业的制造商、大型批发、零售企业等，主要用于公司自身的业务和对供应商、销售商的服务；借助中介服务实现 B2B 的企业则多为中小型企业。在表现形式上，B2B 跨境电子商务主要分为以企业为中心的 B2B 和以电子市场为中心的 B2B 两种：以企业为中心的 B2B 模式又分为卖方集中模式和买方集中模式两种，由卖家企业面向多家买家企业搭建平台销售其产品称为卖方集中模式；由买家企业面向多家供应商搭建平台采购原材料、零部件、经销产品或办公用品则称为买方集中模式。以电子市场为中心的 B2B 模式则可分为垂直和水平两种类型：垂直市场专门针对某个行业，如电子行业、汽车行业等；水平市场则是普遍适用于各个行业的宽泛的交易平台。B2B 跨境电子商务代表网站有阿里巴巴国际站、中国制造网等。

2.B2C 模式

B2C 模式的跨境电子商务，主要参与者是一国企业与另一国个体消费者。从实现方式来看，可以分为 B2C 跨境电子商务平台和自建的 B2C 跨境电子商务网站，采用国际航空小包和国际快递等方式将国内的产品或服务直接销售给国外消费者。根据 B2C 跨境电子商务的分类方式，B2C 跨境电子商务的应用模式有百货商店式、综合商场式和垂直商店式三种类型。

百货商店式，即企业拥有自己的跨境电子商务网站和仓库，自己进行商品的采购，库存系列产品，甚至拥有自己的品牌来满足客户的日常需求，实现更快的物流配送和更好的客户服务。如唯品会、兰亭集势、米兰网等。

综合商场式，也可称为平台式，这种模式拥有较为稳定的网站平台、庞大的消费群体、完善的支付体系和良好的诚信体系，不仅引来众多卖家进驻商城，而且吸引很多消费者来购物。如全球速卖通、敦煌网等，如同国内的天猫仅仅是提供完备的销售系统平台，任买卖双方自由地选择交易，不负责采购、库存和配送。

垂直商店式，满足某种特定的需要或某些特定的群体，提供这一领域的更全面的产品和更专业的服务。如国内的麦考林、乐蜂网等都属于这种模式，但在 B2C 跨境电子商务中，还没有这样的平台。

3.C2C 模式

在 C2C 模式中，电子商务活动的主要参与者都是个体消费者。该模式指的是不同国家之间个体消费者在互联网上进行的自由买卖，其构成要素除买卖双方外，还包括电子交易平台供应商。拍卖就是最为常见的 C2C 交易方式，如 eBay。这种拍卖网站成功的关键是吸引足够的买家和卖家，形成足够物品的拍卖市场，所以，那些有大量访问者的网站就有条件进入这个领域。诸如 Yahoo 等门户网站以及网上书店的先锋 Amazon.com 都相继开通了拍卖业务。在这种模式下，买家和卖家的数量越多就越有效，新加入的拍卖者都趋向于选择已有的拍卖网站，这就使得已有的拍卖网站比后来跟进的新拍卖网站天生更有价值，经济学家称之为锁定效应。

特殊消费品拍卖网站就是一些企业面临锁定效应给其带来的不利影响，避免在普通消费品拍卖市场上与 eBay 这样强大对手的竞争，而采取瞄准特殊目标细分市场的背景下产生的。早期的一些特殊消费品网站主要是瞄准技术产品（如计算机、计算机配件等），之后出现专门拍卖其他物品的网站（如 Stubhub 专门拍卖演出门票、Golf Club Exchange 专门拍卖高尔夫球杆、Winebid 专门拍卖葡萄酒等），这些网站通过定位于某个明确的细分市场获得了竞争优势，得以同 eBay 这样的大型拍卖普通消费品的网站共存下去。

（二）国内小额跨境电子商务模式分类

根据价值链分析方式，将国内的小额跨境电子商务的商业模式分为自营式电商模式、平台式模式、综合服务商模式以及企业应用型模式等四种。

1. 自营式电商模式

自营式电商模式是指企业以标准化的要求，对其经营的产品进行统一生产或者采购、产品展示、在线交易，并通过物流配送将产品投放到最终消费群体的行为。自营式电商模式具有品牌力强、产品质量可控以及交易流程管理体系完备等特征。

大宗制造业的外贸门槛较高，所以催生企业自建外贸平台来向海外销售自己的产品，这种模式比较有代表性的是兰亭集势等。这类跨境电商大都通过组建自己一整套的渠道供应链，销售特定类型的产品，它们有两个显著的特点：产品集中差异化以及货物的小包化。所谓产品集中差异化，是指这类电商大都选取一种或几种利润比较高的产品，如数码产品、婚纱等；货物的小包化则指的是它们的客户大多是终端的消费者，无须大宗货物的物流，只需要特定的国际快递解决物流问题。

2. 平台式模式

平台式模式又可以称为信息中介模式，这种模式是通过集中买卖双方的信息，并提供给供应商或者客户进行直接交易。最典型的案例是以阿里巴巴国际交易市场、环球资源网为代表的电商模式。近些年创立的阿里巴巴是全球企业间电子商务的著名品牌，它为数千万网商提供海量商机信息和便捷安全的在线交易市场。买家如果在国际站上采购样品或外贸试单，就像在自由市场买东西，产品价格需要买卖双方商议确认后订单才能继续进行。环球资源网创立于1971年，公司主要是外贸B2B贸易平台以及举办展会和出版电子类杂志等产品，公司前身为亚洲较早的贸易市场资讯提供媒体。这种模式下的电商只是作为不同国家或地区企业之间的贸易平台来进行信息展示，其收入来源主要是通过向会员收取一定额度的会员费。

3. 综合服务商模式

综合服务商模式是一种新的电子商务趋势，其核心功能不再局限于产品的销售上，还要在物流、支付以及产品质量控制等各方面进行拓展。实际上，国内的很多电子商务企业（如京东、天猫等）都在积极探索综合服务型电商模式，如京东已建立自有物流配送体系；天猫除了延续阿里巴巴的支付宝支付平台之外，也在积极寻求建立自有物流体系。

在跨境电商中，敦煌网、阿里全球速卖通是综合服务电商的代表型企业。与环球资源网等不同的是，这种模式不只是提供一个交易的平台，更重要的是还可以帮助国内出口企业进行物流、支付、客户管理等，相当于国内的京东、淘宝。电商平台的盈利模式已经不是收取会员费，转而收取交易佣金。

值得注意的是，这种模式为很多人创造了打通上下游渠道的便利，很多在线上拥有店铺的人会将敦煌网上的厂家产品图片放在自己的网店上，专注于客户的开发，省去了库存、物流等环节。

4.企业应用型模式

随着技术及市场环境的变化，电子商务被传统企业应用并获得很大的成功，而跨境电商在企业中的应用有更大的针对性。尤其是爆发全球金融危机以来，国内很多加工出口型企业受到国际经济形势的影响，不得不考虑新的商业运作方式，有利用跨境电子商务模式进行外贸交易。

这种模式下，企业仍然要进行生产活动，相比于传统的生产型企业的价值创造，这种模式一部分价值来源于对跨境电商的应用，主要包括对前面三种电子商务平台的组合利用以及自身建立电子商务网站来进行销售活动。

第二节 跨境电子商务经济理论

一、国际服务贸易与跨境电子商务

（一）国际服务贸易与跨境电子商务的内涵

1.国际服务贸易的概念和分类

国际服务贸易是指当一国或地区的服务提供者向另一国或地区的服务需求者（包括自然人、法人或其他组织等）提供服务时，按照自愿有偿的原则取得外汇收入的过程，即服务的出口；一国或地区的服务消费者购买另一国或地区服务提供者的有效服务，即服务的进口。

目前，普遍接受的是WTO《服务贸易总协定》(GATS)关于服务贸易的分类方法。《服务贸易总协定》将服务贸易分成12大类，包括商业服务，通信服务，建筑服务，销售服务，教育服务，环境服务，金融服务，健康及社会服务，旅游及相关服务，文化、娱乐及体育服务，交通运输服务和其他服务。

采用《服务贸易总协定》的标准分类已成为一种惯例，加入WTO的新成员均按该分类做出具体的入世承诺。需要注意的是，WTO关于服务贸易的定义，虽然没有注明"国际"字眼，但WTO属多边协定性质，其条款适用于所有世贸组织成员，所以该定义应属国际服务贸易范畴。

2. 跨境电子商务与国际服务贸易的关系

跨境电子商务是电子商务的一种特殊形式。电子商务是以信息技术为基础、以商务活动为主体、以电子化方式为手段，在法律许可范围内进行的各种商务活动。电子商务本身是传统商务活动的电子化，其本质依然是商务，属服务业范畴，是现代服务业的一个重要组成部分。因此，跨境电子商务也应属于服务业范畴，是国际服务贸易的一种形式，也是现代服务业的一个重要组成部分。

电子商务服务业是指伴随着电子商务的发展、以信息技术为基础而衍生出来的为电子商务活动提供各种服务的各行业的集合，是一种新兴服务行业体系。目前，电子商务服务业在内涵上有两种理解：一是广义的理解，是指传统服务业自身的电子化，即传统服务业借助互联网信息技术优化升级后实现服务的电子化，其实质是技术进步引起的产业自身的优化升级，属于新技术应用、产业改造升级的范畴；二是狭义的理解，是指随着电子商务的发展催生或衍生出的专门为电子商务活动提供服务的新兴服务行业体系，实质就是服务业自身的延伸和深化。

跨境电子商务是国际服务业中通信服务与销售服务融合发展的产物，具有创新性，是人类社会新技术发展应用而衍生的新兴产业或行业，也是一种商业模式的创新，富有广阔的发展前景，属于创新技术应用和衍生的范畴。

(1) 跨境电子商务是计算机和信息服务贸易的延伸和深化

跨境电子商务是在信息技术尤其是互联网技术取得突破后发展起来的，通过不断应用新技术，将现有通信技术集成应用到一个新的环境中，属于一种商业模式的创新。因此，跨境电子商务服务在 GATS 关于服务贸易部门分类里应属计算机和信息服务贸易范畴，是信息技术不断进步和创新引致的发展结果。

(2) 跨境电子商务是分销行业与互联网结合的新业态

通信手段的革命、信息处理能力的大幅提高以及信息网络的广泛应用，使现代经济中的生产、流通、分配和交换环节发生了根本性的变化。虽然跨境电子商务业态使得商品流通方式更加快速、便捷，加快了信息、资源、资金、商品和服务的流转，但并没有改变商品的流通本质。从这个意义上来说，跨境电子商务是 GATS 服务贸易分类中分销服务中的批发和零售这种传统行业与互联网和信息技术结合并不断创新发展的一种新型服务贸易业态形式。

(3) 跨境电子商务的本质是创新经济

"创新"是指"企业家实行对生产要素的新的结合"。例如,熊彼特的"创新"不等同于技术上的新发明,只有把技术发明应用于经济活动,并创造了相应的体制和管理组织为其做保证,才能成为创新,也才能促进经济的发展。在跨境电子商务业态形成过程中,技术创新、管理创新、制度创新、观念创新尤其是制度创新已经成为市场主体生存和发展的关键、成为经济增长的强大推动力。跨境电子商务服务业积极开展技术创新、商业模式创新和服务创新等各类创新,已经成为新兴的、备受关注的现代服务业。

综上所述,跨境电子商务是国际服务贸易自身的延伸和深化,是信息技术进步催生或衍生的新兴行业,也是计算机和信息服务贸易、分销行业与互联网结合的新业态,其本质应当属于创新经济。

(二)计算机与信息服务贸易及跨境电子商务

1.计算机与信息服务贸易的含义

计算机与信息服务业是为满足使用计算机或信息处理的有关需要而提供软件和服务的行业。计算机与信息服务业和计算机制造业区别开来,归属于服务业中的信息服务。

计算机与信息服务业是一种不消耗自然资源、无公害、附加价值高、知识密集的新型行业,是信息产业的重要构成部分。如果按照产业大类来划分,信息服务业属于服务业。信息服务业是服务业的一部分,因而信息服务贸易理所当然是服务贸易的一个构成部分。

2.跨境电子商务是信息技术进步引致的发展

(1) 工具的创新

当前,正在发生的第四次科技革命以信息革命和生物工程等为主要特征,为国际贸易创新提供了技术基础。跨境电子商务就是其主要创新成果之一,它为国际贸易提供了新的交易工具、支付工具、沟通工具和物流工具等,是当代国际贸易创新的重要组成部分。

(2) 成本降低

信息技术的发展使跨境电子商务能显著降低企业的交易成本,如时间成本、营销成本、渠道成本、物流成本、资金周转成本、信用成本等。

首先，降低交易成本。信息技术和网络的发展直接将交易双方联系在一起，缩短了生产厂商与最终用户之间供应链上的距离，降低了交易成本。相较于传统外贸，跨境电商通过互联网减少了中间环节，直接对接终端需求，降低了渠道成本，也降低了外贸企业和消费者的时间成本、信用成本。

其次，降低营销成本。跨境电商具有海量商品信息库、个性化广告推送、口碑聚焦等优势，可有效降价外贸的营销成本。

再次，降低物流成本。外贸企业通过专业的跨境电子商务物流平台，能够提高物流运输效率和降低物流成本，同时，有效解决物流运输中供需信息的不对称问题。

最后，降低资金周转成本。传统外贸的多级分销零售体系中，各级分销商和零售商之间往往存在复杂的账目关系，呆账和坏账比较多，甚至影响企业资金流转速度；跨境电商使企业渠道层级简化，电子支付服务能够帮助企业直接在网上完成支付结算过程，从而降低企业资金周转成本。

此外，跨境电子商务还降低了市场准入条件，减少了企业竞争的无形壁垒，降低了中小企业和新企业进入市场的初始成本。

(3) 创新经济形态

信息技术的发展不仅使跨境电子商务有效降低企业交易费用，而且正在改变世界市场的交易结构和形态。由于信息技术的突破，才使跨境电商这一应用模式得以发展，即信息技术的创新导致商业模式的创新得以实现。

按创新对象将创新分为五种不同的类型：新产品、新的生产方式、新的供应源、开辟新市场、新的企业组织方式。其中，产品创新和工艺创新受到经济学界的普遍关注，但是，不能因此而忽略创新的其他重要方面。按照熊彼特的观点，组织创新还包括企业之间的安排，比如整个产业的重组，跨境电子商务更多体现的是一种组织创新。跨境电子商务改变了传统的外贸模式、简化了贸易流程、降低了交易成本，进而提高了经济效益，无疑是一种重大的创新。通过跨境电子商务可以构建起一个 e-marketplace，集聚世界各地的信息，从而在市场无限扩大的情况下，仍然从制度上保证了国际贸易活动的效率。

（三）分销服务贸易与跨境电子商务

1. 分销服务的内涵与外延

分销服务是产品从生产者向消费者转移过程中所涉及的一系列的活动。专门从事将商品从生产者转移到消费者活动的机构和人员被称为分销商，分销服务活动大规模发展并形成产业，而产业化以后，就形成了分销服务业。分销服务业对于一个国家的经济发展至关重要，是国家支柱性行业，也是国际服务贸易的重要组成部分。

根据 WTO 协议，分销服务所提供的服务主要包括四个部分，即佣金代理服务、批发服务、零售服务和特许经营服务。根据 WTO 各成员方普遍认可的规定和我国相关国内法，批发服务包括向零售商、工业、商业、机构或其他专业性企业用户或其他批发商销售商品；零售是专门销售为个人或家庭消费用的商品。各部分不仅提供其主要服务，还包括了相关的附属服务，分销服务业提供的不仅仅是商品，更重要的是服务。分销服务是服务贸易的一个重要内容。

2. 跨境电子商务时代的分销和零售

分销服务是一种新的服务贸易领域，分销和零售是服务贸易的重要组成部分，各国都非常重视分销和零售业的发展。跨境电子商务是分销和零售在互联网时代的创新发展，跨境电子商务的发展更推动了分销和零售模式的创新。

(1) 跨境电子商务时代分销渠道的扁平化

传统的分销渠道由生产商、批发商、代理商、零售商共同组成，渠道的每一环节都很重要。这种现象被称为"微笑曲线"，制造商和中小分销商占据了"微笑曲线"的两端，批发商则沉重地坠下去了。

信息技术和跨境电子商务的发展使得传统国际贸易分销渠道发生了很大变化，各生产环节的联系更加方便。通过网络，生产企业可以直接与最终用户进行联系，大大减少了流通环节、降低了中间成本。由于制造商可以跨越中间商，与国外的零售商直接签订协议，直接交易，国际贸易流通渠道明显减少、中间层次不断压缩，进而所需的业务人员与直销人员也明显减少，分销商的数量也减少了，还出现了虚拟分销部门等企业内外部的虚拟组织，流通渠道呈多元化发展。

（2）跨境电子商务时代零售模式的创新

以云计算、物联网以及大数据为主的信息技术的发展给零售业跨境电子商务业态提供了技术支持，带来了新的机会，从而带动零售业商业模式的不断创新。

第一，信息技术的发展带动跨境电商零售模式的创新。新的信息技术带动了零售业跨境电子商务各种模式的创新，如与社交网络 (SNS) 的融合、与移动互联网的融合、与云计算的融合。最为突出的是移动模式的推出，随着交易平台和风险控制机制的完善，天猫国际、京东全球购、1 号海购、亚马逊等各种形式的跨境电商都推出了手机客户端。也就是说，只要你有一部智能手机，有网络，打开相应的客户端就可以随时随地进行电子商务，不再受 PC 客户端和宽带网络的限制。

第二，零售业跨境电子商务营销方式更注重创新。信息技术的发展使得零售业跨境电子商务业态的营销方式更加注重创新。各跨境电商通过与 SNS、微博、微信等进行整合，创造了跨境微商的新模式，通过适时推送产品信息，经过人们之间的评价、分享、转发等多种方式传播。同时与各种 App 整合，扩大经营规模，将经营链条延伸到互联网用户身边，满足并创造消费者需求，最大限度地节约了常规销售中的层层耗费和广告成本。近期，洋码头、海蜜、蜜芽等众多跨境电子商务平台在其 App 内设置新社区来开辟社交功能，希望增加客户黏性，提高客户忠诚度。例如，贝贝网、蜜芽、宝宝树等母婴跨境电商平台也都推出各自"社区频道"，进行 SNS 营销。

二、数字经济理论与跨境电子商务

（一）数字经济的概念和基本特征

1. 数字经济的概念

发生在虚拟而又严谨的数字空间中，应用数字技术、交易数字产品等相关的经济活动被称为数字经济。数字经济是新经济。

数字经济是一个经济系统，在这个系统中，数字技术被广泛使用，并由此带来了整个经济环境和经济活动的根本变化。数字经济也是一个信息和商务活动都数字化的全新的社会政治和经济系统，数字经济主要研究生产、分销和销售都依赖数字技术的商品和服务。

数字经济包括两个方面，即电子商务及其赖以实施的信息技术产业。

数字经济是从信息存在形式的角度来描述经济态势。美国商务部报告认为，在这场"数字革命"中，互联网是基础设施，信息技术是先导技术，信息产业是带头和支柱产业，电子商务是经济增长的发动机。由于数字经济较好地反映了信息技术数字化和网络数字化的现实，所以说，电子商务经济也是数字经济的直接表现形态。

2. 数字经济的基本特征

(1) 快捷性

互联网突破了传统国家和地区界限，网络使整个世界连为一体，形成一个"地球村"。人们的信息传输、经济往来更加快捷，数字经济以接近于实时的速度收集和处理信息，大大加快了国际商务处理节奏。

(2) 高渗透性

因为信息和网络技术的高渗透性功能，信息服务业迅速向第一、第二产业扩张，三大产业之间的界限日渐模糊，第一、第二和第三产业互相融合的趋势明显。

(3) 自我膨胀性

数字经济的价值等于网络节点数的平方，这说明网络的产生和带来的效益将随着网络用户的增加呈指数形式增长。在数字经济中，优劣势出现及达到程度会因为人们的心理反应和行为惯性不断加剧并自行强化，出现"强者更强，弱者更弱"垄断局面。

(4) 边际效益递增性

其一是数字经济边际成本递减。即每增加生产一单位的产品，其生产所费成本逐步减少。如软件行业在研发阶段一次性投入研发成本，此后每生产一份软件产品，只不过是研发结果的简单拷贝，因此，数字技术的虚拟性及可复制特性决定了数字经济的边际成本递减规律。

其二是数字经济具有累积增值性。数字经济中的互联网领域一直被梅特卡夫法则(Metcalfe Law)所支配，即网络的价值等于其节点数的平方。因此，网络的价值会随着与其连接结点(计算机)数目的增加而快速增值。对一个网站而言，点击率便是"结点数目"的具体体现，同时也是衡量网站价值的主要指标。

(5) 外部经济性

网络的外部性是指每个用户从使用某产品中得到的效用与用户的总数量有关。使用人数越多，每个用户得到的效用就越高。

(6) 可持续性

数字经济可实现社会经济的可持续发展，有效杜绝由于传统工业生产所带来的资源过度消耗、环境污染和生态恶化等弊端。

(7) 直接性

在数字经济中，网络的发展使生产者与消费者可以直接联系，减少了中间环节，导致经济组织结构更扁平化，也大大降低了交易成本，提高了包括宏观和微观在内的数字经济效益。

3. 数字经济的本质

数字经济的本质在于信息化。信息化是由计算机与互联网等生产工具的数字技术革命所引致的工业经济转向信息经济的一种社会经济过程。具体说来，信息化包括信息技术的产业化、传统产业的信息化、基础设施的信息化、生活方式的信息化等内容。信息产业化与产业信息化，即信息的生产和应用两大方面是其中的关键，其中，信息技术在经济领域的应用主要表现在用信息技术来改造农业、工业和服务业等传统产业上。

当今，以信息技术为代表的高新技术突飞猛进，以信息化和信息产业发展水平为主要特征的综合国力竞争日趋激烈。世界各国都普遍关注信息化对经济发展和社会进步带来的深刻影响，发达国家和发展中国家都十分重视信息化，把加快推进信息化作为经济和社会发展的战略任务。数字革命创造的信息产业是一种战略性新兴产业，其本质规律就是信息化推进了人类社会的文明与进步。

（二）大数据技术与跨境电子商务

1. 大数据时代到来

新一代信息技术在电子商务服务中得到了快速应用，大数据技术的发展得到了世界各国的极大关注，美国政府将大数据定义为"未来的新石油"，大数据已经成为全球语言。但对于大数据的定义众说纷纭，没有统一的规范定义。

大数据的四项典型特征，即所谓的"四个 V"是：①海量（Volume）：数据巨大,从 TB 级别跃升到 PB 级别。②多样性 (Variety):是指数据类型繁多,如图片、音频、视频、网络日志、地理位置信息等。③高速 (Velocity):是指数据被创建和移动的速度快,企业创建实时数据流,快速处理分析并实时返回,以满足用户实时需求。④易变性 (Variability):大数据的多样性意味着大数据会呈现出多变的形式和类型。

大数据是一次颠覆性的技术变革,大数据分析已经成为各行业研究的热点,对于各企业和各行业都将产生巨大的影响。在大数据时代,数据量将呈指数级爆炸。由此可见,电子商务网站的数据正是典型的大数据。

电子商务在发展过程中,经历了三个时代:①基于用户数的时代,电商企业赚取利润的方式主要通过收取会员费、广告费等;②基于销量的时代,电商企业主要通过广告营销来促进销量增长,创造企业价值,提升品牌影响力;③基于数据的时代,电商收集、分析、整合消费者的海量数据,挖掘商业价值,进行个性化和精确化营销。在大数据时代,数据资源越来越有用,电子商务企业在开发利用大数据市场上存在着巨大的发展前景。

2. 大数据在跨境电子商务中的应用

通过将大数据技术应用于国际商务与贸易领域,极大提高了跨境电子商务的运营效率。跨境电子商务各个环节几乎都可以利用数据形式来运作,采购、营销、客户管理、财务核算、运营管理等都利用数据视图进行分析运作,提高了跨境电子商务各业务环节的效率。

(1) 大数据用于跨境电子商务外部营销

①利用大数据实现跨境电商企业个性化、精准化营销。通过大数据分析,跨境电子商务企业能准确地找到潜在的客户,实现精准分析和精准营销,提高商品成交率,实现利润最大化,使得企业在开拓海外市场时更加快速高效。比如 eBay、速卖通等跨境电商可根据用户以往的购买记录和浏览记录来判断该客户想要购买的商品,或者根据相似特征用户的喜好和购买记录来推断该用户的潜在需求。通过各种因素的综合分析判断,这些电商的后台可以在短短几秒时间里将特定商品页面推送给相应的用户。

②通过全球大数据平台整合寻找全球消费新增长点。通过大数据分析,全球各大数据平台能够充当"全球经济雷达",使跨境电子商务企业更好地了解全球消费走势,从而更敏锐地发现新市场、创造新市场和创造新的就业

机会。

③利用大数据技术构建覆盖全球的营销网络。目前，信息技术的发展使得传统媒体(如电视台、报纸或杂志等)的影响力大为降低，跨境电商企业可以通过大数据技术和各种实时竞价等机制，来建立全球范围的互联网营销网络，使我们的产品到达任何有互联网覆盖的地方。向全球消费者推广，既可以提高中国产品在国际的知名度、提高品牌形象，又可以提高中国产品的议价能力。

(2) 大数据用于跨境电商内部运营

企业内部运营过程中，将企业外部海量消费者数据与企业内部海量运营数据联系起来，通过数据分析来提高运营效率，这需要企业内部有较高的信息化水平、数据采集和分析能力。

①大数据分析可以优化自身商务网站

公司利用大数据，根据网站上各个页面的点击和浏览情况，分析不同国家消费者的喜好，判断哪些页面对于消费者缺乏吸引力，再进行相应改进，实现网站页面设计和内容优化。

②利用大数据技术实现商品数据化管理

大数据不仅能帮助企业进行商品需求预测，而且能够与企业产品结合，成为企业产品背后竞争力的核心支持或者直接成为产品，如提供信息服务、增强产品功能、分析用户的个性化需求、掌控信用状况等方面。

③大数据用于客户关系维护，提升顾客忠诚度

在跨境电子商务客户关系维护中，公司可通过借助大数据和智能化的技术，使复杂的客户关系变得轻松有效。比如进行客服团队数据化管理，利用智能化的分析模型做出更加客观的决策，以改善客户体验及提高营销有效性；通过对竞争对手和自己的对比分析，找到突破口，以巩固客户关系，提升客户价值；通过网络售后服务的数据收集，发现故障前兆，主动提供服务。

④实现供应链数据化管理，提高国际物流效率

公司可以通过综合全球各地需求、各国物流状况、天气、季节性变化、不同市场的售价、不同渠道的费用、各地的人力成本，甚至突发性的需求等场景，来分析设置物流模式和配送方式，最大限度地提高物流效率。

(3) 大数据用于跨境电子商务全产业链

大数据决策不仅可以提高跨境电商企业的全球化运作，而且对跨境电商全产业链的发展也至关重要。

①通过大数据技术可以促进企业贸易模式创新。传统跨境电子商务普遍采用 B2C 模式，只能提供网页信息化，无法从根本上解决语言障碍、市场需求、市场推广以及中间商过多带来的利润被压缩的问题，因此，跨境电子商务需要从 B2C 模式升级到 F2C 模式（工厂直达用户）。F2C 模式可使跨境电商企业无须中间商，直接利用大数据网络来了解全球市场，通过数据化营销网络送达商品信息，通过 F2C 跨境电子商务平台实现商品的交易和物流到达，加快企业商品在海外的渗透和扩张。

②通过大数据技术升级海关 IT 系统，提升海关进出口便利化和可监管性。即通过大数据技术升级海关 IT 系统，对接电子海关系统与跨境电子商务平台。平台产生订单的同时，可将信息同步到海关系统，这样，不仅能实现快速通关，也能实现海关对国际贸易的有效监管。海关的对接对于应对跨境电子商务的国外政策风险也很有意义，可以避免因国外海关突发因素导致的风险。

③通过大数据技术进行第三方支付、收单系统的部署。目前，国外居民在中国的跨境电子商务平台上消费，主要使用的是国外第三方支付系统，如 PayPal 等，需要缴纳较高的服务费用。如果我国的跨境支付系统对接更多的收单行，将使更多的用户得到覆盖，手续费可大幅减少。

④通过大数据技术以全球订单为导向来布局保税仓和出口加工区。在海外建设保税仓类似于小范围自贸区功能，企业可实现合理数量的货品保税仓储、暂缓缴税，并按照实际货品交易需求进行按单清关、缴税，降低关税预支风险，加快本地物流速度，提升境外消费体验。另外，出口加工区的合理部署可解决我国部分家电、服装等产品关税过高的问题，以出口元器件的形式到当地组装、贴牌。由于元器件关税比整件关税低很多，可有效降低关税成本。

三、流通经济学理论与跨境电子商务

（一）流通经济学理论

流通是社会再生产的重要环节，流通经济学是中国经济学界尤其是流

通理论界一直致力创建的一门应用经济学。

商品流通是连续不断的商品交换，是以货币为媒介的商品交换。每个商品的形态变化所形成的循环，同其他商品的循环不可分割地交错在一起，这全部过程就表现为商品流通。

流通应该作为流通经济学的核心概念，它反映了商品运行的实质，更能体现出流通经济学的学科特点，具有较强的解释力。这表现在：商品流通这一概念反映了商品运行的过程，而且是社会大生产中商品多次不断的运行。因此，商品流通更能反映出交换在社会再生产中的中介沟通地位，错综复杂的商品循环更能反映出流通复杂性，才需要探究商品流通运行的规律，研究如何有效地处理好商品所有者之间的关系，合理分析商品流通的资源配置。这一概念，既包括了交换，又涵盖了市场，还暗含了商业出现的必然性，如此复杂的商品交换如果没有媒介商品的出现是不可想象的。可见这一概念具有高度的概括力，成为流通经济的核心概念。

经营方式的创新是引发流通产业变革的主要力量，跨境电子商务的产生是流通方式创新在当代的最新成果。技术领域的每一次大变革都实现了流通行业的变革、迅速提高了流通效率，流通效率的提高反过来对社会经济又产生了巨大的促进作用，从电报、电话到轮船、铁路，数次工业革命概莫如此。跨境电子商务的发展，更具革命性地推动着传统流通行业的变化，包括交易方式、流通基本特征、流通组织、商业地位与业态、物流、信息流、流通规则等，形成跨境电子商务下的商品流通体系。

（二）跨境电子商务对商品流通体系的创新意义

跨境电子商务出现后，专家学者对其创新意义进行过很多论述，主要体现在以下几个方面。

1.跨境电子商务推动流通业的成本革命

我国流通业成本居高不下，多年来一直是社会各界关注的焦点和难以解决的顽症。网络零售大幅度降低了经营成本，跨境电子商务导致了进口商品价格的下降，这对传统零售业价格体系具有很大的破坏力。跨境电商可以通过电子商务交易与服务平台，实现多国企业之间、企业与最终消费者之间的直接交易。传统的国际贸易主要由一国的进出口商通过另一国的进出口商集中进出口大批量货物，然后通过境内流通企业经过多级分销，最后到达有进出口需求的企业或消费者，进出口环节多、时间长、成本高。跨境电子商务与传统国际贸易相比，进出口环节少、时间短、成本低、效率高。

2.跨境电子商务促进流通资源的优化配置

互联网企业的各路资本纷纷进入流通领域，改变了长期以来流通业自我扩张、近亲繁殖的发展道路，不仅为流通业带来了新的资本，而且导致了流通资源配置的优化，阿里巴巴、京东等互联网企业进入流通领域创新了经营理念和交易模式。

3.跨境电子商务有助于流通领域的创新

跨境电子商务带来了流通领域的许多创新，如打造新的供应链，促使制造商和零售商由长期以来的博弈对抗关系转变为伙伴关系，更好地共同致力于为消费者服务；内外贸一体化在跨境电子商务发展中出现机遇，跨境电子商务的商家对消费者(B2C)平台使得零售业与国际贸易结合在一起。

（三）跨境电子商务带来的流通变革

跨境电子商务的创新效应带来了流通业的诸多变革。

1.跨境电子商务创造了新的商业平台

以往的商业革命都是基于传统平台的更新，"互联网+流通"创造了一个全新的贸易平台虚拟贸易平台。当前，在零售业，形成了网上商城、网店、虚拟超市等，而跨境电子商务的B2C平台使得消费者可以面对全世界的零售市场；在批发业，行业性批发网站已经实现了全覆盖；在国际贸易方面，形成了许多高效率的国际贸易网站，如阿里巴巴、兰亭集势、敦煌网等。虚拟贸易平台扩大了交易的范围，提高了交易频次，促进了国内外贸易的发展。

2.跨境电子商务正在改变商业的空间集聚方式

网购的蓬勃发展导致实体零售商顾客流减少，出现了去中心化的趋势，一些商业中心趋于萧条，甚至被迫关闭。虚拟国际贸易平台的形成，使国际贸易交易者以及各种贸易服务机构在网上集聚，甚至使得实体国际贸易中心的地位受到影响。国际贸易网络平台不受实体国际贸易中心体量和资源的局限，具有更加广阔的发展空间，大都市作为国际贸易中心唯一载体的模式受到挑战，有可能出现去都市化的趋势。

3.跨境电子商务导致"四流"及其相互关系发生深刻变化

一是大量的商流在网上发生。过去是以商场、商业街、批发市场为中心，

"互联网＋流通"出现后，是以消费者、客户为中心。互联网渗入流通使得商流发生了变化，以往是消费者向商业中心流动，网购盛行后则变为商品向千家万户流动，而零售商由"坐商"变为"行商"，商流与人流分离，快递物流代替了商场客流。

二是物流业大发展和升级。跨境电子商务物流模式也在不断推陈出新，除常用的国际邮政小包、国际快递等形式外，目前，跨境物流创新的主要模式有海外仓、国际物流专线、边境仓、保税区与自贸区物流、第三方物流与第四方物流等。

三是信息流对商流的先导作用加强。跨境电子商务形成了各种引导人们消费和购物的网站，目前，大多数做得不错的跨境外贸电商(无论是平台类卖家还是综合类 B2C，抑或是垂直型 B2C)，它们共同的特点就是依托于互联网的"威力"，从搜索引擎(SEO，SEM)、社交媒体 SNS、联盟 AD(广告，Advertisement)邮件到 PR(公关，Public Relations)等。这些网站对消费者购物与消费选择具有导向作用，由于信息对称能够导致更多的选择和较低的价格，商贸服务业受此类网站信息流影响很大，信息流对商流的先导作用加强。

四是资金流与商流形成合作机制。跨境电子商务创造了新的贸易支付手段，目前，中国跨境支付市场上已经形成三股竞争力量：第一股是涉足跨境网络购物、外贸 B2B 市场的境内第三方支付企业，比如支付宝、快钱、汇付天下等；第二股是在跨境支付市场上已成熟布局的、提供全球在线收付款业务的境外支付企业，代表者为 PayPal、Square；第三股是境内传统金融机构，凭借强大的银行网络，不仅支持跨境购物、外贸 B2B，还覆盖了境外 ATM 取款和刷卡消费等国际卡业务市场。这些新型支付手段不仅为网购提供了安全保障，推动了网购的快速发展，而且通过诱使消费者使用从而扩大了使用的范围，倒逼线下零售企业成为新型支付手段的接受者。电商企业依靠所掌握的支付手段与零售商分享利润，资金流与商流形成合作赢利模式。

跨境电子商务贸易过程相关的信息流、商流、物流、资金流已由传统的双边逐步向多边的方向演进，呈网状结构。跨境电子商务可以通过 A 国的交易平台、B 国的支付结算平台、C 国的物流平台，实现其他国家间的直接贸易。而传统的国际贸易主要表现为两国之间的双边贸易，即使有多边贸易，也是通过多个双边贸易实现的，呈线状结构。

4.跨境电子商务创造了新的商业模式

互联网介入流通业导致一系列新的业态和经营模式应运而生，各种各样的虚拟超市、体验店、智能商店、代购店层出不穷。在零售业，线上到线下模式是最具代表性的模式。未来，在零售业占统治地位的将是网上网下一体化的线上到线下模式，其形式多样，商店呈现出小型化、专业化、智能化趋势。

第二章 跨境电子商务平台与电子商务生态体系

第一节 跨境电子商务平台

随着社会经济的发展，传统的对外经济贸易已不再适应新的经济发展环境，而跨境电子商务平台的建立不仅促进了经济贸易的发展，而且使得中国的经济贸易逐渐成为世界性跨国贸易的一分子。作为企业与企业间、企业与消费者间的桥梁和纽带，跨境电子商务平台功能特殊：企业和消费者不仅集聚于此，而且以此为入口，通过平台所提供的信息发布、在线支付和跨境物流等集成化的综合服务，实现跨境网络交易。

一、跨境电子商务平台含义

在最新的贸易理论模型中，贸易中间商通常有两种类型：一种是撮合买卖双方达成交易，自己不参与交易；另一种则参与交易，从供货商手中买下货源，再加价出售给外国买家。从服务或交易内容看，跨境电子商务平台是一种基于电子平台的新型贸易中间商。跨境电子商务平台是分属于不同国家或地区的交易主体交换信息、达成交易并完成跨境支付结算的虚拟场所，具有电子化、全球化、开放性和低成本等特征。其显著提高了跨境贸易的交易效率，使得中小外贸企业有可能拥有与大企业一样信息资源和竞争优势。

跨境电子商务是基于互联网络进行的跨境贸易，受到网络虚拟性和交易主体虚拟化的制约，跨境交易主体的行为模式和价值标准都较传统交易方式有所不同，涉及的交易主体较多、产业链较长、交易环节繁杂、相关税收法律政策不统一。而通过跨境电子商务平台进行交易，在物流运输、通关检验和退税结汇等方面能够获得较为完善的服务，所以跨境电子商务平台成为当前外贸企业和个人开展跨境贸易的主要途径。

二、跨境电子商务平台分类

（一）以交易主体分类

1.跨境 B2B 电子商务平台

跨境 B2B 电子商务平台所面对的最终客户为企业或集团，它为客户提供企业、产品和服务等相关信息。目前，中国跨境电子商务市场交易规模中，B2B 跨境电子商务平台的交易规模始终占据着整体跨境电子商务市场总交易规模 90% 以上的比例。在跨境电子商务市场中，企业级市场始终处于主导地位。

2.跨境 B2C 电子商务平台

跨境 B2C 电子商务平台所面对的最终客户为消费者个人，平台针对最终客户，以网上零售的方式将产品卖给消费者个人。目前，B2C 平台在跨境电子商务市场所占据的交易比例并不大，但也处于不断上升的趋势，未来有可能会得到大规模的增长。

3.跨境 C2C 电子商务平台

与跨境 B2B、B2C 电子商务平台不同的是，跨境 C2C 电子商务平台的经营主体和最终客户都是个人。跨境 C2C 电子商务平台正在逐渐发展，且在中国整体跨境电子商务交易规模中的占比不断升高。

（二）以服务类型分类

跨境电子商务平台按照服务类型可分为信息服务平台和在线交易平台。

1.信息服务平台

信息服务平台主要是通过第三方跨境电子商务平台进行信息发布或信息搜索完成交易撮合的服务，其主要盈利模式包括会员服务和增值服务。会员服务即卖方每年缴纳一定的会员费用后享受平台提供的各类服务，会员费是平台的主要收入来源，目前，该盈利模式市场趋向饱和；增值服务即买卖双方免费成为平台会员后，平台为买卖双方提供增值服务，主要包括竞价排名、点击付费及展位推广服务，其中，竞价排名是信息服务平台进行增值服务最为成熟的盈利模式。信息服务平台的代表性企业有阿里巴巴国际站、环球资源网和中国制造网等。

2.在线交易平台

在线交易平台是指能够实现买卖供需双方之间的网上交易和在线电子

支付的一种商业模式，其主要盈利模式包括佣金制以及展示费用。佣金制是在成交以后按比例收取一定的佣金，根据不同行业、不同量度，通过真实交易数额可以帮助买家准确地了解卖家状况；展示费用是上传产品时收取的费用，在不区分展位大小的同时，只要展示产品信息便收取费用，直接线上支付展示费用。目前，在线交易平台模式正在逐渐成为跨境电子商务中的主流模式。代表性企业有敦煌网、全球速卖通、DX、炽昂科技、米兰网、大龙网、易唐网等。

（三）以经营商品的品类分类

按照电子商务网站经营商品的品类，可将跨境电子商务平台分为垂直型跨境电子商务平台和综合型跨境电子商务平台两类。

1. 垂直型跨境电子商务平台

垂直型跨境电子商务平台专注于某些特定的领域或某种特定的需求，提供该领域或该需求全部的深度信息与服务。垂直型跨境电子商务的参与者比较有限，主要集中于服饰、美妆等垂直类商品，代表性企业有美丽说、海蜜全球购、蜜芽、聚美优品、唯品会等。

2. 综合型跨境电子商务平台

综合型跨境电子商务平台是一个与垂直型跨境电子商务平台相对应的概念，它不像垂直型跨境电子商务平台那样专注于某些特定的领域或某种特定的需求，所展示和销售的商品种类繁多，且涉及多种行业。

（四）以平台运营方分类

按照平台运营方类型，可以分为平台型跨境电商（又称为"第三方平台电商"）和自营型平台。

1. 平台型跨境电商

平台型跨境电商通过线上搭建商城，并整合物流、支付和运营等服务资源，吸引商家入驻，为其提供跨境电子商务交易服务。同时，平台以收取商家佣金及增值服务作为主要盈利模式。比如，国内消费者在唯品国际这个跨境平台上购买某法国化妆品，则从该化妆品的法国出产地采购开始，到进入国内的商品基地为止，其间的一切活动都由唯品国际平台全权负责，不经过其他的中间商。平台型跨境电商的优势在于其开发和运营的电子商务平台，由于自身并不从事商品采购、销售等工作，其运营重点集中于网站流量挖掘、前期招商、关键辅助服务环节等。

平台型跨境电商的关键业务流程在于前期的平台网站建立、吸引浏览、开发商家入驻，其日常业务重点在于平台管理，包括对商家、商品、消费者与平台自身的管理，确保平台的正常运行、商家与商品的质量和形象，举行各类市场活动推动商品销售，保持与消费者的沟通，进而提升商家、消费者的满意度。此外，还需要提供一些关联服务，旨在弥补入驻商家的服务短板与劣势，如支付、客服、物流、监管等工作环节。这些都成为提高平台流量、商家入驻数量、商品销售量，提升消费者满意度的重要服务内容。主要代表性 B2C 跨境平台有全球速卖通、亚马逊、eBay 和 Wish。

2. 自营型平台

自营型电子商务通过在线上搭建平台，整合供应商资源，以较低的进价采购商品，然后以较高的售价出售商品，可见，自营型平台主要以商品差价作为盈利模式。不同于平台型跨境电商企业，自营型跨境电商企业更类似于传统的零售企业，只是将商品交易场所从线下转移到了线上。

自营型跨境电子商务企业需要全面参与商品的整个供应链，包括所销售商品的选择、供应商开发与谈判、电子商务平台运营等，并深度介入物流、客服、售后等服务环节。其代表性企业主要有兰亭集势、环球易购、DX、米兰网和大龙网等。

（五）以商品流动方向分类

按照商品流动方向的不同，可分为跨境进口型电子商务平台和跨境出口型电子商务平台。中国跨境电子商务交易仍以跨境出口为主，其中又以跨境 B2B 出口为主要形式。

1. 跨境进口型电子商务平台

顾名思义，跨境进口型电子商务平台指的是从事商品进口业务的跨境电子商务，具体指国外商品通过电子商务渠道销售到中国市场，通过电子商务平台完成商品的展示、交易、支付，并通过线下的跨境物流送达商品、完成商品交易的电子商务企业。其代表性企业有天猫国际、京东全球购、洋码头、小红书等。

2. 跨境出口型电子商务平台

跨境出口型电子商务平台指的是从事商品出口业务的跨境电子商务企

业，具体指将本国商品通过电子商务渠道销售到国外市场，通过电子商务平台完成商品的展示、交易、支付，并通过线下的跨境物流送达商品、完成商品交易的电子商务企业。其代表性企业有亚马逊海外购、eBay、全球速卖通、环球资源、大龙网、兰亭集势、敦煌网等。

三、跨境电子商务平台发展对国际贸易的影响

跨境电子商务平台在国际贸易中扮演着贸易中间商的角色，或匹配供求信息、撮合买卖双方达成交易，抑或直接为买卖双方完成交易。与传统的线下贸易中间商相比，跨境电子商务平台具有一些不同的特征，正是这些特征促进了跨境电子商务平台的贸易规模迅速扩张。

（一）具有更强大的信息沟通和匹配撮合功能

第三方平台的综合性和开放性形成了巨大的向心力，吸引了众多制造商、批发零售商、消费者和单品类垂直电子商务等进入。庞大的入驻商家和用户规模是跨境电子商务平台的核心竞争力，入驻商家和用户群形成海量供求信息，让买卖双方更容易找到合意的交易对象。在基于信息技术的电子平台上，信息的发布与传递无论是从时间上还是从费用上都远远低于线下贸易中间商，供求信息可以实现快速匹配。

在阿里巴巴国际站首页，买家可以通过多种方式找到卖家：通过产品关键字搜索，通过产品类目筛选以及通过 Suppliers 搜索，输入完整公司名称找到卖家。在全球速卖通首页，买家也可以通过产品关键字搜索、产品类目筛选或查看网页活动，推荐 3 种方式找到卖家。卖家可以通过提高平台搜索排名的方式提高曝光率来获得买家关注。例如，阿里巴巴国际站的卖家通过平台可以实现与买家的沟通交流。"贸易通"沟通软件已经实现了计算机端与移动端的即时沟通服务。

全球速卖通平台提供阿里旺旺国际版供买卖双方进行沟通，也提供第三方软件——全球交易助手，方便卖家进行订单管理。为帮助供应商开拓非英语市场，阿里巴巴跨境平台提供翻译功能，并具有多语言市场优势，建立了阿里巴巴多语言市场。在阿里巴巴国际站（英文站）之外，又建立了包括西班牙语、葡萄牙语、法语和俄语等多种主流语种在内的多个语种网站，不仅提供翻译平台，还提供嵌入式的翻译服务和第三方人工升级服务；全球速卖通也提供十几种语言的网页；淘代销平台作为全球速卖通的翻译平台，提

供语言翻译服务。

海量数据和云计算中心是综合型电子商务平台的竞争优势。为了促进买卖双方快速匹配，阿里巴巴国际站曾推出一种被称为"轻骑兵"的撮合服务，阿里巴巴利用国内电子商务平台上供应商的海量数据信息，对国内各产业集群地供应商的交易数据进行整合与挖掘，将之与海外买家的个性采购需求进行快速匹配。此外，阿里巴巴国际站还为卖家提供数据管家服务，"阿里云"也为用户数据分析提供支持。海量的客户群、交易数据和便捷快速的沟通与数据处理技术使得跨境电子商务平台拥有比传统贸易中间商更为强大的信息传递和交易撮合功能。

（二）能够提供更为便捷的交易服务

除了海量商家、产品信息和买卖双方便利的沟通工具之外，跨境电子商务平台还提供融资服务、数据服务和在线支付服务以及报关、物流等国际贸易服务等交易便利。基于规模优势，阿里巴巴跨境平台能够提供更便宜、更便捷的交易服务。阿里巴巴集团与银行合作，为商户和消费者提供多种融资服务。如面向"诚信通"会员的无抵押低利息银行贷款，工商注册满一年的阿里巴巴国际站会员可以申请的"网商贷"服务；面向中小企业的基于网商信用的无抵押贷款计划——网商贷高级版，最高授信可达 1000 万元；一达通为卖家提供的"赊销保"服务可为出口企业垫付高达 80% 的应收货款。再如，全球速卖通为客户提供速卖通贷款，转账质押即可；全球速卖通也向会员提供阿里金融的其他贷款，还可根据交易数据与银行合作设计金融创新产品。

阿里巴巴国际站提供的数据服务包括面向供货商的数据管家服务，方便供货商掌握它们在国际站营销操作及推广的效果，以及阿里云计算公司为用户提供的数据分析支持等。阿里巴巴跨境平台为商家和个人买家提供了方便快捷的支付方式。转型为交易平台的阿里巴巴国际站认证的支付方式主要有万事达卡、Visa 卡、Maestro 卡、支票和西联汇款等，同时也接入了俄罗斯在线支付工具 WebMoney、Qiwi Wallet 以及巴西在线支付渠道 Boleto。全球速卖通平台提供以国际支付宝为主的多样化支付方式。卖家开设人民币和美元双币收款账户，可接受买家的 PayPal、信用卡（美元通道）、西联、Moneybookers 和 Bank Transfer(T/T 银行转账) 等多种支付方式。作为交易平台的阿里巴巴国际站为商户提供外贸综合服务平台"一达通"。国内供应商在一达通下单后，由一达通代为完成通关、物流、退税和外汇等所有出口环节并发放外贸服务补贴款。全球速卖通客户多为小型商户或个人，货物多为 2kg 以下的航空邮件包裹，物流主要走国际直邮或合作快递。全球速卖通商品一般转账在外汇管理局备案，关税支出比较少，报关也比较简单。

四、跨境电子商务平台规则及策略

（一）跨境电子商务平台介绍

1. 阿里巴巴全球速卖通 (Aliexpress)

阿里巴巴全球速卖通是阿里巴巴国际化的重要战略产品，有阿里巴巴做后盾，近几年来，可谓是风生水起，平台不仅商品品类众多，而且流量也比较大。

2. 亚马逊 (Amazon)

作为全球电子商务鼻祖，亚马逊对于整个世界的影响力是巨大的，中国外贸人选择跨境 B2C 平台首先认识的就是亚马逊，那时候就还没有全球速卖通等其他新兴平台。

亚马逊对于卖家的要求是比较高的，比如产品品质、品牌等方面的要求，手续也比全球速卖通等平台复杂。新人注册亚马逊账号以后，后期收款的银行账号需要是美国、英国等国家的。对于成熟的亚马逊卖家，最好先注册一家美国公司或者找一家美国代理公司，然后申请联邦税号。

3. 易贝 (eBay)

对于易贝的理解，基本上可以等同于国内的淘宝，淘宝就是在中国市场挤掉易贝以后才真正统治中国的。对于从事国际零售的外贸人来说，易贝的潜力还是巨大的，因为易贝的核心市场在美国和欧洲，是比较成熟的市场。

相对于亚马逊，易贝的开店手续也不是特别麻烦，但易贝有一个非常严重的问题：规则严重偏向买家，如果产品出现售后问题，对卖家很不利。

做易贝最核心的问题应该是付款方式的选择。大家现在选择的一般都是 PayPal，但也有一定的风险，特别对于易贝来说。经常有这样的实际案例，遇到买卖争议时，易贝最终是偏向买家，导致卖家损失惨重。

易贝成功的关键是选品，其主要市场是美国和欧洲，所以做易贝前最好做个市场调研。方法包括：进入易贝总体研究一下整个市场的行情，结合自己的供应链特点深入分析；对欧美市场的文化、人口、消费习惯、消费水平等进行研究，从而选择有潜力的产品；找一些易贝的热销产品，仔细研究其产品渠道、产品价格，分析自己的优势；研究热销产品的市场优势和未来的销售潜力；对产品在欧美市场的利润率和持续性做深入考虑。

4.Wish

Wish 是这几年刚刚兴起的一个基于 App 的跨境平台，主要靠价廉物美吸引客户，在美国市场有非常高的人气，其核心品类包括服装、珠宝、手机、礼品等，大部分都是从中国发货。Wish 的主要吸引力是价格特别便宜，但是因为 Wish 平台独特的推荐方式，且产品品质往往还是比较好的，这也是它能在短短几年发展起来的核心因素。

（二）跨境电子商务平台应用策略

1. 四大主流跨境电子商务平台规则

(1) 阿里巴巴全球速卖通

速卖通的特点是低价策略，这与国内淘宝的低价策略相似。速卖通的侧重点在于新兴市场，比如巴西和俄罗斯。速卖通秉承了阿里巴巴系列产品的特点，操作界面简洁，非常适合外贸新人。另外，它们有非常系统的社区和客户培训，可以让每一个注册的新用户能够更快入门。

总之，速卖通比较适合新人和想要开发新兴市场的卖家，由于其实施低价策略，对贸易商而言，产品最好是由工厂直供，价格优势比较明显。

(2) 亚马逊

关于新人注册成为亚马逊的供应商一般需要注意如下五点：

①选择入驻亚马逊最好有比较好的供应商合作资源，供应商品质需要非常稳定，最好有很强的研发能力。

②接受专业的培训，了解开店政策和知识。亚马逊的开店比较复杂，并且有非常严格的审核制度，如果违规或者不了解规则，不仅会有店铺被封的风险，甚至会有法律上的风险。

③需要有一台电脑专门登录亚马逊账号。这对于亚马逊店铺政策的执行和后期运营都非常重要。一台电脑只能登录一个账号，不然会跟规则有冲突，最好是用座机验证新用户注册。

④成为亚马逊的供应商需要一张美国的银行卡。亚马逊店铺产生的销

售额是全部保存在亚马逊自身账户系统中的，要想把钱提出来，必须要有美国本土银行卡。解决这个问题也比较简单，外贸人一般都有一些海外客户资源、海外朋友，可以通过他们解决这个问题。另外，国内也有一些代理机构提供这样的服务。

⑤流量是关键。亚马逊流量主要分内部流量和外部流量两类，类似于国内的淘宝。同时，应该注重 SNS 社区的营销，软文等营销方式也比较有效果。

总之，选择亚马逊平台需要有很好的外贸基础和资源（包括稳定可靠的供应商资源、美国本土人脉资源等），卖家最好有一定的资金实力，并且有长期投入的心态。

(3) 易贝

易贝的特点总结有以下四点：

①易贝的开店门槛比较低，但是需要的东西和手续比较多，比如发票、银行账单等，所以需要非常清楚易贝的规则。

②易贝开店是免费的，但上架一个产品需要收取费用，这跟国内的淘宝还是有很大区别的。

③易贝的注册审核周期很长，新手卖家被限制出售商品数量，而且只能拍卖，需要积累信誉才能越卖越多，而且出业绩和出单周期也很长，只能慢慢等待。

④遇到投诉是最麻烦的事情，店铺被封是经常有的事情，所以产品质量一定要过关。

总之，要选择易贝，应该有产品的地区优势，比如产品目标市场定在欧洲和美国。易贝操作比较简单、投入不大，适合有一定外贸资源的人做。

(4)Wish

Wish 平台的特点可概括为以下两个方面：

①私人定制模式下的销售

Wish 利用智能推送技术，为 App 客户推送他们喜欢的产品，真正做到点对点推送，所以客户下单率非常高，而且满意度很高。Wish 有一个优点是它一次显示的产品数量比较少，这样对于客户体验来说是非常不错的，因为客户并不想花太多时间在自己不喜欢或者不需要的产品上。通过这样的精准营销，卖家短期内可以获得销售额的暴增。

②移动电子商务潜在的巨头

其实 Wish 最初仅仅是一个收集和管理商品的工具，后来才发展成一个交易平台并越来越火爆。对于中小零售商来说，Wish 的成功让大家明白移动互联网的真正潜力。

随着国际环境的变化，传统外贸形式已经无法满足中国外贸业的需求，跨境电子商务行业呼之欲出。随着"一带一路"倡议的出台和落实，未来中国进出口贸易将进一步增长。

2. 跨境电子商务平台应用策略分析

(1) 跨境电子商务平台搭建准备工作

①跨境电子商务平台搭建准备工作一：企业备案。跨境电子商务平台搭建首要解决的问题是获得经营的合法性，根据中国相关规定，企业未备案前将不能接入中国服务器，跨境电子商务业务根本无法开展；而对于采取网上商店模式的跨境企业，其网上商店如果不提供任何经营性信息服务业务，只需要办理 ICP 备案即可。

②跨境电子商务平台搭建准备工作二：商品备案。已办理 ICP 备案的跨境电子商务企业需要向相关部门提交准备经营的商品清单，供监管机构进行商品备案。一般而言，商品备案信息需提供中英文介绍，包括产品内部编号、品名、描述 (文字、图片等信息)、用途等。

③跨境电子商务平台搭建准备工作三：技术对接。显然，跨境电子商务平台搭建重中之重是做好与中国电子商务系统的技术对接。那么，跨境电子商务企业该用什么系统搭建平台，管理货品、订单信息和客户信息？跨境支付如何集成？跨境物流该如何对接？用户体验如何？跨境电子商务平台能不能快速融入中国电子商务生态系统？

国际化的电子商务架构系统是满足跨境电子商务平台搭建复杂需求的完美选择。一般的跨境电子商务系统都可以完成与中国海关系统的对接、跨境支付集成、跨境物流的整合，拥有推荐、积分商城、退换货管理等企业级功能。全方位的响应式电子商务网站布局可以满足中国消费者从桌面、手机、平板电脑到微信商城的多渠道购物体验需求。

(2) 跨境电子商务平台搭建方法

①看自己适合搭建一个什么样的跨境电子商务平台。电子商务平台的种类、功能、用途、技术、营销等各个方面是有一定差距的，如果想搭建一个跨境电子商务平台，就需要将这些因素考虑进去，再进行科学合理的区分，并选择适合自己的类型，这是很重要的。只有确定如何搭建适合自己的跨境电子商务平台，才能进行全方位的构建，从而达到理想的效果。

②自己开发搭建一个跨境电子商务平台。这种自己开发、独立搭建一个跨境电子商务平台的方式，适合资金比较雄厚的企业，其可以独立运营和发展搭建的跨境电子商务平台。需要自己或者委托开发公司，开发出跨境电子商务的电子平台，并能稳定运营，符合消费者的需求和使用。自己独立运营管理的跨境电子商务平台，比较有发展潜力，当然难度也很大。

③办理运营跨境电子商务平台的许可证。搭建一个跨境电子商务平台，需要符合政府和法律的要求，所以还需要办理相关的手续和许可证等。只有这些证件办理齐全，才能正式运营自己的跨境电子商务平台并将跨境电子商务平台搭建完整，确保可以正常使用。

④与电子支付平台合作。搭建一个跨境电子商务平台，还需要选择一个电子支付平台，自己构建电子支付平台明显不太合适，需要满足技术安全的严格要求和通过审批。所以，最好的做法就是与第三方的电子支付平台合作，完善已搭建的跨境电子商务平台，可以支持多种类型的支付方式，实现简单、安全、可靠，那么搭建的跨境电子商务平台就会更吸引人。

⑤与其他跨境电子商务平台合作共同搭建。如果自己无法成功搭建跨境电子商务平台或是觉得效果不理想，可以和已经比较成熟的跨境电子商务平台合作，共同搭建一个完善的电子商务平台。主要是双方需要分工合作，各取所长，这样可以将跨境的电子商务平台搭建得更好，也能创造出最大化的效益。

⑥以店铺的形式搭建一个跨境电子商务平台。如果搭建跨境电子商务平台主要是为了卖产品，并且不想在平台上投入太多，那么可以在其他电子商务平台开个店铺，进行合理的经营管理。这种方式的好处就是投入较少，如果不好可以快速拆除，还有其他的选择机会，方便、简单、见效快。

⑦产品的供应系统要完善和合理。搭建跨境电子商务平台需要有一个

科学、完善、合理的产品供应系统，只有完善了产品供应环节，才能快捷、方便、准确地送达客户购买的产品。要保证客户的需求，更好地搭建一个跨境的电子商务服务平台，需要在各个地区有独立的供应环节，避免跨境供应货物。

⑧完善、好用的客户使用系统。搭建一个跨境电子商务平台，还需要考虑各个地区跨境电子商务平台的使用方式，让客户体验到周到、便捷、可信赖的服务，满足客户的使用需求。让客户体验到搭建的跨境电子商务平台的便捷，客户就会越来越多，跨境电子商务平台也会更加强大。其中，主要即视界面的操作、支付方式、售后服务、管理方式等一定要做好。

五、跨境电子商务平台设计

进入信息化时代以来，将互联网技术的进步和贸易的发展结合起来是顺应时代的必然做法，将跨境电子商务进行基于互联网平台的建设是适应快节奏的社会生活和消费者需要的重要前提。随着市场竞争激烈程度的加深，必须加快建设跨境电子商务平台，以促进自身优势发展。

（一）跨境电子商务平台设计原则

1.出口电子商务卖家需要遵守的四大准则

(1) 关注销售税

首先，卖家需要找到自己商品的目标人群，然后研究要如何向自己商品的受众显示产品销售税。如果卖家在美国销售一种商品，销售税是不包括在商品标价中的，不过它会在消费者付款时一同支付，而且在发票上显示为单独的支出。不过在大洋洲市场，消费者更习惯于在标价中直接包含销售税。

此外，美国不同州之间对不同商品征收的销售税率也大相径庭。例如，服装类商品，大多数州都实行同一种税率，而马萨诸塞州、明尼苏达州、新泽西州、纽约州等州却使用不同的销售税率，甚至是免税。

了解产品在美国各州应该如何被征税是一个很复杂的问题。如果卖家缴纳的销售税不正确或过低，则其可能会面临来自政府的处罚；如果过高，顾客就会不高兴。对于许多中小企业来说，跟踪各州销售税征收数据是非常困难的，所以其可以选择一个自动化软件来追踪这些细节。

(2) 展示隐私政策

从亚马逊这样的电子商务巨头到各中小企业，它们收集的客户数据通常都会被用在推动销售上。一个订单成交时，卖家就可以了解买方的个人信息，如姓名、电子邮箱、家庭地址、付款信息以及订单内容。无论是通过客户关系软件还是卖家平台，卖家使用这些信息为消费者提供预测、规范和个性化的建议是很常见的做法。无论卖家的业务大小，其都必须在自己网站的隐私政策中，清楚地说明将如何使用客户数据。

(3) 遵守数据安全或 PCI DSS

PCI DSS(支付卡产业数据安全标准) 能确保任何处理客户信用卡或付款信息的业务都将数据保存在安全数据库中。如今，数据泄露正变得越来越普遍，所以，即使是中小型企业也需要紧跟 PCI DSS 的步伐。

(4) 条款和条件

即使你在网上经营一家公司，也会涉及很多的责任，所以预防至关重要。而这就是条款和条件 (Terms and Conditions) 发挥作用的地方。你必须确保制定的条款和条件能够防范可能会对你的业务造成不利影响的情况，考虑到有关货物丢失或损坏、退货时间限制以及产品担保等问题。就像隐私政策一样，必须确保在客户购物过程中能见到条款和条件，这样你和客户在交易发生前就能达成共识。

一个中小企业转变成一个蓬勃发展的网络零售商依赖于众多因素的帮助，而上述的四大准则也只是触及这些因素的表面。人们很容易被营销活动和具有美感的体验冲昏头脑，但切记，商业结构需要建立在遵守国际法律规范的前提下。

2. 卖家拓展出口电子商务业务建议

(1) 在国际平台销售

跨境电子商务行业正在快速发展，而且随着技术的发展，零售商可以直接通过国际电子商务平台进入国际市场，比如亚马逊、易贝等，卖家可以直接在这些平台进行产品销售。卖家还可以授权易贝和亚马逊进行国际邮寄，使用亚马逊的 Fulfilled By Amazon(FBA) 或易贝的 Global Shipping Programme(GSP) 来进行商品的配送。

向国际市场扩张时，卖家需注意制定国际支付方式，以及有能力发货到全球各地。

(2) 将业务从单渠道向多渠道转变

在线零售业正在以惊人的速度发展。

在多个销售渠道进行产品销售意味着卖家将能够销售更多的产品。在这个阶段，卖家可以使用相关的软件，使订单和产品库存保持在最高水平上。如此卖家就可以专注于拓展业务。

(3) 采用正确的转化策略

转化策略可以帮助卖家将更多的网站或网店的访客转化为客户。

为了制定一个合适的转化策略，卖家需要明确目标。而要成功实施策略，A/B 测试是关键所在。A/B 测试是一种新兴的网页优化方法，可以用于提高转化率、注册率等网页指标。

(4) 避免库存不足

一般跨境电子商务网站都会遇到如团购、秒杀、特价之类的活动，而这样的活动有一个共同的特点就是访问量激增，上千甚至上万人抢购一个商品。解决这个问题的方法之一，就是雇用专门的员工来管理商品库存。然而，这是一个相当沉闷和普通的工作，而且这并不是解决库存不足最节约成本的方法。更可行的选择是购买一个库存管理系统。对于零售商来说，这个方法特别方便。这些软件可以通过自动同步库存数据，并简化订单管理流程，从而为卖家节省时间，这样卖家就可以专注于发展业务。

(5) 控制价格

如果在亚马逊或易贝这样的线上平台进行销售，特别是在与同行进行价格竞争时，卖家肯定深知对手不断降价所带来的痛苦。因此，与其手动监控和更改商品的定价，倒不如使用一些软件来进行价格调控。

（二）跨境电子商务平台设计步骤

随着跨境贸易的不断增长，各国对跨境贸易的支持力度也在不断提高，从而促进了相关的跨境电子商务平台的产生。虽然它们在不同的环境下结合自身的特点产生，但其设计步骤还是有很大的相似性。

1. 账号注册

在任何一个平台，首先也是最重要的一步是注册一个卖家账号。虽然不同平台注册前的准备工作及规则因其特点有些许差异，但大致是一样的。

(1) 注册前的准备工作

①首先根据计划开通站点的数量，配置一台或几台高配置电脑以及若干独立网线。但要注意的是，在亚马逊平台，一台电脑只能登录一个亚马逊账号，登录两个或两个以上账号会被关联，关联后只会剩下一组账号。

②准备好相关的材料，如银行卡 (支付宝) 账号、国际通用邮箱、身份证扫描件以及所选产品的相关资料等。

③手机号码或座机号码。手机或座机是注册时用来验证账号的，建议使用座机。因为部分手机验证的时候存在漏洞，账号注册时有 4 次验证机会，如果发现手机无法验证通过，更换座机或其他手机来验证。

④相应的中国地址。这个地址最好是能提供一些相应的单据的地址，比如能有水电费账单。

(2) 注册账号

①首先进入想要注册的平台官方首页，点击商家中心或是卖家入口。

②点击进去，根据页面提示进行注册。因不同平台所处环境不同，其注册步骤的复杂程度也不同。如阿里巴巴国际站的注册就相对比较简单，只需要输入电子邮箱，再填写相关信息即可。而亚马逊的注册就相对复杂一些，亚马逊平台是可以选 Sell as a Professional(专业卖家) 或 Sell as an Individual(个人卖家)。区别在于专业卖家必须付 39.99 美元的订购月费，个人卖家不需要付月费，不过每件销售出去的产品必须付 0.99 美元的佣金。

2. 产品发布

(1) 了解平台销售产品类目

发布产品首先需要了解所注册平台的产品类目，可以查看已开通的经营类目，若还有未开通的经营类目，可以及时与平台在线客服联系申请开通新的经营类目。不同的平台产品类目不尽相同，如阿里巴巴国际站平台属于某一类别的产品在亚马逊上就不一定属于同一类别。

(2) 了解平台对产品图片的要求

不同平台对产品图片的要求不同。如在亚马逊平台中，卖家提交的图片必须要符合亚马逊规定的图片标准，而且不同分类也有不同的细节要求。

(3) 上传商品

进入卖家后台，单击"商品发布"，选择合理的商品类目。如果类目选择错误，商品有可能通不过审核，不允许上架销售。如果不确定产品类目，可在"搜索类目"下面输入关键词，点击搜索产品的类目。在搜索结果中选择相应的类目后，点击进入"添加商品"页面。

进入商品发布页面后，输入产品基本信息如商品名称、品牌、价格、重量、搜索词以及商品描述等。产品信息填写完毕之后，可到后台检查产品信息是否正确，卖家可根据检查结果对产品信息进行更正。

若上传的商品有很多分类，可以自行设置本店的分类，将商品添加进相应的分类里，方便分类搜索查看商品。商品发布之后，产品处于待审核状态，所有商品上架均需要通过审核，方可以开始售卖。

一般的跨境电子商务平台的基础设计步骤主要分为账号注册和产品发布，这虽然仅仅是一个开始，却也是必不可少的部分。此处只是对一般平台的原则和步骤进行简单的基础性介绍，但只有在这些基础上才能进行创新，促进企业跨国贸易顺利进行。

第二节 跨境电子商务生态体系

一、跨境电子商务生态体系概述

跨境电子商务生态体系也叫作跨境电子商务生态系统，它指的是跨境电子商务行为中相互作用、相互影响的各种要素，包括政府、企业、平台、买家、产品、物流、支付、金融、政策、法规，甚至场地园区和信息技术等。相对于每一个跨境电商的要素来说，存在于它周围的其他企业、个体或组织连同社会经济环境构成了其生存的外部环境，参与要素与其外部环境通过资金、物质和信息的交换，构成一个相互作用、相互依赖、共同发展的整体。

跨境电子商务生态体系可以分为线上环节、线下环节和软环境三大部分。线上环节主要包括政府主导的线上跨境电子商务公共服务体系和企业主导的跨境电子商务线上服务平台；线下环节主要包括仓储、物流、支付和金融等支撑环节；软环境主要包括国家相关政策、地方相关政策和电商企业的企业文化等因素。

（一）跨境电子商务中的参与主体

跨境电子商务中的参与主体是跨境电子商务生态体系中的主要组成部

分，在跨境电子商务生态体系中，主要的参与主体包括生产型企业、销售型企业及销售方、政府监管部门以及顾客。此外还包括仓储物流企业和在线支付企业等要素。

在跨境电子商务生态体系中，生产型企业主要负责产品的制造和加工等工作，它们是跨境电子商务的基础，例如，雀巢、宝洁和耐克等知名企业都是生产型企业的典型代表。

销售型企业及销售方可分为四大类：具有互联网背景的平台型企业，如亚马逊、蜜芽等；具有实体销售背景的销售型企业，如梅西百货、苏宁海外购等；具有生产背景的销售型企业，如苹果、宜家等；提供跨境电商产品销售的个人，如基于社交媒体的个人代购等。

跨境电商中的政府监管部门主要包括海关、商检、检验检疫、市场监管、国家税务系统（简称国税）和外汇管理等部门，政府监管部门是跨境电商的重要参与主体，对跨境电子商务活动的有序开展具有重要意义。

传统电子商务中的 B2B 模式、B2G 模式、B2C 模式和 C2C 模式在跨境电商中均有应用，因此，跨境电子商务中的顾客包括个人顾客、企业顾客和政府顾客等多种形式。

物流企业和支付企业等统称为跨境电子商务生态体系中的第三方服务机构，它们是跨境电子商务活动中不可或缺的环节。跨境电商的支付模式包括线上支付与线下支付两大类，相较于商业银行较高的费率和专业汇款公司有限的覆盖网点。第三方支付平台能同时满足用户对跨境汇款便捷性和低费率的需求，并在跨境电子商务中扮演着日益重要的角色。

在跨境电子商务生态体系的参与主体中，供应商负责产品的宣传与销售，消费者负责产品的购买与评价。在整个跨境电子商务活动流程中，电商平台是跨境电子商务活动的主要阵地，物流支付和增值服务为其提供支撑。

（二）跨境电子商务生态体系框架

在跨境电子商务生态体系中，以各类企业及政府部门为主的参与主体，搭建了各种功能的线下基础平台和线上的信息服务平台与交易平台。

线下的跨境电商基础平台主要包括办公商业配套设施、网络通信设施、道路交通设施、出口加工区、综合保税区以及智能化的物流和仓储设施。

线上平台则是参与主体通过与信息技术的结合，将涉及跨境电子商务活动的众多环节部署在线上，这样可以大大提高活动效率。随着技术与业务的发展，线上的跨境电子商务活动日益趋于体系化、平台化、一体化，这些线上平台、体系主要可分为政府主导的线上体系和企业主导的线上平台。政府主导的线上体系主要包括数据共享平台、公共服务平台以及通关一体化平台；企业主导的线上平台包括 B2C、B2B 等各类电子商务交易平台，以及外贸综合服务平台、金融服务平台、物流信息服务平台等。此外，平台还包括贯穿线下平台、政府信息平台及企业信息平台的软环境，涵盖技术、人才、文化、标准规范和政策法规等方面。

各参与主体在构成跨境电子商务生态体系的同时，还构成了跨境电子商务四大保障体系，分别是数据共享体系、金融与保险体系、物流服务体系和信用与风控体系。

数据共享体系包括统一的信息标准规范、信息备案认证、信息管理服务，以及信息合作机制和共享平台。数据共享体系将实现监管部门、地方政府、金融机构、电子商务企业、物流企业之间信息互联互通，可以为跨境电子商务信息流、资金流、货物流"三流合一"提供数据和技术支撑。数据共享体系建设的关键是在体制上确立部门间共享、协同的机制，在技术上制定科学、完善的数据标准。

金融与保险体系的服务主体包括银行业、保险业、第三方支付机构等，服务对象包括参与跨境电子商务活动的企业和个人、外贸综合服务企业以及第三方电子商务平台等。通过线下"金融机构＋线上信息技术"的方式，为跨境电子商务活动提供在线支付结算、在线融资、在线保险等完备便捷、风险可控的"一站式"金融服务。金融服务体系建设的关键是控制金融风险的同时提高服务效率。

物流服务体系包括运输功能、仓储功能、包装功能、装卸搬运功能、流通加工功能、配送功能及信息服务功能等 7 大要素。物流服务体系应实现物流供应链全程可验、可测、可控，实现高品质、标准化、规范化的跨境电子商务物流运作流程，形成布局合理、层次分明、衔接顺畅、功能齐全的跨境物流分拨配送和运营服务体系。物流服务体系建设的关键是畅通国际物流大通道、搭建国际、国内联运组织平台、完善物流节点网络体系，以及建设智慧物流仓储基础设施和信息服务平台。

信用与风控体系通过云计算、大数据和人工智能等先进信息技术和数据共享体系所提供的数据，记录、分析跨境电子商务企业、平台企业、物流企业及其他综合服务企业的信用，并对不同信用的企业采取不同管理和处理模式；分析跨境电子商务活动中的经济风险、技术风险和贸易风险。信用与风控体系的关键是机器学习等技术与业务逻辑、业务特征的结合。

二、政府主导的线上跨境电子商务公共服务体系

海关总署和多省、市地方政府都大力推进线上跨境电子商务平台建设，将政府部门的大量服务与监管工作搬到线上，并逐渐形成了政府主导的跨境电子商务公共服务体系。在这个体系中，主要角色包括城市跨境电子商务公共服务平台和海关通关服务平台，以及基于平台和数据的企业信用信息管理和进出口大数据分析与监测。

（一）跨境电子商务公共服务平台

1.跨境电子商务公共服务平台的服务对象

跨境电子商务公共服务平台是由地方政府投资兴建的公共信息平台，一般由地市一级或直辖市的政府主导，也有一些由省一级政府主导建设全省统一的公共服务平台。

跨境电子商务公共服务平台的服务对象有两类：一类是为各地方政府的职能部门之间搭建一个公共信息平台，实现部门间在线操作、数据流转与监管服务的协同化、一体化，大大提高了职能部门的监管与服务效率；另一类服务对象主要是外贸企业，通过平台实现企业需求与政府职能的对接，为外贸企业提供快速便捷的线上服务。

2.跨境电子商务公共服务平台的主要目标与核心功能

传统外贸企业在传统服务模式中，需要与地方政府的众多职能部门进行频繁的线下交互，包括对外经济贸易委员会（简称外经贸委）与工商的企业备案和数据统计、出入境检验检疫机构（简称国检）的检验检疫、国税的纳税退税、国家外汇管理局（简称外管局）的支付结汇等环节，在传统服务模式中，外贸企业需要与相关部门一一对接。

对于中小企业、小微企业碎片化的短单、小单，如果每笔订单都像传统外贸一样重复与职能部门对接，将成为企业和政府各部门沉重的负担。因此，打通政府各部门监管与服务职能的关节，为外贸企业提供集中化、一站

式的线上服务，这是跨境电子商务活动高效开展的必要前提，也是政府主导的跨境电子商务公共服务平台的主要目标与核心功能。

随着跨境电商行业的迅猛发展、国家政策的大力支持，各地跨境电子商务公共服务平台的建设和应用如火如荼。特别是，跨境电子商务活动繁荣的东部地区、沿海地区和省会城市，城市级的跨境电子商务公共服务平台已成为跨境电商生态体系中的重要环节。

（二）海关通关服务平台

1. 海关通关服务平台的功能

海关通关服务平台是跨境电商企业或平台与海关系统进行信息交换的主要接口，跨境电子商务零售进口商品申报前，电子商务企业或电子商务交易平台企业、支付企业、物流企业应当分别通过跨境电子商务通关服务平台如实向海关传输交易、支付、物流等电子信息。通关服务平台是监管部门和跨境电商企业的桥梁，方便电子商务企业等单位向海关报送通过电子商务模式成交的进出境物品的通关数据。除报送外，海关通关服务平台一般还具有在线审批、进度查询、消息推送等功能。

2. 海关通关服务平台的基本数据流程和系统架构

海关通关服务平台通过信息接口技术，将电商企业、电商平台企业、物流企业和海关总署的内部网络连接起来，电商平台及平台中的电商企业首先将产品备案信息和订单信息推送给通关服务平台；第三方支付企业和物流企业紧接着将支付凭证和物流运单上传通关服务平台；通关服务平台将信息整理，形成符合海关数据格式要求的商品备案、订单、支付和物流信息，上报海关内网；在电商和电商平台企业进一步提交汇总报关单之后，通关服务平台将这些信息上交给海关内网。在以上过程中，海关内网将通过通关服务平台向物流企业和支付企业下发审核回执。

部分城市的海关通关服务平台逐渐向综合服务平台发展，甚至成为跨境电商公共服务平台的一个系统或者子平台。当然，无论系统的形式如何演化，通关服务作为跨境电商的一个基础服务，其功能体系本身相对稳定，即使功能被合并入跨境电商公共服务平台，也作为一个有机的子系统而存在。

（三）跨境电子商务数据共享平台

在跨境电子商务中，在政府主导下，监管部门、地方政府、金融机构、电子商务企业和物流企业之间信息互联互通，形成跨境电商的数据共享平台。该数据平台最核心的功能是支撑政府及跨境电商企业，为跨境进出口业务进行企业信用管理、进出口业务监管等提供更精准、高效的服务。跨境电子商务数据共享平台最核心的作用是用于支撑跨境电商企业的信用评价，以及进出口大数据分析与监测等。

1. 企业信用信息管理

(1) 企业信用的定义

任何飞速发展的新兴事物，繁荣总是伴随着问题一起出现，跨境电商也不例外。随着跨境电商的蓬勃发展，管理方式不适应、诚信体系不健全、市场秩序不规范等问题也在困扰着跨境电商的各个参与主体。诚信体系不健全已成为制约跨境电商进一步发展的一大瓶颈。

电子商务与传统交易模式相比存在信息不对称的问题，特别是在跨境电商中，买卖双方位于不同的国家，难以对彼此的信用做出准确的判断。信用的缺失会提高交易之前的选择成本和交易后的违约风险，增加交易成本，降低市场效率。因此，在跨境电子商务活动中，企业的信用信息管理就显得尤为重要。

企业信用可以分为狭义企业信用和广义企业信用。狭义企业信用指企业对债务按期还本付息的能力和意愿；广义企业信用包括企业是否遵守市场监管、税务、海关、劳动等部门的有关法规，是否履行商业合同等。它以企业为主体，主要发生在企业与消费者、企业与企业、企业与银行、企业与政府之间，包含经营信用、资金信用、质量信用、完税信用等多项内容。在我国跨境电子商务活动中，企业信用管理应指对企业广义信用的管理。

(2) 企业信用信息涵盖的内容

在以信息系统为主要管理工具的企业信用信息管理活动中，企业信用信息指的是企业在经营中所生成的能够反映企业信用状况的各类数据。在我国，企业的信用信息管理以银行的企业信贷登记咨询系统、质检、公安、司法、海关、证监等部门的信用信息系统互连为基础。其中，银行的企业信贷登记咨询系统记录与其有贷款业务的企业信用信息，例如企业贷款及本息的偿还情况等，供中国人民银行(简称央行)和各商业银行内部使用。

我国的企业信用信息管理曾存在比较严重的"信息孤岛"问题，源自银行、市场监管、税务等部门的信用数据源不统一、数据格式不一致，难以综合应用。随着国家对社会征信重视的深入，这一情况正在改善。

全国企业信用信息公示系统已更名为国家企业信用信息公示系统，目前，为国一省（自治区、直辖市）两级架构，可通过企业名称、统一社会信用代码或注册号提供企业信用信息查询、经营异常企业名录查询和严重违法失信企业名单查询等功能。

企业信用信息公示"全国一张网"的建设，大大提高了我国企业信用信息的管理能力，为推进社会信用体系建设奠定了坚实的基础。然而，以国家信用信息公示系统为基础的企业信用信息管理，还存在智能化程度有限、缺乏信用信息异常的主动推送能力等问题。随着大数据时代的到来，人们获取数据、整合数据和处理数据的能力都有了长足的发展，借助大数据和人工智能实现更完善的、符合跨境电子商务发展的企业信用信息管理手段，成为需要信息科学和电子商务领域的专家共同解决的问题。

(3) 大数据时代企业信用管理体系建设

大数据时代企业信用管理体系建设至少包括三方面的问题：数据标准与数据集成、信用评价指标体系和信用评价模型以及信用体系的管理。良好的信用评价指标体系是信用体系建设的基础，它需要以多维度、多层次、多渠道的海量信息构成原始数据，然后，再从巨量数据中寻找关联性并提炼出能够反映共同特征的指标，因而数据标准与数据集成是这三方面的基础。

2. 基于数据科学的进出口大数据分析与监测

外贸企业的健康经营需要对进出口数据进行一定的分析与监测，从而对生产、进货、促销等经营活动做出正确的决策。随着人类获取数据、存储数据和运用数据的技术提升，我们已进入大数据时代，进出口数据的分析与监测更需要依赖系统数据和信息技术。在这一方面，跨境电子商务企业具有先天优势，一方面，跨境电子商务企业的业务通过在线平台办理，各种经营活动都在平台中留下了原始数据；另一方面，跨境电子商务企业有浓厚的互联网基因，往往擅长数据的处理和分析。

在跨境电商企业内部，针对自身掌握的经营数据进行进出口大数据分析与监测是最基本的工作内容之一。无论是阿里巴巴集团的 Ali-express 和天猫国际、京东全球购这样的综合类平台，还是蜜芽这样的垂直类电商，都在做自己的进出口大数据分析与监测。

除了电商平台自身的进出口大数据分析与监测，也有专门的企业或行业组织针对某一行业，进行进出口大数据分析与监测。例如，中国奶业协会每年度发布中国乳制品进出口大数据分析，中商产业网旗下的中商产业研究院每季度发布干木耳、干香菇等农产品进出口大数据分析、东莞向日葵信息科技有限公司对外提供有偿的进出口大数据分析服务，等等。拥有海量数据和信息技术的大型互联网平台，如腾讯和阿里巴巴，还开发了在线数据分析工具，其中，有专门的进出口大数据分析模块，中小微跨境电商企业，可以借助这些工具模块分析自己的经营数据。

随着大数据技术的深入发展，拥有互联网基因的跨境电子商务企业纷纷借助大数据手段进行进出口数据的分析与监测。中小微企业虽然有大平台提供的分析工具，但获得全局性的数据资源并不容易，这是未来需要解决的问题。

三、企业主导的跨境电子商务平台及服务支撑体系

企业是跨境电子商务活动的重要参与主体，是推动跨境电商贸易繁荣的主要力量。由企业主导的跨境电子商务服务平台是跨境电子商务生态体系中不可或缺的一环，中小微企业和消费者对跨境电商的体验主要来自企业主导的跨境电子商务线上服务平台。企业主导的线上平台可以分为两大类：一类是跨境电商交易平台，主要为企业或个人提供在线的商品进出口交易服务；另一类是跨境电商支撑服务型平台企业，主要为跨境电商企业提供各种服务，如进出口报关、跨境物流服务、支付服务、外汇服务、信用担保服务、抵押贷款服务和供应链金融服务等。

下面对于占比例较小、以个人海淘为主的 C2C 类跨境电商平台不做具体介绍，重点介绍 B2C、B2B 两类跨境电商交易平台，以及目前政府重点扶持推广的外贸综合服务平台的一些特点。此外，对跨境电商中的线上与线下结合的物流服务体系和金融服务体系的构成做简要介绍。

（一）B2C 类跨境电子商务交易平台

以销售为目的的电子商务平台是企业主导的跨境电商体系中的关键环节。当前，我国跨境电商贸易中，无论是市场份额还是增速，B2C 类平台所带来的贡献均大于 C2C 类平台。B2C 类平台主要分为 B2C 第三方电子商务

服务平台、B2C 直营电子商务平台和 B2C 混合类电子商务平台。

1.B2C 第三方电子商务服务平台

B2C 第三方电子商务服务平台,指独立于产品或服务的提供者和需求者,通过网络服务平台按照特定的交易与服务规范,为买卖双方提供服务的主体,服务内容可以包括但不限于供求信息发布与搜索、交易的确立、支付、物流。这类平台入驻卖家为企业级卖家,而平台的卖家直接面向消费者。

从事跨境电商活动的 B2C 第三方电子商务服务平台可分为以进口业务为主的平台和以出口业务为主的平台。以进口业务为主的平台更为消费者所熟知,如天猫国际、京东全球购等;以出口业务为主的平台虽然对消费者而言相对陌生,但对于外贸型企业,特别是中小型外贸企业,却是不可或缺的,例如全球速卖通、兰亭集势等均属于这一类平台。

天猫国际是进口类 B2C 第三方电子商务服务平台的典型,阿里巴巴集团借助天猫商城在国内 B2C 第三方平台领域汇聚的人气与口碑,将跨境电商业务独立出来,为国内消费者提供海外原装进口商品。而天猫国际借助阿里巴巴巨大的集团优势,吸引了梅西百货、麦德龙等国际一线零售商入驻。

全球速卖通是阿里巴巴旗下的出口类 B2C 第三方电子商务服务平台,也是目前中国最大的跨境电商出口平台。

2.B2C 直营电子商务平台

B2C 直营电子商务平台指的是平台的拥有者将直接参与采购、物流、仓储等海外商品的买卖流程,这一类跨境电商企业对供应链、物流监控、支付都有自己的一套体系。

与第三方电子商务服务平台类似,自营电子商务平台也包括出口型平台和进口型平台。出口型 B2C 直营电子商务平台,一般是大型生产型企业自行搭建的出口平台,如海尔、小米等企业均有自己的海外直营平台。出口型直营电子商务平台往往是某个企业与海外消费者之间交互的平台,与国内消费者、众多中小微外贸企业关系不大。

进口型直营电子商务平台近年来发展迅速,已成为国内消费者"海淘"的重要选择,如网易考拉、聚美优品等都是这类平台的典型代表。网易考拉海购是网易旗下以跨境业务为主的综合型电商,销售品类涵盖母婴、美容彩妆、家居生活、营养保健、环球美食、服饰箱包、数码家电等。作为网易直营的跨境电商平台，网易考拉海购承诺 100% 正品，在这一点上，平台的口碑还是不错的。

3.B2C 混合类电子商务平台

传统意义上，跨境电商 B2C 平台主要分为自营类平台和第三方平台。各跨境电商 B2C 平台上线之初，一般都具有单一的模式。

通常来说，第三方平台的运作模式较轻，重点在于售前的引流、招商、平台管理，售后方面在一定程度上介入物流和服务，以补充商家的不足。其优势集中在库存量单位 (Stock Keeping Unit，简称 SKU) 丰富，能够解决用户多元化、长尾的需求，且选品灵活；劣势则是由于卖家不同，在商品质量、价格、物流、服务方面参差不齐。自营模式更类似于传统零售商，需要介入售前的选品、供应商管理、运营，并深入管理物流与服务。优势在于商品质量有一定保障、服务到位、用户体验较好；劣势是 SKU 有限，且品类、品种拓展难度较大，受政策影响较大。

为了保持一种模式的优势并克服单一模式的缺点，不少平台在发展过程中都演变成为"自营 + 第三方"的混合模式，如亚马逊、苏宁海外购等大型跨境电商平台都在尝试这种模式。通过"自营 + 第三方"的混合模式，跨境电商 B2C 平台既能够提供有保证的商品，又丰富了 SKU 的种类，可以满足不同用户或同一用户在不同场景下的需求，预计这将成为未来比较流行的 B2C 跨境电商经营模式。

（二）B2B 类跨境电子商务交易平台

在跨境电商中，B2B 类平台是企业对企业的交易平台，随着跨境新政的发布，跨境电商上游——供应链管理，成为跨境电商卖家生存还是死亡的重要砝码，跨境电商 B2B 也成为诸多企业的重点业务方向。一些跨境电商 B2C 企业利用自身资源优势拓展 B2B 业务，实现"B2C+B2B"双向发展以提升销售与盈利，而有资源、有实力的企业开始自建仓深植于跨境 B2B。在 2017 年第四届全球跨境电商光谷论坛中，业内人士大胆预测未来五年 B2B 将成为跨境电商的重头戏，获得蓬勃发展的机会。

由于跨境 B2B 前期对上游货源要求比较高，对货源的 SKU 丰富度和价格需要具备竞争力，有些跨境卖家自己拿仓囤货，需要大量的前期资金投入，而项目一旦上线，更是需要在最短的周期内与更多的分销商达成合作以获得回笼资金。因此，资源、资金、分销商和平台对接等问题成为影响 B2B 类跨境电商平台发展的关键。

在众多跨境 B2B 平台中，敦煌网长期深耕于这一领域，十余年来，已成为主要服务于国内中小企业出口贸易的知名 B2B 平台。目前，敦煌网已借助自身旗下的 DHport 发展为 B2B 与外贸综合一体化的平台，平台提供从买卖家订单撮合到报关出口等全链条服务；在物流方面，敦煌网提供在线发货、线下发货和海外仓发货三种模式，通过自营物流与第三方物流结合的方式，为客户提供合适的物流方式；在支付方面，敦煌网对海外买家的支付方式提供比较丰富的支持，包括 Credit Card、Bank Transfer、Western Union、PayPal 等多种渠道，大大方便了用户的支付；在金融方面，敦煌网提供订单的快速放款与实时到账，贷款的信用低息与灵活还款，结汇的汇率优惠与安全保障及退税的手续简化与税款融资等多种服务。

总体而言，B2B 的客户数量少，购买的产品都是基于公司的需求，购买过程比较漫长而复杂，几乎全部属于理性消费，且在运营 B 端的用户时，普通的广告、促销等营销手法效果不明显。例如，商家在采购旅游产品时，会考虑该产品的价格是否有优势、是否可以即时出票即时确认、是否属于热票（最近卖得比较火的门票）等因素来确定是否采购该产品，决策时间较长。B 端的用户更看重平台的产品质量是否好、服务是否到位，对营销行为并不感兴趣。但如果平台和卖家的产品整体质量较高、服务到位，就可以与 B 端用户达成长期合作，用户关系的维护是至关重要的环节。

（三）外贸综合服务平台

外贸综合服务平台是由企业构建并维护的、面向跨境电商活动中的买卖双方的、提供订单管理、通关服务、金融服务和物流服务等全程一站式服务的平台。外贸综合服务平台的主要服务对象是中小企业，虽然政府主导的跨境电商公共服务体系中也有通关服务、金融服务等功能，但通过外贸综合服务平台，可以将国家对外贸的相关优惠政策真正落实在中小企业身上，从而使中小企业也可以像大型外贸企业一样，高效地开展跨境电商活动。

目前，我国的外贸综合服务平台主要分为三大类：区域型外贸综合服务平台、行业型外贸综合服务平台和通用型外贸综合服务平台。

1.区域型外贸综合服务平台

区域型外贸综合服务平台就是以某个区域内的跨境电商企业为主要服务对象，区域的范围一般是省。随着跨境电商规模的迅速发展，当前不仅江苏省、浙江省等跨境电商"先发省份"有自己的外贸综合服务平台，江西省、陕西省等内陆省份也都纷纷构建了自己的外贸服务平台。

2.行业型外贸综合服务平台

行业型外贸综合服务平台指的是服务对象主要面向某个或某类行业的平台。这一类平台的代表是"易单网"，该平台是面向建材行业的外贸综合服务平台，该平台的开发者中建材国际贸易有限公司是国家级外贸综合服务试点企业。平台提供的服务包括外贸出口代理服务、全球营销推广服务、外贸检验服务、物流服务、金融服务和信保服务六大类。

其中，外贸出口代理服务是该平台的核心业务，主要包含通关、退税和外汇服务。对于通关，该平台是海关评级 AA 级的通关企业，具有 20 年的进出口代理经验；对于外汇，该平台与中信银行等多家银行深度合作，设有专门外汇结算网点，并享受远期结汇服务和汇率优惠；对于退税，该平台承诺 5 个工作日内可拿到退税款，不收取任何手续费。

在物流服务方面，该平台主要承接各类建材及建材相关产品的物流，承接国内主要港口的海运操作，与马士基 (Maersk)、法国达飞 (CMA)、中远 (COSCO) 等国内外大型船运公司有合作协议，航线遍布全球。此外，该平台的物流服务提供包括报关、报检、申报、认证、第三方检验、出口单据编制和海外仓储等货运服务，平台自有的物流询价系统与多家物流和船运公司合作，可提供多套一揽子报价方案。

在金融服务方面，平台支持多种国际结算方式，为防范汇率波动风险，可适时锁定汇率，并提供供应链金融服务；在信保服务方面，该平台提供客户资质审核服务、海外银行资质审核服务、专业信用证审核服务、专业单据制作服务、货物实时跟踪服务和货权严控服务。

3.通用型外贸综合服务平台

通用型外贸综合服务平台指的是服务对象不限区域也不限行业的外贸综合服务平台。这一类平台中，最具代表性的无疑是阿里巴巴旗下的一达通外贸综合服务平台。一达通外贸综合服务平台的前身是成立于 2001 年的深圳市一达通企业服务有限公司，经过 17 年的发展，该平台成为以中小企业为服务对象，以进出口服务为内容，以供应链服务平台为依托的外贸全程服务平台，可以为中小企业提供金融、通关、物流、退税、外汇和外贸交易的一站式服务。

一达通平台自诞生以来，逐渐改变了曾经以手工作业为主的外贸经营模式，将服务流程信息化、网络化，一方面通过将通关流程标准化，整合海关、银行和进出口商等原本分散的外贸服务资源；另一方面通过集约大规模中小企业出口需求，实现了物流、仓储、保险、融资等议价权，大幅降低出口环节成本，减轻了中小企业外贸经营压力。

虽然近年来全国涌现出一批外贸综合服务平台，这些平台的主要功能相似，但一达通作为国内外贸综合服务平台的元老与龙头，其服务内容依然保持着自身的特色。一达通能够为中小型外贸企业提供以下三个方面的产品和服务：

(1) 一站式通关、退税、外汇服务

通关服务：以一达通名义完成全国各口岸海关、商检的申报。海关 A 类通关资质，享受绿色通关通道。

退税服务：以其名义为客户快速合规办理退税，提供垫付退税增值服务，加快企业资金周转，单证齐全后 3 个工作日内将退税款汇至客户的账户，垫付退税仅收退税额的 4% 作为服务费。

外汇服务：1 日结汇，中国银行首创在一达通公司内设置外汇结算网点，提供更方便快捷的外汇结算服务，亦可为客户提供外汇保值服务，提前锁定未来结汇或者购汇的汇率成本，防范汇率波动风险，减少汇率变动对企业造成的利润损失。

(2) 金融服务

提供无抵押、无担保、零门槛的融资服务。提供阿里巴巴 B2B 信用卡、信用证 (L/C) 买断、赊销 (OA) 买断三种国际主流的金融支付方式。

阿里巴巴 B2B 信用卡是指阿里巴巴基于国际贸易中的赊销模式所开发的融资服务，以信用卡作为其表现形式。通过虚拟信用卡，海外买家可以实现以赊销方式在中国大陆采购货物，阿里巴巴将为买家提供相应的资金支持和付款担保，并为买家全程提供国际贸易报关、物流、保险、金融等相关服务。

信用证 (L/C) 买断是指出口企业接信用证订单时，一种为企业审证制单、分担收款风险，提前"放款"的金融服务。

赊销 (OA) 买断是指出口企业接赊销订单时，一种为企业分担收款风险，提前"放款"的金融服务。出口企业接到赊销订单时，由阿里巴巴 (通过旗下子公司一达通) 为客户垫付最高 80% 的应收货款，以提前"放款"模式为企业分担资金压力的金融服务。该服务由阿里巴巴联合中国银行和中国出口信用保险公司共同推出。

(3) 物流服务

在物流方面，通过整合船公司和货代资源，一达通为客户提供安全，并且价格 100% 透明的整柜拼箱服务，物流专家按需为客户定制最佳物流方案，持续降低物流成本。一达通平台的物流服务主要包括海运、国际空运、国际快递和陆运四个方面。一达通的海运服务借助阿里巴巴集团的资源优势，联合各大物流服务商，为用户提供船东专区、海运整柜及拼箱服务。该服务支持在线查询船期、订舱、操作等功能，费用透明，同时提供拖车、报关等服务，对于散货还有目的港送货到门等增值服务。

（四）企业主导的线上与线下结合的物流服务体系

跨境电子商务的物流方式根据进口和出口业务的不同，拥有多种模式，这些模式构成了跨境电子商务的物流服务体系。在出口方面，跨境电商物流模式主要包括中国邮政、国际快递、海外仓/边境仓、跨境专线物流和国内快递的国际化服务等方式；在进口方面，跨境电商物流可以分为直邮模式和转运模式两大类。

国营的邮政公司、民营的快递公司、国际快递公司、仓储企业及设施、进口及出口报关环节共同构成了跨境电子商务的物流体系。在快速发展的互联网及物联网技术的支撑下，这些物流公司均搭建了线上物流服务平台，能够为用户提供各种线上与线下结合的服务，例如订单接受、运输价格查询、动态的物流状态查询等。

（五）企业主导的线上与线下结合的金融服务体系

在跨境电商的金融服务体系中，银行业金融机构、非银行业金融机构和保险机构是三大主体，它们都接受金融监管部门的监督与管理，并且在一定程度上通过金融中介机构为跨境电子商务活动的参与者提供服务。

　　在跨境电商的金融服务体系中，金融机构为跨境电商参与主体提供的主要服务内容包括支付服务、外汇服务、信用担保服务、抵押贷款服务和覆盖全产业链条的供应链金融服务等。

　　在互联网技术、电子商务技术及大数据技术的支撑下，跨境电商金融服务体系充分体现了在线服务特征。通过与跨境电商平台的深度融合，金融服务机构为个人与各类企业的跨境电商交易主体提供在线的跨境支付、跨境结算、在线供应链金融、在线保险产品营销等多种金融服务。

第三章 跨境电子商务网络营销推广与品牌营销

第一节 跨境电子商务网络营销推广

一、搜索引擎

（一）搜索引擎概述

1. 搜索引擎的定义

搜索引擎 (Search Engines) 是对互联网上的信息资源进行搜集整理，然后提供查询的系统，它包括信息搜集、信息整理和用户查询三个部分。

搜索引擎是一个提供信息"检索"服务的网站，它使用某些程序把互联网上的所有信息归类，以帮助人们在茫茫网海中搜寻到所需要的信息。

早期的搜索引擎是把互联网中的资源服务器的地址收集起来，由其提供的资源的类型不同而分成不同的目录，再一层层地进行分类。人们要找自己想要的信息可按他们的分类一层层进入，就能最后到达目的地，找到自己想要的信息。这其实是最原始的方式，只适用于互联网信息并不多的时候。随着互联网信息按几何级数式增长，出现了真正意义上的搜索引擎，这些搜索引擎知道网站上的每一页，随后可以搜索互联网上的所有超级链接，把代表超级链接的所有词汇放入一个数据库，这就是现在搜索引擎的原型。

2. 搜索引擎营销

(1) 搜索引擎营销的定义

搜索引擎营销的英文为 "Search Engine Marketing" (SEM)。搜索引擎营销是一种营销方法，它根据用户使用搜索引擎的习惯，采用付费形式和技术手段，使网页在关键词搜索结果中排名靠前，并引导用户点击，从而达到品牌展示和促进销售的目的。

搜索引擎营销的基本思想是让用户发现信息，并通过搜索引擎搜索点击进入网站 / 网页，进一步了解他们所需要的信息。简单来说，搜索引擎营销所做的就是以最小的投入在搜索引擎中获得最大的访问量并产生商业价值。它的方法主要包括搜索引擎优化 (SEO)、点击付费广告 (PPC)、竞价排名、付费收录等。

(2) 搜索引擎营销的价值

互联网用户使用搜索引擎越来越没有耐心，越来越多的互联网用户仅关注搜索引擎结果第一页的内容，如果第一页面没有满意的结果，立刻变换关键词或者更换搜索引擎重新进行检索。通过搜索引擎营销手段让自己的网站在搜索结果中排到靠前的位置是十分必要的，这样搜索引擎才可能为你带来更多的关注和点击，同时也带来更多的商业机会。

（二）利用搜索引擎分析市场

对于大部分出口型企业而言，Google 不是一个陌生的名词。在多数人的记忆中，Google 就是搜索关键词的竞价广告，要付出大量的成本才能得到相应的推广效果。

事实上，Google 还有很多免费的工具供用户选择和使用，便于我们了解产品及行业情况，指导我们找到最精准的推广方式。

（三）利用搜索引擎分析竞争对手

无论是做企业，还是做网站或者任何行业都会有竞争对手，大家亦敌亦友，互相学习、共同进步。我们外贸行业也是如此，在决定进入一个外贸行业之前，首先要做的就是研究行业趋势。当我们对一个行业进行了仔细的分析，发现这个行业有着良好的发展趋势，下一步我们需要做的就是要研究我们潜在的竞争对手了，所谓知己知彼，百战不殆。

如果跳过了分析行业及研究竞争对手这两个环节，就容易拍脑袋贸然进入一个行业。没有一个良好的规划就开始做网站、做推广，最后只能带来两个结果：一是自己想做的关键词排名怎么都做不上去；二是自己认为不错的关键词，排名做到了第一也没有什么流量，进而也不会带来询盘或者订单。

确定你的竞争对手其实很简单，在搜索引擎中搜索产品的核心关键词，排在前两页的网站就是主要竞争对手。

（四）利用搜索引擎寻找买家

除了参加世界各地的展会，购买阿里巴巴、中国制造等第三方平台的会员等方法外，外贸从业人员还应该掌握一个强大又经济划算的工具：用搜索引擎来搜索客户。在以下内容中，我们会从三个方面向大家详细介绍如何用搜索引擎寻找到全世界的买家。

1. 关键词法

搜索与产品相关的关键词会出来成千上万甚至上百万的网页，这些网页都跟我们搜索的产品有着千丝万缕的关系。将这些搜索结果进行深度挖掘可以找到很多我们潜在的买家，或者是非常有价值的行业内论坛。例如，当我们在 Google 中搜索 "solar energy products" 的时候，可以看到搜索引擎给出了几个关键词推荐，这些被推荐的关键词并不是随便出现在这里的，这都是 Google 通过算法计算出的跟输入的关键词最相关而且搜索热度较高的长尾关键词。

当选中关键词之后，下面会出现相关的搜索结果，可以看到有付费的广告也有自然搜索结果。一般来说除去像 "Wiki" "Youtube" 等此类网站，剩下的能够排在自然搜索结果第一页的都是权重较高的企业网站或者是行业内论坛。这些企业网站本身就可能是我们的潜在客户，他们有可能就是产品在相应国家的大型代理商，需要从中国进口商品到本国销售，那么就要果断地把此类网站的联系方式，例如邮箱地址、电话等保存下来；如果是一些行业内论坛那就更要引起关注了，因为很多潜在买家会在论坛中发布一些求购信息。

2. 纵向法

除了利用搜索引擎寻找可能的直接买家之外，还可以利用纵向思维去寻找客户。比如销售的产品是 "PPR Pipes"（家用上下水输水管），就要思考，在国外什么样的人群可能是我们的潜在买家。那如果新房需要装修肯定需要这类产品，那么房子的主人一般会到什么地方购买呢？第一种情况是在装修公司的推荐下直接从他们那里购买；第二种情况则是到类似于建材大卖场的地方购买。那么这两种人群不正是我们要寻找的潜在买家吗？那么我们到什么地方可以找到这两种人群的联系方式呢？想来，他们也是做生意的，也需要发布广告，就可以到 Google 中搜索这类公司发布的广告，比如说装修公司发布的广告，那么拿到联系方式之后就可以与之联系，按照纵向法又可以扩展一大批潜在客户。当然潜在客户信息的获得还是要基于熟练使用搜索引擎。

3. 横向法

除了专业性很强的产品之外，大多数客户的采购类别都是可以延展的。比如搜索到一个客户的求购信息是办公桌，那么可以类推这个客户可能也会需要采购办公椅。有的客户的求购信息提到了金属相框，那么同样的这个客户很有可能也会对木质相框感兴趣。以此类推，就会发现潜在客户范围在不断地扩大。

但是使用横向法寻找客户切记不要急躁，因为客户目前求购的产品并非我们所推荐的产品，我们需要耐心跟客户沟通，让他们对我们的产品品牌有一个好的印象。也许当时客户对我们的产品并没有需求，但是假以时日，当客户需要采购类似产品的时候可以第一时间想到我们的品牌，这就够了，千万不能抱着很急躁的心态。

二、社交网络营销

（一）社交网络的基础

1. 了解社交网络

社交网络服务（Social Network Service，SNS）的翻译，中文直译为社交网络服务。社交网络服务含义包括硬件、软件、服务及应用，由于四字构成的词组更符合中国人的构词习惯，因此，人们习惯上用社交网络来代指"SNS"。

2. 社交网络形成的基础

社交网络主要是根据人脉理论，通过朋友介绍来认识新的朋友，并且这个关系网可以无限地扩展下去。社交网络营销是一种非常时髦且高效的营销方式。

（二）社交网络的作用

因为社交网络这个关系网是基于真实存在的人，所以比起传统的广告渠道，社交网络可以找到更精准的客户、提高成交率，并且因为社交网络具有很强的互动性，可以使我们的广告得到很快的反馈。社交网络营销可以帮人们推广品牌，让潜在客户对品牌有一个很强的认知度。

在某些情况下，即便不能够直接快速带来询盘，社交网络也可以跟其他营销渠道结合带来很好的推广效果。很多时候潜在客户会在社交平台反复看到我们的品牌甚至进行过互动，但是当时这个潜在客户并未有采购需求，当他某一天有采购需求的时候，可能会直接在搜索引擎中搜索我们的品牌从而直接带来询盘甚至订单。在这整个过程当中，虽然 SEO 是询盘来源的直接渠道，但是我们不能够否认 SNS 在推广品牌方面有着不可替代的作用。

第二节　跨境电子商务品牌营销

一、品牌营销的概念

（一）品牌

在经过产品竞争、价格竞争、广告竞争、服务竞争之后，商业竞争已跨入品牌竞争时代。如今，品牌已经成为营销界最热门的主题。

品牌的英文"brand"的原意并不是品牌的意思，而是烙在牛和马身上的烙印。在古代，人们为了证明牲口的所有权，就在牲口的屁股上打上烙印。在 19 世纪 60 年代之前，"brand"只是用来指代烙印，根本没有品牌的含义。所以品牌的诞生就带有了一定的偶然性，同时也是一个必然的过程。

我们认为：品牌是一种识别标志、一种精神象征、一种价值理念。品牌是一种名称、术语、标记、符号或图案，或是它们的相互组合，用以识别企业提供给某个或某群消费者的产品或服务，并使之区别于竞争对手的产品或服务。品牌反映了一个产品、服务或者主体的属性、利益、文化个性及消费者类型，体现的是一个产品、服务或者主题的核心价值、差异化、质量和信誉的保证及其溢价能力。培育和塑造品牌也是一个不断创新的过程。通过这一过程，企业能够巩固原有的品牌资产，进而多层次、多角度、多领域地参与竞争，在全球化市场上立于不败之地。

（二）品牌营销

1. 概念

品牌营销简单地讲：就是把企业的产品特定形象通过某种手段深刻地映入消费者的心中。在品牌战略专家看来，品牌营销是指企业通过利用消费者对产品的需求，然后用产品的质量、文化及独特性的宣传来创造一个牌子在用户心中的价值认可，最终形成品牌效益的营销策略和过程，即是通过市场营销运用各种营销策略使目标客户形成企业品牌和产品、服务的认知—认识—认可的一个过程。品牌营销从高层次上来讲，是把企业的形象、知名度、良好的信誉等展示给消费者，从而在顾客和消费者的心目中形成企业的产品或者服务品牌形象，这就是品牌营销。

品牌营销的关键点在于为品牌找到一个具有差异化个性、能够深刻感染消费者内心的品牌核心价值，它让消费者明确、清晰地识别并记住品牌的利益点与个性，是驱动消费者认同、喜欢乃至爱上一个品牌的主要力量。

品牌营销的前提是产品要有质量上的保证，这样才能得到消费者的认可。品牌建立在有形产品和无形服务的基础上。有形是指产品的新颖包装、独特设计以及富有象征吸引力的名称等；而服务是在销售过程当中或售后服务中给顾客满意的感觉，让顾客体验到真正做"上帝"的幸福感。让他们始终觉得选择买这种产品的决策是对的，买得开心、用得放心。从消费者的立场看，他们往往看重的是商家能提供哪些服务及所提供服务的质量。从长期竞争来看，建立品牌营销是电商企业长期发展的必要途径。对电商企业而言，既要满足自己的利益，也要顾及顾客满意度，注重双赢，赢得高忠诚度顾客。

2. 品牌营销的意义

品牌不仅是企业、产品、服务的标识，更是一种反映企业综合实力和经营水平的无形资产，在商战中具有举足轻重的地位和作用。无论是对于传统企业还是对于电商企业，唯有运用品牌、操作品牌，才能赢得市场。我国加入 WTO 后，国外跨国公司与知名品牌早已大举进入中国市场，中国电商品牌与世界知名品牌的产品在同一市场进行角逐。显而易见，产品的竞争实际已过渡到品牌的竞争。因此，积极开展品牌营销，对于中国电商企业是当务之急。

一个品牌成功与否和品牌营销息息相关。甚至可以说，没有品牌营销的企业势必难以成功。当今社会的科学技术极大发展，物质极大丰富，产品逐渐进入同质化阶段。当琳琅满目的商品都可以满足消费者的使用时，消费者对产品的评价将主要在于品牌和产品的品质。所以，今后的产品销售，不仅仅只是在销售产品，更重要的是在向消费者寻求品牌内涵的认同。

品牌营销对电商企业的重要性主要体现在以下四个方面。

(1) 培养消费者忠诚

品牌一旦形成一定的知名度和美誉度后，企业就可以利用品牌优势扩大市场，加速消费者品牌忠诚度的形成，在最短时间内拥有一批高忠诚度的品牌拥护者。

(2) 稳定产品价格

强势品牌能够减少需求价格弹性，增强对动态市场的适应性，减少未来的经营风险。

(3) 降低新产品投入市场风险

一个新产品进入市场的风险是相当大的，而且投入成本也相当高，但是企业可运用品牌延伸将新产品引入市场，采用现有的强势品牌，利用其知名度和美誉度推出新产品。

(4) 有助于抵御竞争者的攻击

保持竞争优势。新产品一经推出市场，受到消费者追捧，就很容易被竞争者模仿。但品牌是一个企业独有的无形资产，它可以通过注册等方式得到法律保护，消费者对于品牌的忠诚是竞争者通过模仿无法达到的。

3. 品牌营销与跨境电商

中国的货物出口贸易自超越德国以来，就一直居于世界首位。然而，这仅能说明中国是一个贸易大国而非贸易强国。为什么这么说呢？有两点原因：第一，中国出口的货物技术含量低，很多机电及高新技术产品都属于加工贸易；第二，中国出口的货物品牌化程度低，大部分是 OEM 或 ODM 的贴牌产品。OEM(Original Entrusted Manufacture，原始设备制造商) 的基本含义是定牌生产合作，俗称"代工"，基本含义为品牌生产者不直接生产产品，而是利用自己掌握的关键的核心技术负责设计和开发新产品，控制销售渠道。ODM(Original Design Manufacturer) 的直译是"原始设计制造商"。ODM 是指某制造商设计出某产品后，在某些情况下可能会被另外一些企业看中，要求配上后者的品牌名称来进行生产，或者稍微修改一下设计来生产。其中，承接设计制造业务的制造商被称为 ODM 厂商，其生产出来的产品就是 ODM 产品。

中国要想成为贸易强国，必须提升出口产品的技术含量和品牌化水平。高端核心技术的提升并非一朝一夕就能实现，但一般工业生产的基础技术已经在过去几十年中累积成熟。品牌方面呢，虽然有少数大型企业的海外成功案例，但并不能掩盖中国大量中小企业品牌国际化艰难的现状，特别是跨境电商的品牌化道路更为艰难。一旦跨境电商企业有了自己的国际化品牌，不仅给电商企业带来不可限量的发展前途，也提升了中国企业的品牌化。

中国跨境电商发展势头正盛，出口仍占主导地位，通过"一带一路"倡议和全球经贸一体化的深度融合，跨境电商将呈现出巨大的发展潜力。区块链、大数据等新技术有望开辟数字经济下的跨境电商新道路，未来通过对新技术的运用，能够进一步了解客户的购物习惯、兴趣爱好和购买意愿，进行有针对性的广告营销和推送，实现个性化服务。出口跨境电商是带动我国外贸发展不可或缺的主要力量之一，出口电商发展由成长型逐渐走向成熟，由"中国制造"向"中国质造"跨越。

高速增长的背后，当跨境电商的潜力还没发挥到比较满意的程度时，与传统外贸类似的问题随之而来，突出表现有：中小跨境电商急剧增加、向来以价格取胜的竞争方式从传统外贸转向跨境电商业务、价格竞争导致利润率持续下滑及销售服务水平欠缺等。产生这些问题的根源在于出口企业只是在销售方式上进行科技革新而参与了新型的同质化竞争，且本身的营销方式并未产生任何变化。发展自主品牌作为差异化营销方式之一，可以有效提升跨境电商的竞争优势，提高利润率和生存率，解决发展中的问题，以实现其可持续发展。

品牌营销能给跨境电商带来以下优势。

(1) 品牌营销能给跨境电商带来价格优势

跨境电商实施自主品牌营销，与传统外贸相比，最直接的是能给电商带来价格方面的优势，实现净利润的持续增长和企业自身的长久发展。一是跨境电商利用电商平台销售能节省各种广告费用及实际参展费和促销费，以降低境外客户的购买成本；二是在电商平台上销售的自主品牌产品由于附加品牌价值和服务，一般要比中性无牌产品的价格高30% ~ 40%，甚至更高，而代售其他知名企业的 OEM 产品只能获取一定比例的中间费用，利润空间非常有限；三是由于电商平台的多数买家是最终消费者，缩小了许多中间环节，能获得比传统外贸成交价高许多甚至是翻倍的价格，有效地将部分中间商费用成本转化为跨境电商自身利润的一部分，让利于最终消费者，建立其消费信心。另外，更为重要的是，消费者对于自己钟爱的品牌愿意付出更高的价钱。一般品牌产品会比非品牌产品价格高，而这种价格差正是品牌价值的一种直接视觉体现。

(2) 品牌营销有利于跨境电商企业提高竞争力

跨境电商实施自主品牌营销，首先，有利于增加最终用户的让渡价值，培养忠诚客户。让渡价值指客户在购买电商产品时，获得的总价值与付出的总成本之间的差额，跨境电商的自主品牌产品由于成本降低让利于购买者，从而获得购买者的认同，增加了客户的让渡价值，使跨境电商企业获取竞争优势。其次，在各大电商平台上，信息纷繁复杂，展示同一类产品的跨境电商少的几家，多的上百家，增加了境外消费者对这类产品的购买难度，使其在决策时变得摇摆不定。而在线的品牌产品往往会比中性无牌产品对客户吸引力更大，增加购买数量，积累更多、更好的在线口碑，突出了品牌营销的优势所在。再次，跨境电商通过电商平台的窗口，实施自主品牌营销，赋予了电商企业的独特品牌文化价值和情感内涵，加上周到的客户管理服务和高性价比的价格，能提高客户对本企业品牌产品的体验性价值。最后，品牌的推广营销有利于跨境电商企业不断增强自身的实力，向高层次和规模化扩张。依托知名电商平台，跨境电商企业通过品牌营销手段，可从某一单一品牌产品向系列化品牌产品发展，进而建立起自主品牌旗舰店，经过长期营销的积淀，从其寄居的跨境电商平台抽身而退，通过品牌这一营销手段而最终建立自己的品牌电商平台。

(3) 品牌营销能促使出口企业经营方式转型

与传统贸易相关的信息、物流、资金已由买卖双边向多方向或网状结构模式发展，促使了更多的出口企业从传统外贸参与到跨境电商的业务中。在线直面更多的最终消费者，以了解其对产品及品牌等附加值的需求，在竞争中完善专业服务水平，使其营销方式转变，提升风险应对机制。品牌能够通过为顾客提供除商品本身以外的各种附加值来使顾客更为满意，最终使得顾客更乐意用较高价格购买。实施品牌营销可以使跨境电商打破传统外贸的OEM困境，实现其海外市场的品牌突破，促使其从单一传统外贸方式向传统外贸和跨境品牌电商并存的综合营销方式转变。

二、品牌定位与识别

（一）品牌定位

1.品牌定位的含义

定位是定位理论中最核心、最基础和最早的概念和观点，正是定位这个概念和观点奠定了定位理论的基础，以致人们把这种视心智为战场，打造品牌就是要在这场心智战争中取得主导地位的理论称为定位理论。

品牌定位就是对品牌进行总体的规划、设计，明确品牌的方向和基本活动范围，进而通过对企业资源的战略性配置和对品牌理念持续性的强化传播来获取市场(包括消费者、竞争者、社会公众等)各方的认同，从而实现预期的品牌优势和品牌竞争力。

2.品牌定位的策略

对品牌进行定位是为了使潜在的消费者能够对品牌产生有益的认知，从而形成对品牌的偏好和持续的购买行为，定位的基本原则并不是去塑造新而独特的东西，而是去操作原已在人们心目中的想法，打开联想之门，目的是在顾客心目中占据有利的位置。因此，掌握品牌定位的策略方法十分必要。

跨境电商企业可以在以下方法中寻找最适合企业的定位方法，打造属于自己的独一无二的电商品牌，这有助于在跨境电商市场站稳脚跟。

(1) 类别定位

依据产品的类别建立起品牌联想，称作类别定位。类别定位力图在消费者心目中形成该品牌等同于某类产品的印象，已成为某类产品的代名词或领导品牌。当消费者有了这类特定需求时就会联想到该品牌。

(2) 比附定位

比附定位是以竞争者品牌为参照，依附竞争者定位。比附定位的目的是通过品牌竞争提升自身品牌的价值与知名度。企业可以通过各种方法和同行中的知名品牌建立一种内在联系，使自己的品牌迅速进入消费者的心智，借名牌之光使自己的品牌生辉。

(3) 档次定位

不同的品牌常被消费者在心目中分为不同的档次。品牌价值是产品质量、消费者心理感受以及各种社会因素，如价值观、文化传统等的综合反映，档次具备了实物之外的价值，如给消费者带来自尊和优越感等。高档次品牌往往通过高价位来体现其价值。

(4) 消费者定位

消费者定位是指将产品与某类消费者的生活形态和生活方式的关联作为定位的基础，深入了解目标消费者希望得到什么样的利益和结果，然后针对这一需求提供相对应的产品和利益。

(5) 比较定位

比较定位的策略是指企业为了突出品牌的特性，抓住知名竞争对手的弱点来向消费者推销自己的优点，从而获取市场认可的方法。

(6) 功能性定位

功能性定位是将品牌与一定环境、场合下产品的使用情况联系起来，以唤起消费者在特定情境下对该品牌的联想。

最近一段时间，运用功能性定位最为成功的当数"王老吉"。一句广告词"怕上火喝王老吉"红遍了大江南北，凭借其明确的功能性定位，使王老吉销售额从一个亿到五个亿，再到十个亿，直线上升，王老吉也俨然成了凉茶的代名词，使一个多年的区域性品牌一跃成为全国性的知名品牌。当困了、累了的时候，消费者会想到喝红牛；出现上火的状况时，消费者会想到喝王老吉。情境性消费是与功能性定位的有效对接，以此来占领消费者心智。

3. 品牌定位的步骤

品牌定位就是使品牌实现区隔。今天的消费者面临太多选择，企业想要抓住消费者，要么就要做到差异化定位，要么就要在定价上取胜，制定一个极具性价比的价格，这样企业才能生存下去。而其中的关键之处，在于能否使品牌形成自己的区隔，在某一方面占据主导地位。

跨境电商企业一定要切实地厘清自己的区隔，并按照以下四个步骤来建立定位：

(1) 分析行业环境

企业不能在真空中建立区隔，周围的竞争者都有着各自的要领，需要切合行业环境才行。

首先，企业得从市场上的竞争者开始，弄清他们在消费者心中的大概位置以及他们的优势和弱点。可以进行调查，就某个品类的基本属性，让消费者从 1 到 10 给竞争品牌打分，这样可以弄清不同品牌在人们心中的位置，也就是建立区隔的行业环境。同时，需要考虑的是市场上正在发生的情况，以判断推出区隔概念的时机是否合适。就像是冲浪，太早或者太晚都随时可能身葬大海。把握住最佳时机，企业才有可能得到一个好的区隔。

(2) 寻找区隔概念

分析行业环境之后，企业要寻找一个概念，使自己与竞争者区别开来。

(3) 找到支持点

有了区隔概念，企业还要找到支持点，使它真实可信。任何一个区隔概念都必须有据可依。比如，可口可乐说"正宗的可乐"，是因为它就是可乐的发明者。可口可乐公司就提供一些其他汽水公司所没有的服务。区隔不是空中楼阁，消费者需要企业证明给他看，企业就得提供一些其他企业所没有的服务，以便支撑起自己的概念。

(4) 传播与应用

并不是说有了区隔概念就可以等着顾客上门。最终，企业要靠传播才能将概念植入消费者心中，并在应用中建立起自己的定位。企业要在每一方面的传播活动中，都集中体现出区隔的概念。当企业的区隔概念被消费者所接受，而且在企业的销售、产品开发、设备工程以及其他任何地方都得到贯彻。那么就可以说，企业已经为品牌建立了定位。

4.品牌定位的意义

品牌定位对电商企业来说是至关重要的，其意义有以下五个方面：

(1) 品牌定位是形成市场区隔的根本

准确的品牌定位能使跨境电商企业品牌与其他跨境电商企业品牌区别开来，从而能够从众多同类或同行业的品牌中脱颖而出，使消费者眼前一亮，因而能在消费者心目中占据一定的地位。

(2) 品牌定位有利于树立品牌的形象

品牌定位是针对目标市场及目标消费者确定和建立起来的独特的品牌形象的结果。它是人们在看到、听到某一品牌后所产生的印象，是消费者通过对品牌感觉、认知和理解在脑海中储存的品牌的信息。而品牌定位是对企业的品牌形象进行整体设计，从而在目标消费者的心中占据一个独特的有价值的地位。就如顾家家居宣传所说的"因为顾家，所以爱家"，顾家家居这个品牌在消费者心中就是有个"顾家的、爱家的、保守的"品牌形象。

(3) 品牌定位有利于塑造品牌的个性

品牌定位不但有利于向消费者提供个性化的需求，而且也有利于塑造品牌的个性。品牌和人一样都有个性，品牌个性的形成与其定位是息息相关的，也可以说品牌定位是品牌个性的前提和条件。Zara 这个品牌向消费者展示的是一种平价奢华、灵活、百变、高时髦感的品牌形象。

(4) 品牌定位有助于与消费者沟通

品牌的定位说得通俗一点就是企业要弄明白"我是谁、我该怎么做、我做什么"的过程。要想与消费者沟通，取得消费者的认可，首先要告诉消费者"我是谁、我能为你做什么"——这就是品牌定位。只有说清楚你是谁，消费者才能根据自己的情况，决定是否需要你，要不要接触你、了解你。

(5) 品牌定位有利于企业占领市场和开发市场

一个成功的品牌定位对企业的占领市场、拓展市场具有极大的引导作用。品牌定位的价值已远远超出了产品本身，产品只是承载品牌定位的物质载体，人们使用某种产品在很大程度上是体验品牌定位所表达的情感诉求。

（二）品牌识别

1. 概念与作用

品牌识别是一个较新的概念。它并不是由营销和传播理论家凭空想出的新潮词语，而是对品牌有真正重要意义的新概念。

品牌识别指从产品、企业、人、符号等层面定义出能打动消费者并区别于竞争者的品牌联想，与品牌核心价值共同构成丰满的品牌联想。品牌识别也可以称之为品牌期待留在消费者心中的联想。一个强势品牌必然有丰满、鲜明的品牌识别。科学完整地规划品牌识别体系后，品牌核心价值就能有效落地，并与日常的营销传播活动（价值活动）有效对接，企业的营销传播活动就有了标准与方向。

那么品牌识别有什么作用呢？

第一，明确企业所设想的品牌理想状态的品牌识别，将成为策划、评价品牌有关方案时的可靠依据，并据此来判断是否适应品牌战略发展，企业中的任何成员都能进行共同标准的判断，从而促进整个公司内部对品牌战略的共同认识。

第二，明确从消费者的立场出发的规定要素的品牌识别，将有利于实现基于品牌识别而形成的品牌战略，并唤起消费者的购买行为等效果。

第三，明确市场竞争中的规定要素的品牌识别，将揭示企业竞争优势的源泉是什么，从而更有效地突出消费者所能察觉的并与其他竞争品牌相差别的核心要素。

2. 建立有效的品牌识别系统

了解如何建立有效的品牌识别系统，首先要弄清什么是产品，什么是品牌，什么是成功的品牌。

产品：产品是指可以满足消费者在功能方面需求的任何事物，它可以是一种有形的产品，也可以是某种形式的服务。

品牌：品牌可以被定义为一些名称、符号和设计，通常这些元素组合在一起，用以区别特定的生产厂商的产品。

成功的品牌：成功的品牌应被定义为不仅在功能上满足消费者的需求，而且能够同时提供满足消费者某些心理需求的附加价值的品牌。成功的品牌可以用下面的公式表述：

$$S=P\times D\times AV$$

其中，S 是成功的品牌，P 是有效的产品，D 是与众不同的品牌识别系统，AV 是附加价值。

由此我们可以得出这样的结论：一个企业要想建立成功的品牌，首先是生产质量过硬的产品，其次是建立有效品牌的识别系统，最终为消费者带来除产品使用功能之外的附加价值。精准的品牌定位和营销，成就了在跨境电商平台的品类排名靠前卖家的地位。

但是目前，国内的一些企业在品牌的建设上急于求成，过分强调炒作，并不重视品牌的内涵建设。这样的品牌即使一时声名鹊起，也难有长久稳定的发展。这也是许多中国品牌只能各领风骚三五年的真正原因。总之，品牌建设是漫长的过程，在这个过程中，需要我们不断运用科学的手段对其进行规划和维护，这样我们的品牌才可能长久不衰。

三、品牌传播与推广

（一）概念

所谓"品牌传播"，就是企业以品牌的核心价值为原则，在品牌识别的整体框架下，选择广告、公关、销售、人际等传播方式，将特定品牌推广出去，以建立品牌形象，促进市场销售。品牌传播是企业满足消费者需要、培养消费者忠诚度的有效手段，是目前企业家们高擎的一面大旗。

品牌传播是企业的核心战略也是超越营销的不二法则。品牌传播的最终目的就是要发挥创意的力量，利用各种有效发声点在市场上形成品牌声浪，有声浪就有话语权。传播是品牌力塑造的主要途径。

品牌传播的宗旨是运用媒体新闻为企业宣传，是一种新型推广方式，相对于硬性广告或传统的 B2B 平台宣传等。网络迅速发展到今天，广大网民用户对新闻的接受程度要高很多。同样是做宣传和营销，同样都是希望找到并影响、打动潜在客户，何不以新闻的形式做宣传，让公众在不知不觉中接收信息？这种传播模式就是品牌传播的最新趋势。

（二）品牌传播过程

1. 明确品牌在企业中充当的角色

品牌通常定义为通过创造顾客忠诚，以确保未来收入的一种关系。由此，整合品牌传播的起始点包括分析品牌所充当和能充当的角色，以确保获得更高的忠诚度。评估品牌的价值，对企业战略的审视以及顾客、雇员和关键股东等因素都需要考虑进去。

这个步骤对一些传统意义上关于商业发展关键驱动要素的假定提出了挑战。这些传统理念包括"价格是我们唯一的附加价值""我们仅仅是一个产品提供商""我们不能疏远了分销伙伴"等，这些理念需要根据其可能性，而不是它曾经怎样发挥过良好效果，进行重新的审视。

2. 理解品牌价值的构成要素

一直以来，执行管理层在寻求一个可以对营销传播的投资回报进行量化的工具，而得到的结论是仅仅被告知无法单独地获得这类数据。在整合品牌传播的范式下，这种情况将会得到改观。整合品牌传播计划给管理人员提供一套和企业其他投入的资产相关的，用以判断品牌资产投资绩效的工具。

一些公司通过品牌价值评估的方式来判断投入的绩效，这种方式得出一个以基准 (Benchmark) 品牌价值为目标的测量方法。但是，在整合品牌传播过程中的价值"评估"并不需要计算出原始的数字。因为品牌价值评估可以识别出品牌价值的作用要素，它可以帮助显示或测量传播活动对品牌价值的影响效果，或者进行预测。通过对从一个测量周期到另一个测量周期品牌价值相对变化的测量，我们可以客观地对建立和促进品牌方面所进行投入的回报进行量化，从而评估整合传播计划的整体效果。

3. 明确哪些消费者是品牌信息期望到达的目标受众

品牌的角色明确之后，接下来是至关重要的一步：要找出核心的目标顾客群。要区分优先次序，很有必要辨别出哪些是驱使企业成功的顾客群体，哪些仅仅是对企业的成功起一定的影响作用。

有时候，如果你成功地影响了核心顾客群体，由此获得的企业绩效足以强大到激发那些起一定作用的受众的关注和反应。首要的挑战在于要设计一个联系核心受众的品牌战略，还有一个联系功能顾客群体的传播计划。

4. 形成"大创意"

大创意是指独特的价值诉求。传播千篇一律的信息是对现有资源的一种浪费，而传播意味深长的独特性则是成长的催化剂。大创意源于对顾客群体需要、市场动态及本企业商业计划的一种清楚理解。大创意与企业用以迎合关键顾客群体需要的策略是相匹配的。

优秀的创意需要符合四个基本的标准：符合顾客群体需要，诉求区别于竞争对手，诚实可信，并且具备能随着企业业务的发展而发展的内在张力。

5. 改变认知来获得大创意

一旦顾客形成了和品牌的忠诚关系，顾客群体将逐渐被纳入这个过程。在这个过程中，新形成的感知可能妨碍对品牌独特承诺的反应能力。这种"感知障碍"需要有所突破，以传达"大创意"。

在这些障碍中，有一部分显得尤其难以克服。如果这种障碍是和认知关联的，可以通过增加信息的曝光度来解决这个问题。但是，如果遇到的是信任方面的问题，就需要改变目标顾客群体看待品牌价值的态度。

6. 通过信息传播改变消费者认知

改变消费者对品牌的认知并不是件容易的事情，它需要一种传播上的努力，这种努力需要具有穿透消费者每日因接触过载信息所形成的"防卫墙"的能力。要想获得他们注意，传播者必须通过精心准备的信息以消除混乱，并促使他们改变心理预设。一个携带大创意的驱动性信息，可以在媒介预算适度的情况下获得良好的传播效果。在媒介投放之前，务必确认信息的准确性，这将有助于优化投入回报。

7. 利用媒介改变认知态度

一旦获得大创意，就需要使用合适的传播媒介。通常，在每一个卷入的阶段都需要使用个性化的媒介来适应顾客群体的需要。

广告和公关是建立品牌认知的有力工具，它们对品牌相关性的形成也有潜移默化的作用。间接的、直接的或者是互动的接触频率高的媒体，对于品牌相关性和逐渐形成独特价值的感知，也很有帮助。

一旦购买决策形成，直接的互动是形成满意度和忠诚度最有效的手段。但是这么做也有一定的挑战性，需要平衡各种媒体的作用力量，以建立一种整合的、可以最有效地传播信息的媒体解决方案。

8. 确定最佳媒介组合

执行的最根本的挑战，在于确定最佳媒介组合以促使目标顾客群体形成强烈的品牌忠诚度，诀窍是在有限的媒介预算的前提下，优化信息传播的力量。这将有助于产生一种驱动性的投入回报并确保未来的收益。

创造性的媒介计划用以合理使用媒介预算，将是影响成功的一个非常重要的技巧，特别是在第一年。然后，作为一个示范性的结果，在接下来的第二年及再往后，这将成为进行品牌投入的一个预算参考。

9. 效果测量

投入需要在清楚了解事实的前提下进行，在和其他投资的比较中，要使人相信整合品牌传播上的投入，这是一种投资而非花销，就需要展示一个相应的令人满意的投入回报。通过定量的方法了解信息和媒体的传播效果，将有助于在接下来的几年中优化传播效果。

10. 重复整个过程

从第五步开始，重复整个过程。整合品牌传播是一个有机的过程，通过积极的深入展开，可以使之得到滋长并变得更加强大。测量了首次效果后，返回到整合品牌传播活动的初始，并考虑进一步提升的机会。

重新回到对信息的考量上，探求使他们更具有驱动性的机会；重新回到媒介计划上，考量信息是否到达目标受众；重新回到媒介预算上，考量这些预算是否被合理配置；最后，重新回到评估工具上，确定它们是否能有助于对推动和管理计划的深入了解。

（三）品牌传播特点

1. 传播元素的复杂性

传播内容通常体现为品牌传播元素及其组合后的符号意义，有形和无形的品牌传播元素构成了品牌传播的主要信息。在理解品牌的内涵时，我们就已经发现，品牌本身具有相当的复杂性。

品牌由两大部分构成，即品牌的有形部分和无形部分。有形部分主要包括品名、标志、标准色、标志音、代言人、标志物、标志包装、产品、员工等；无形部分主要是指品牌所表达或隐含的"潜藏在产品品质背后的、以商誉为中心的、独一无二的企业文化、价值观、历史等"，这两部分事实上也构成了品牌传播的核心内容。有形部分和无形部分在组合形成品牌含义、参与品牌传播的过程中，会体现出无限的组合可能和延展性，由此也就决定了品牌传播信息的复杂性。

2. 传播手段的多样性

品牌传播手段是基于品牌传播类型的一种概念界定，主要是基于品牌传播的信息编码特点、信息载体运用形式、运作流程与组织形式等差异而做出的类型划分。各种传播手段之间应具有明显的差异性和相对的独立性，比如广告、公关，它们既有类似甚至交叉之处，又有着显著区别，可以自成一体。

传播手段的多样性主要体现为：并非只有广告和公关才是品牌传播的手段，事实上，能够用来协助品牌传播的手段非常丰富。按照整合营销传播的理论，营销即传播，所有来自品牌的信息都会被受众看成品牌刻意传播的结果。换言之，在品牌传播中，一个企业或一个品牌的一言一行、一举一动都能够向受众传达信息。任何一个"品牌接触点"都是一个品牌传播渠道，也都可能意味着一种新的品牌传播途径和手段。

3. 传播媒介的整合性

所有能用来承载和传递品牌信息的介质都可以被视为品牌传播媒介。新媒介的诞生与传统媒介的新生，正在共同打造一个传播媒介多元化的新格局。品牌传播媒介的整合要求与传播媒介的多元化密切相关。在"大传播"观念中，所有能够释放品牌信息的品牌接触点都可能成为一个载体，比如促销员、产品包装、购物袋等。

在网络中，接触点更是具有无限的拓展空间和可能，由互联网所带来的新媒体的丰富性，至今尚未被人们完全认识。如此，品牌传播在新旧媒介的选择中就有了多元性的前提。

4.传播过程的系统性

品牌具有系统性，在社会系统中，品牌既是一种经济现象，又是一种社会、文化和心理现象；在微观营销体系中，品牌几乎覆盖营销要素的所有环节，因此，它具有明显的系统性特点。

系统性是品牌最为基本的属性，不承认品牌的系统属性，将导致无法科学理解品牌现象中的多元化特征，更无法正确全面地建构起品牌的理论体系。对品牌的感受、认知、体验是一个全方位的把握过程，并贯穿品牌运动的各个环节中。消费者品牌印象的建立是一个不断累积、交叉递进、循环往复、互动制约的过程。

作为一个复杂的系统，无论从消费者认知的角度来看，还是从企业创建的角度来看，品牌都是一个动态传播与发展的过程。这种动态传播与发展的目的是在"品牌—消费者—品牌所有者"三者的互动性交流和沟通中，逐渐建立一种品牌与顾客之间的不可动摇的长期精神联系，即"品牌关系"，这也是品牌营销传播的本质所在。

（四）传播与推广方式

1.广告传播

广告作为一种主要的品牌传播手段，是指品牌所有者以付费方式，委托广告经营部门通过传播媒介，以策划为主体、以创意为中心，对目标受众所进行的以品牌名称、品牌标志、品牌定位、品牌个性等为主要内容的宣传活动。

对品牌而言，广告是最重要的传播方式，有人甚至认为：品牌＝产品＋广告，由此可见，广告对于品牌传播的重要性。人们了解一个品牌，绝大多数信息是通过广告获得的。广告是提高品牌知名度、信任度、忠诚度，塑造品牌形象和个性的强有力工具。由此可见，广告可以称得上是品牌传播重心。

鉴于广告对于品牌传播的重要性，企业在做广告时一定要把握以下四项内容。

(1)做广告时，要先寻找一个有潜力的市场，进行市场研究，了解广告对新的消费心理和消费习惯的需求，再运用广告等手段来宣传和美化你的产品以吸引消费者，最后找到一个好的卖点。

（2）做广告时，要把握住时机。企业要根据不同的市场时期，对广告的制作和发布采取不同的策略应对。

（3）一定要连续进行，广告有滞后性。如果一个广告播放一段时间看到效果不明显就不播了，这是很不明智的选择，因为这样会使之前的广告投入全部打水漂。所以，广告投放一定要持续，千万不能随意停下来，否则就会引起消费者的很多臆测，从而给企业和品牌带来不利影响。

（4）在做广告时，一定要注意广告媒介的选择和资源投入的比例。因为在广告传播活动中，媒介的传播价值往往是不均等的。

2. 公关传播

公关是公共关系的简称，是企业形象、品牌、文化、技术等传播的一种有效解决方案，包含投资者关系、员工传播、事件管理以及其他非付费传播等内容。作为品牌传播的一种手段，公关能利用第三方的认证，为品牌提供有利信息，从而教育和引导消费者。

公共关系可为企业解决以下问题：一是塑造品牌知名度，巧妙创新运用新闻点，塑造组织的形象和知名度；二是树立美誉度和信任感，帮助企业在公众心目中取得心理上的认同，这点是其他传播方式无法做到的；三是通过体验营销的方式，让难以衡量的公关效果具体化，普及一种消费文化或推行一种购买思想哲学；四是提升品牌的"赢"销力，促进品牌资产与社会责任增值；五是通过危机公关或标准营销，化解组织和营销压力。

3. 促销传播

销售促进传播是指通过鼓励对产品和服务，进行尝试或促进销售等活动而进行品牌传播的一种方式，其主要工具有赠券、赠品、抽奖等。

尽管销售促进传播有着很长的历史，但是长期以来，它并没有被人们所重视。直到近年，许多品牌才开始采用这种手段进行品牌传播。

销售促进传播主要用来吸引品牌转换者。它在短期内能产生较好的销售反应，但很少有长久的效益和好处，尤其对品牌形象而言，大量使用销售推广会降低品牌忠诚度，增加顾客对价格的敏感，淡化品牌的质量概念，促使企业偏重短期行为和效益。不过对小品牌来说，销售促进传播会带来很大好处，因为它负担不起与市场领导者相匹配的大笔广告费，通过销售方面的刺激可以吸引消费者使用该品牌。

4. 人际传播

人际传播是指人与人之间直接沟通，主要是通过企业人员的讲解、示范操作、服务等，使公众了解和认识企业，并形成对企业的印象和评价，这种评价将直接影响企业形象。人际传播是形成品牌美誉度的重要途径，在品牌传播的方式中，人际传播最易被消费者接受。不过人际传播要想取得一个好的效果，就必须提高人员的素质，只有这样才能发挥其积极作用。

海底捞凭借其完善的管理模式、细致的服务模式和优秀的营销模式成为餐饮行业的标杆。海底捞的价格虽略高于其他的火锅店，但消费者往往能够心甘情愿地接受，对其服务十分满意，在排队等号时可以预约店内免费美甲服务、品尝小食，海底捞提供的服务一直被称赞。海底捞始终秉承"顾客至上，服务至上"宗旨，为顾客提供愉悦的消费体验。顾客认为它的消费有价值，值得去向别人推荐，这样就形成了口碑，品牌就很容易被人津津乐道。

品牌传播与传播方式的选择及设计密切相关，如果传播方式选择不当、设计不合理就不可能收到好的传播效果。因此，企业在进行品牌传播时，一定要把传播方式的选择和设计放在重要的位置上。

四、品牌利用与发展

（一）品牌战略

品牌是目标消费者及公众对于某一特定事物心理的、生理的、综合性的肯定性感受和评价的结晶物。人和风景、艺术家、企业、产品、商标等都可以发展成为品牌对应物。我们在市场营销中说的品牌，指的是狭义的商业性品牌，即是公众对于某一特定商业人物，包括产品、商标、企业家、企业四大类型商业人物的综合感受和评价结晶物。

一些意识超前的企业纷纷运用品牌战略的利器，取得了竞争优势并逐渐发展壮大，从而确保企业的长远发展。在科技高度发达、信息快速传播的今天，产品、技术及管理诀窍等容易被对手模仿，难以成为核心专长，而品牌一旦树立，则不但有价值并且不可模仿。因为品牌是一种消费者认知，是一种心理感觉，这种认知和感觉不能被轻易模仿。

品牌战略的关键点是管理好消费者的大脑，在深入研究消费者内心世界、购买此类产品时的主要驱动力、行业特征、竞争品牌的品牌联想的基础上，定位好以核心价值为中心的品牌识别系统，然后以品牌识别系统统率企业的一切价值活动。

1. 单一品牌战略

单一品牌又称统一品牌，它是指企业所生产的所有产品都同时使用一个品牌的情形。这样在企业不同的产品之间形成了一种最强的品牌结构协同，使品牌资产在完整意义上得到最充分的共享。

单一品牌战略的优势不言而喻，商家可以集中力量塑造一个品牌形象，让一个成功的品牌附带若干种产品，使每一个产品都能够共享品牌的优势。比如，大家熟知的"海尔"就是单一品牌战略的代表。海尔集团从20世纪80年代起开始推进自己的品牌战略，从产品名牌到企业名牌，再发展到社会名牌，已经成功地树立了海尔的知名形象。不仅如此，海尔也作为企业名称和域名来使用，做到了"三位一体"。而作为消费者，我们可将海尔的"真诚到永远"的理念拓展到它名下的任何商品。一个海尔品牌的成功，使得海尔旗下的上万种商品成了名牌商品。

单一品牌战略的优势尽显其中。单一品牌的另一个优势就是品牌宣传的成本要低，这里面的成本不仅指市场宣传、广告费用的成本，同时还包括品牌管理的成本以及消费者认知的清晰程度。单一品牌更能集中体现企业的意志，容易形成市场竞争的核心要素，避免消费者在认识上发生混淆，也不需要在各个品牌之间的协调。

该战略的风险：当然作为单一的品牌战略，也存在着一定的风险。它具有"一荣俱荣"的优势，同样也具有"一损俱损"的危险。如果同一品牌名下的某种商品出现了问题，那么在该品牌下附带的其他商品难免会受到株连，至此整个产品体系可能面临着重大灾难。单一品牌缺少区分度，且差异性差，往往不能区分不同产品独有的特征，这样不利于商家开发不同类型的产品，也不便于消费者的选择。因而在单一品牌中往往出现"副品牌"。

2. 副品牌战略

品牌咨询界大师翁向东是副品牌理论的创始人，他认为副品牌几乎不花钱就让消费者感受到全新一代和改良产品的问世，创造全新的卖点，妙趣横生而获得了新的心理认同。副品牌是指企业在生产多个产品的情况下，给其所有产品冠以统一品牌的同时，再根据每种产品的不同特征给其取一个符合该产品特点的名称。副品牌策略只要巧加运用，便能在不增加预算的前提下低成本推动新产品的成功。副品牌还能给主品牌注入新鲜感和兴奋点，提升主品牌的资产。

副品牌战略的基本特征和运用策略如下：

(1) 重心是主品牌，副品牌处于从属地位

企业必须最大限度地利用已有的成功品牌。相应地，消费者识别、记忆及产生品牌认可、信赖和忠诚的主体也是主品牌。这是由企业必须最大限度地利用已有成功品牌的形象资源所决定的，否则，就相当于推出一个全新的品牌，成本高、难度大。

当然，副品牌经过不断的推广，在驱动消费者认同和喜欢的力量上与主品牌并驾齐驱的时候，主、副品牌就演变成双品牌的关系。当超过主品牌的时候，副品牌就升级为主品牌，原先的主品牌就成为担保品牌和隐身品牌。如喜之郎的水晶之恋在刚刚上市的时候，水晶之恋是以副品牌出现的，随着水晶之恋在市场上受到消费者很大的认同，水晶之恋成了消费者认同和企业推广的重心即主品牌了，原来的主品牌喜之郎就降格为担保品牌了。

(2) 副品牌分描述型和驱动型两种

对产品的品类和特点进行描述，但没有实际性增进消费者对产品认同和喜欢的，一般称之为描述性副品牌。

能彰显产品的个性并有效驱动消费者认同的副品牌，称之为驱动型副品牌。如海尔洗衣机的副品牌"小小神童"能栩栩如生彰显出产品的卖点，消费者会因为副品牌的内涵而认同乃至购买该产品。

(3) 副品牌具有口语化、通俗化的特点

副品牌采用口语化、通俗化的词汇，不仅能起到生动形象地表达产品特点的作用，而且传播快捷、范围广，易于较快地打响副品牌。

(4) 副品牌一般不额外增加广告预算

采用副品牌后，广告的主广告宣传的重心仍是主品牌，副品牌从不单独对外宣传，都是依附于主品牌联合进行广告活动。这样，一方面，能尽享主品牌的影响力；另一方面，副品牌识别性强、传播面广且张扬了产品个性形象。故只要把在不采用副品牌的情况下，本来也要用于该产品宣传的预算用于主副品牌的宣传，其效果就已经超过只用主品牌的策略。

3.多品牌战略

一个企业同时经营两个以上相互独立、彼此没有联系的品牌的情形，就是多品牌战略。众所周知，商标的作用是就同一种商品或服务，区分不同的商品生产者或者服务的提供者。一个企业使用多种品牌，当然，具有的功能就不仅是区分其他的商品生产者，也包括区分自己的不同商品。多品牌战略为每一个品牌各自营造了一个独立的成长空间。

很明显，它可以根据功能或者价格的差异进行产品划分，这样有利于企业占领更多的市场份额，面对更多需求的消费者；彼此之间看似竞争的关系，但是实际上很有可能壮大了整体的竞争实力，增加了市场的总体占有率；避免产品性能之间的影响，比如把卫生用品的品牌扩展到食品上，消费者从心理上来说就很难接受。而且，多品牌可以分散风险，某种商品出现问题了，可以避免殃及其他的商品。该战略缺点：宣传费用高昂，企业打造一个知名的品牌需要财力、人力等多方面的配合，如果想成功打造多个品牌自然要有高昂的投入作为代价；多个品牌之间的自我竞争，品牌管理成本过高；品牌容易在消费者中产生混淆。

（二）品牌组合中的管理

品牌组合是指包括一个组织所管理的所有品牌，包括主品牌、担保品牌、子品牌、品牌化的差异点、联合品牌、品牌化的活力点及公司品牌。

企业在进行品牌组合时主要考虑：品牌组合中的品牌是否存在重叠或不足、是否能够在不影响利润和增长的情况下剔除一个品牌、是否有一个优势品牌能够带动某一市场的开发、是否有一个品牌可以作为其他品牌的后盾（防御品牌）、是否有一个区域品牌和全球品牌的最佳组合等。总的来说，涉及品牌组合的数量和质量（构成或关系）问题。

1.品牌组合的增量管理

品牌组合的增量管理是指企业为了区别新市场或进入新市场，通过一定的途径增加品牌数量，使之提高品牌组合的效益和效率的过程。途径包括：

自创新品牌：为不同类型的产品在不同市场启用新的品牌名，塑造新的品牌形象，用于区别不同市场的个性和偏好。

并购品牌：企业为了迅速进入某个市场，从而并购这个市场中已有品牌的做法。如宝洁公司收购"吉列"品牌，进入剃须刀市场。

联盟品牌：企业为了利用他人的资源打开某个市场，通过合资或合作的形式，共同建立一个混合品牌或联盟品牌。

不同增量途径的选择，无论是自创品牌、并购品牌，还是联盟品牌在速度、控制和投资上都各有优势和劣势。企业品牌组合增量理想的方式应是快速地进入和占领市场、严格控制 (确保品牌形象不受损害) 和最低的投资。

企业应该根据这三种方式的不同特点，再结合自身在品牌组合管理方面的经济和能力、金融方面的实力，产品和市场特点以及企业要达到的目标，选择不同的增量途径。

2. 品牌组合的减量管理

当一个品牌组合中的品牌成员已经多到影响企业资源利用、绩效产出，超出其管理能力时，适当的减量管理势在必行。

总之，品牌组合的增量管理着眼于企业如何利用市场机会的问题，而减量管理则着眼于如何提高盈利效率和资源利用效率的问题。无论是增还是减都应着眼于企业整体资源的利用和竞争能力的提高上。

3. 品牌组合中质的管理

(1) 母子品牌的管理

母品牌或称主品牌一般是公司品牌或品牌系列，代表公司形象和企业产品的总体形象，具有很高的声誉，在市场上的号召力比较强；而子品牌也称副品牌，一般是公司的产品品牌，代表的是某种产品的个性和形象，母品牌和子品牌的搭配，既可借助母品牌的声誉和实力，又可拥有特色，防止出现"一荣俱荣，一损俱损"的结果。

对其管理要注意建立和维护母品牌的形象，防止母品牌被滥用，具体办法：要建立母品牌的优势形象，母品牌不应使用在性质差别很大的产品类别当中，不应使用在市场前景不好的市场中；又要使子品牌真正反映产品的特点，在市场上建立相应的个性和形象，做到"名实相符"。

(2) 多品牌的管理

多品牌指的是在同一产品类别上引入多个品牌。如宝洁公司在一种洗衣粉上使用了多个品牌，多品牌组合可以满足人们对同一产品的不同需求或不同利益的追求，在同一品类的不同市场形成竞争和合作的态势，既提高品牌的活力又有效地防止了竞争对手在销售渠道和细分市场的攻击。同时，对多品牌的管理要注意合理定位。品牌的合理定位是将不同子市场组合成一个统一的品类市场的重要工具，它使多个品牌之间既有竞争又有互补，对品牌的边界进行严格管理。在价格区间、目标人群、品牌定位、产品设计、产品品质、风格特色、销售渠道、服务等方面要对品牌进行尽可能的差异化管理。

(3) 外来品牌和自有品牌的管理

在企业的品牌组合中，有的是自创品牌，有的是并购的、租用的或联盟的品牌，企业对这些品牌在感情上可能存在不同的反应，但在实际的应用中应摒弃感情因素，而从实用的角度去管理这两种品牌。首先，要明确外来品牌的作用。是为了进入新的市场，还是作为防御品牌；是为了利用外部资源，还是为了消除竞争。其次，要明白外来品牌和自有品牌之间是互补的关系，还是竞争关系，或是二者兼有。若是互补关系则应充分利用相互的资源，挖掘品牌的潜力；若是互相竞争则要进行评估，然后进行选择性的发展；若是既有竞争又有互补则参照多品牌管理法则进行。

(4) 受托品牌和托权品牌的管理

在品牌组合中还有一些品牌组合是"受托品牌"(Endorsed Brand)+"托权品牌"(Endorser Brand)，受托品牌是经托权品牌认可的独立品牌，托权品牌一般是公司品牌或品牌系列。在表达中，受托品牌在前、托权品牌在后，知名品牌的托权给受托品牌带来信誉和支持。如"佳洁士—宝洁""金六福—五粮液"等，对其管理主要是把它和母子品牌关系区别开来，在母子品牌关系中，母品牌是驱动消费者购买的主要"驱动因素"。但在"受托品牌和托权品牌"结构中，受托品牌是主要的购买驱动因素，而托权品牌主要起保证和提示的作用。那么要求企业对受托品牌进行重点突出，加大宣传力度和发展力度。

(5) 全球品牌和区域品牌的管理

全球品牌是企业在全球范围内营销，对全球市场有一定影响力的品牌；而区域品牌是在区域范围内营销，对区域市场有影响力的品牌。显然全球品牌的市场规模和影响力都比区域品牌要大，但二者是有紧密联系的，可以说，全球品牌是建立在优势区域品牌基础上发展而来的。企业在处理品牌的地理影响范围时，要注意全球品牌和区域品牌的搭配。因为全球品牌一旦面临市场萎缩也可成为区域品牌，区域品牌一旦发展良好也可成为全球品牌，二者的相互搭配可以弥补品牌组合中品牌的市场覆盖范围和影响力范围，提高企业的品牌资源配置效率和效益。

品牌组合的管理是动态的艺术，必须随着环境的变化而不断调整，但成功的品牌组合管理一定是在品牌组合的量与质上取得平衡的管理，也一定是提高品牌组合效益和企业市场竞争能力的管理。

五、品牌更新

（一）含义

品牌更新是指随着企业经营环境的变化和消费者需求的变化，品牌的内涵和表现形式也要不断变化发展，以适应社会经济发展的需求。品牌更新是社会经济发展的必然。只要社会经济环境在发展变化，人们需求特征在趋向多样化，社会时尚在变就不会存在一劳永逸的品牌。只有不断设计出符合时代需求的品牌，品牌才有生命力。

品牌创新是品牌自我发展的必然要求，是克服品牌老化的唯一途径。由于内部和外部原因，企业品牌在市场竞争中的知名度、美誉度下降，以及销量、市场占有率降低等品牌失落的现象，称为品牌老化。现代社会，技术进步越来越快，一些行业内的产品生命周期也越来越短，同时，社会消费意识、消费观念的变化频率也逐渐加快，这都会影响到产品的市场寿命。

企业在进行品牌更新时，要综合考虑两方面的影响因素：一方面，要考虑品牌更新成本，即把企业自己的品牌从一个品牌定位点转移到新的品牌定位点，或者更有效地维持原有的品牌形象所支付的成本费用。在通常情况下，更新后的品牌形象与原形象的距离越远，其更新成本就越高。另一方面，要考虑市场对品牌新形象的认可与接受程度，即品牌新形象所增加的收入。

（二）品牌更新策略

1. 形象更新

形象更新，顾名思义，就是品牌不断创新形象，适应消费者心理的变化，从而在消费者心目中形成新的印象的过程。有以下两种情况：

第一，消费观念变化导致企业积极调整品牌战略，塑造新形象。如随着人们环保意识的增强，消费者已开始把无公害消费作为选择商品、选择品牌的标准，企业这时即可采用避实就虚的方法，重新塑造产品形象，避免涉及环保内容，或采用迎头而上的策略，更新品牌形象为环保形象。

第二，档次调整。企业要开发新市场，就需要为了新市场而塑造新形象，如日本小汽车在美国市场的形象，就经历了由小巧、省油、耗能低、价廉的形象到高科技概念车形象的转变，给品牌的成长注入了新的生命力。

2. 定位的修正

从企业的角度来看，不存在一劳永逸的品牌，从时代发展的角度，要求品牌的内涵和形式不断变化。品牌从某种意义上就是从商业、经济和社会文化的角度对这种变化的认识和把握。所以，企业在建立品牌之后，会因竞争形势而修正自己的目标市场，有时也会因时代特征、社会文化的变化而引起修正定位。

第一，竞争环境使得企业避实就虚、扬长避短、修正定位。美国著名非可乐饮料——"七喜"饮料，进入软饮料市场后，经研究发现，可乐饮料总是和保守型的人结合在一起，而那些思想新潮者总是渴望能够找到象征自己狂放不羁思想的标志物。于是，该饮料即开始以新形象、新包装上市，并专门鼓励思想新潮者组织各种活动。避实就虚的战略使得七喜获得了成功。这是在面对两大可乐公司的紧逼下寻找到的市场空隙，品牌的新市场定位给他们带来了生机。

第二，时代变化而引起修正定位。如英国创立于20世纪初的李库柏（Lee Cooper）牛仔裤是世界上著名的服装品牌之一，也是欧洲领先的牛仔裤生产商。近百年来，它的品牌形象在不断地变化：20世纪40年代，自由无拘束；20世纪50年代，叛逆；20世纪60年代，轻松时髦；20世纪70年代，豪放粗犷；20世纪80年代，新浪潮下的标新立异；20世纪90年代，返璞归真。

3. 产品更新换代

现代社会科学技术作为第一生产力、第一竞争要素，也是品牌竞争的实力基础。企业的品牌想要在竞争中处于不败之地，就必须保持技术创新，不断地进行产品的更新换代。比如，"汰渍"洗衣粉已推出多代新产品，其技术水平呈上升趋势，这也是为什么众多消费者偏爱该品牌的缘故。

4. 管理创新

管理创新是企业生存与发展的灵魂。企业与品牌是紧密结合在一起的，企业的兴盛发展必将推动品牌的成长与成熟。品牌的维系，从根本上说是企业管理的一项重要内容。管理创新是指从企业生存的核心内容来指导品牌的维系与培养，它含有多项内容，诸如与品牌有关的观念创新、技术创新、制度创新、管理过程创新等。

（三）品牌更新原则

品牌更新是拯救品牌的良方妙药，是品牌创建与发展过程中的必然要求和结果，也是品牌自身、市场、消费者、宏观政策等方面变化带来的产物。在品牌更新中应遵循以下原则：

1. 对症下药

品牌产生问题既有内部原因也有外部原因、既有可控原因也有不可控原因、既有宏观原因也有微观原因。归纳起来主要有如下几种原因：品牌的产品步入衰退期、品牌产生不正确联想、不适当定位、个性不突出，延伸不成功、竞争者挑战、市场和消费者的变化和更新。如果品牌已经变成"朽木"，不宜改造更新，品牌经营者应立即抛弃，节能型重新创建发展，不可感情用事而犹豫不决、错失良机。

2. 严谨、系统、科学

品牌更新首先要进行科学系统的调查研究，找出问题的关键点和重点；然后，针对找到问题的关键点和重点进行研究论证，确立有效的方法；接着，进行严谨的调查、测试分析、评估决策，切不可委曲求全；最后，严谨、系统、科学地贯彻执行品牌更新工程。在品牌更新实施过程中，如发现一些突发问题，应立即上报，请求重新研究决定。

3. 求实创新

实事求是是解决一切问题的出发点、根本点和落脚点。只有实事求是，问题才能得到解决和发展；只有创新，才能更好地求实。品牌更新必须求实创新，才能超越自己、超越历史、超越竞争对手，走向卓越。许多强势品牌不断地变换角度，不停地推出新产品，使别的品牌和企业根本无力模仿。

4. 以市场为中心

以市场为中心，就要以消费者为中心。以 4P（产品、价格、地点、促销）为核心的传统营销理论，越来越失去它过去耀眼的光芒；而以 4C（消费者、便利、成本、沟通）为核心的新营销理论，越来越成为工商业的法宝和竞争的思想武器。品牌更新只有以市场为中心、以消费者为中心，才能符合及满足消费者的需要，才能真正成功，进而其才能在原有的市场秩序中突飞猛进，以达到品牌更新应有的意义和作用。

5.效益整合原则

效益是品牌更新的目的和根本动力，也是企业和品牌的追求。效益第一是市场经济永恒的话题和不变的原则，我们不仅要讲经济效益也要讲社会效益。品牌更新，不能像"狗熊掰玉米"那样，不丢这样，就丢那样，应力求与原有的一些元素既相吻合又相促进，才能达到效益整合最佳状态，绝不可与原有的一些元素相悖，给人一种混乱的感觉。

6.持续发展原则

品牌更新的目的是永葆品牌的活力和青春，不是为了更新而更新。更新还是"革命"，要看品牌发展到什么状态。如果品牌资产已经贬到负数的地步，最好扔掉，但有的品牌还没腐朽到负数，对于品牌本身来说只是一个重新定位、修正的问题。品牌更新应该珍惜原来已有的品牌资产的基础，应该继承品牌历史遗产来重塑或修正品牌，把品牌资产利用最大化。

7.符合法律原则

法律是一切行为的检验器，品牌更新也不例外。品牌更新，只有符合法律，才能得到法律的保护和人们的拥护，也才能达到应有的效果和目的。否则，不仅前功尽弃，得不到法律的保护，还可能会受到法律的惩罚，这样不但与品牌更新原有目的和动机相悖，还会导致品牌走向灭亡。

（四）品牌更新步骤

1.调查分析阶段

品牌经营者在实施品牌更新之前，必须进行调查分析，以便了解该品牌自身的情况、消费者和竞争对手及宏观政策等方面，为准确的品牌更新打下有利的基础。

2.明确品牌的劣势和弊端

品牌经营者在调查分析基础上，进行适当的研究，明确品牌的弊端和劣势，并要了解产生该劣势和弊端的根本原因。

3.寻找、验证措施

针对问题，需要不断地寻找对策以及对对策进行比较分析、验证，明确方法和措施存在哪些优势和劣势，实施会产生哪些正面影响和负面影响，并在此基础上进行下一步操作。

4.执行实施阶段

实施阶段是最复杂、最困难的一环，实施的好坏关系到品牌的命运和前程，因此，计划的实施，除了需要及时高效外，还要灵活、认真、科学。

云集正式宣布品牌升级，推出全新品牌标志和全新宣传口号"注册云集 App，购物享受批发价"。作为电商领域的一股新兴势力，爆发力着实惊人。此次，云集从品牌标志、字体和色彩等方面强化了品牌视觉规范，强化消费者品牌认知。可以看到，升级后的 Logo 更具有互联网企业的现代化风格。同时，作为深受几百万云集店主喜爱的卡通形象小云鸡的视觉形象也进行了全新升级。云集秉持着严谨、系统、科学、求实创新、以市场为中心、持续发展的品牌更新原则，准备通过此次的品牌更新，将品牌的战略目标升级为"会员电商＋社会化零售"的模式，并准备在未来充分发挥社交电商的独特优势，通过大量的需求聚焦，降低单品的生产边际成本，为云集的产品取得近乎"批发价"的价格优势，从而真正为消费者带来极致性价比消费体验。

六、品牌危机管理

（一）品牌危机定义

品牌危机是指由于企业内部和外部的诸多可变性因素，使得品牌产品在设计、生产、原料、配方等环节上出现有损消费者身心健康的隐患，甚至直接损害消费者的生命安全，从而造成品牌形象受损和品牌价值降低的意外情形，从而引发品牌被市场吞噬、毁掉直至销声匿迹，导致公众对该品牌的不信任感增加、销售量急剧下降、品牌美誉度遭受严重打击等现象。品牌危机的首要特征是突发性。

（二）品牌危机产生原因

电商名牌产品是不会有危机的，很多人都这样认为，事实却并非如此。尽管信息技术的发展和交通工具的更新为人们深入市场前沿提供了全面而准确的资料，但竞争的残酷性、市场的全球化等，使任何一个品牌都无法保证自己在多变的市场环境中不会发生波动乃至危机。

1.内部原因

(1) 缺少整体发展战略

有一套好的、完善的整体发展战略是名牌产品和企业更好地发展的重要因素之一。产品怎样发展？价格怎样定位？不同市场采取怎样的营销手段？有许多问题都需企业认真思考、勇敢面对。不同地区、不同人，对产品的需求和要求不同，中西部的人没有东南沿海城市的人开放，他们的传统观念比较浓厚，也较保守。拿服装销售来说，厂家在采取产品营销策略时就不能一概而论，在开放城市投入开放型服装是对的，然而，对较保守的地区投入较开放的服装是行不通的。有许多品牌的危机都是因为其缺少整体发展战略而造成的。

(2) 质量问题

产品自身出现了质量问题是品牌产生危机的一个重要原因，产生这个原因的主要因素就是企业领导及员工缺乏质量意识、对产品的质量不重视。对于产品本身的质量问题，它主要有四种表现，即以次充好、缺斤少两、偷梁换柱，企业为获取利润销售积压、过时、变质的产品等。

(3) 产品缺乏创新

市场在不断变化，人们的消费水平、消费观念也在不断地变化着，这就要求企业的名牌产品也要不断变化、不断改进、不断创新，以适应市场的变化和消费群体的变化。只有不断创新的名品才是真正的名品，反之，一味守旧、跟不上时代发展和潮流的名品终有一天会被人们抛弃，被市场淘汰。

(4) 缺乏危机意识

为了追求经济效益，把"名牌"抛在了脑后，从思想上丢掉了"名牌"的意识。有的企业在名牌创出后，便认为大任已经完成，只顾追求经济效益而忘记了长远利益，把"名牌"抛在了脑后，对危机放松了警惕，致使企业"名牌"的位子还没坐热就大势已去。再加上缺乏预警机制和监督机制，由于对危机丧失了警惕，企业在对名牌产品进行营销时，一般都不会建立预警机制和监督机制，不对危机进行有效的预防和监督。当危机悄然降临，企业猛醒时，危机却已经发生。

2. 外部原因

(1) 假冒货的冲击

名牌产品因其占有极大的市场份额、具有较高的信誉备受消费者青睐，理所当然地成为造假者、制假者首选的造假对象。

(2) 国外名牌的冲击

随着改革开放的深入，我国与他国之间的交流日益扩大，外国在我国投资建厂，生产外国知名品牌，或是同我国企业合资用外国品牌换掉我国品牌……由于这一浪潮的袭击，我国名牌产品的地位岌岌可危。

（三）品牌危机管理系统

品牌危机管理已成为品牌管理战略的一个重要课题。成功的危机管理可以使品牌化险为夷、渡过难关，甚至大大提高品牌的知名度、美誉度；相反，失败的危机管理则会使一个正在走俏的品牌一下子遭遇冷落，甚至就此销声匿迹。

1.品牌危机预警系统

品牌危机预防着眼于未雨绸缪、策划应变，建立危机预警系统，及时捕捉企业危机征兆，并为各种危机提供切实有力的应对措施。

其具体措施如下。

第一，建立信息监测系统。建立高度灵敏、准确的信息监测系统，及时收集相关信息并加以分析、研究和处理，全面清晰地预测各种危机情况、捕捉危机征兆，为处理各项潜在危机指定对策方案，尽可能确保危机不发生。危机信息监测系统要便于对外交流，适于内部沟通。其信息内存要突出"优"、信息传递速度要强调"快捷"、信息的质量要求"再确认"、分析后的紧急信息或事项要实施"紧急报告制度"，将危机隐患及时报告主管领导，以便能及时采取有效对策。

第二，建立品牌自我诊断制度。通过建立这一制度，从不同层面、不同角度进行检查、剖析和评价，找出薄弱环节，及时采取必要措施予以纠正，从根本上减少乃至消除发生危机的诱因。这种自检自诊不是有了问题才检查，而是通过检查以防止问题的发生。一个有效的办法就是调查研究品牌危机的历史，其目的有两个：一是以自己或他人的历史为前车之鉴，避免再犯类似的错误；二是从以往的危机处理中吸取经验、教训，找出有效地解决危机的方法。

2.品牌危机处理

首先，迅速组成处理危机的应变总部。在危机爆发后，最重要的是应该冷静地辨别危机的性质，有计划、有组织地应对。因此，迅速成立危机处理的应变总部，担负起协调和指挥工作就是十分必要的。一般来讲这类机构应该包括以下各种小组：调查组、联络组、处理组、报道组等。每个小组的职责要划定清楚。一旦危机事件发生，调查组要立即对事件进行详细的调查，并尽快做出初步报告。

其次，迅速启动"产品召回"制度。由于产品质量问题所造成的危机是最常见的危机。一旦出现这类危机，企业要迅速启动产品召回制度，不惜一切代价也要收回所有在市场上的不合格产品，并利用大众媒体告知社会公众如何退回这些产品。

同时，进行积极真诚的内、外部沟通。搞好内部公关，取得内部公众理解。面对各种突发性的品牌危机，企业要处变不惊、沉着冷静，正确把握危机事态的发展，有条不紊地开展危机公关工作，才能处理好内部公众关系，避免人心涣散、自顾不暇、各奔前程的局面。企业要迅速组建由首席执行官领导的危机公关小组，小组成员由企业相关部门人员组成，有必要时可以根据情况聘请社会专业公关资源做顾问进行协助，制订出公关方案，统一口径对外公布消息。另外，要通过媒体向所有受影响的消费者及公众致以诚挚的歉意，公布处理和改正措施，承担应有的责任，最大限度地争取公众的谅解。即使责任不在企业，也要给消费者以人道主义的关怀，为受害者提供应有的帮助，以免由于消费者的不满，他们的关注点会转移到事件之外，使危机升级。

3. 品牌危机善后

在平息品牌危机事件后，管理者就要着手进行品牌的恢复与重振工作。

第一，吸取教训，制订危机管理计划。危机的发生是任何企业都不愿遭遇的，无论是处理危机还是重新获得公众好感、恢复形象，都需要投入大量时间和精力，且花费巨大。特别是对于那些临阵磨枪、仓促上阵的电商品牌，必须吸取深刻教训，危机过后应立即着手制订品牌危机管理计划，必要时请专家和公共关系公司进行指导和帮助，这样才不至于再犯同样的错误。

第二，实事求是地兑现企业在危机过程中对公众做出的承诺。企业在危机后实事求是地兑现在危机中的各种承诺，体现了企业对诚信原则的恪守，反映了企业对完美品牌形象和企业信誉的一贯追求。承诺意味着信心和决心，企业通过品牌承诺，将企业的信心和决心展现给顾客及社会公众，表示企业将以更大的努力和诚意换取顾客及社会公众对品牌、企业的信任，是企业坚决维护品牌形象与企业信誉的表示；承诺也意味着责任，企业通过品牌承诺，使人们对品牌的未来有了更大、更高的期待。

第三，要继续传播品牌信息，举办富有影响力的公关活动，提高品牌美誉度，制造良好的公关氛围。企业与公众之间的信息交流和沟通是企业获得公众了解和信任，争取公众支持与合作的有利手段。危机期间，品牌形象和企业信誉大为减损。在企业经历危机考验之后，更需要加强企业对外的信息传播，消除公众心理和情感上的阴影，让顾客及社会公众感知品牌新形象，体会企业的真诚与可信，提高企业美誉度。

第四章 跨境电子商务采购与仓储

第一节 跨境电子商务采购

一、跨境电子商务采购概述

跨境电子商务采购是全球物流供应链中的关键环节。企业恰当地对采购进行控制和指导，能够提高供应量对市场需求的顺应速度，对整个供应链及其每个环节都具有重要的意义。

（一）跨境电子商务采购的概念

跨境电子商务采购指在跨境电子商务环境下，相关企业或个体借助一定的手段从资源市场获取资源的整个过程，通常表现为企业或个体购买货物与服务的行为。

当前，跨境电子商务采购方式主要包括集中型采购、准时化采购、双赢型采购三种方案。

集中型采购，指企业或个体整合各个生产经营单位所需要的零散采购计划，并且通过合同类物资，增加境外采购的数量，并以此为筹码与境外供应商洽谈，实现采购成本控制目的的采购方式。

准时化采购，指企业或个人在合适的时间、地点，购买数量、质量合适的货品，以使不必要的存货消除，并进一步提高存货质量，以确保双方获利的采购方式。

双赢型采购，强调供应商、生产商的合作关系，为实现两者的共赢寻找平衡点，实现资源和信息的共享。

（二）跨境电子商务采购的流程

跨境电子商务采购的流程主要分为以下六个步骤。

1. 市场评估

跨境电子商务企业要开发物美价廉、适销对路、具有竞争实力的商品，以赢得顾客、占领市场、获取经济效益。在商品开发方面，跨境电子商务企业不仅要考虑目标市场的需求和技术上的可能性，还要考虑商品各构成部件的供应成本和供应风险。

2. 企业自制与外购决策

跨境电子商务企业所需的商品既可以由企业内部供应，也可以通过外购获得。商品是否涉及企业竞争优势或对企业业务是否重要是关键的决定因素。与此同时，环境分析结果也为最终决策提供依据。如果所需商品涉及企业的竞争优势或对企业业务至关重要，而企业又有充足的能力，那么企业可以采取自制方式来实现内部供应；如果商品不涉及企业的竞争优势或对企业的业务不是至关重要的，那么企业应尽量采用外购方式，以便使企业将其有限的资源集中在主要的经营活动中。企业进行自制与外购决策的流程。

3. 采购计划

跨境电子商务采购计划是相关人员在了解市场供求情况，以及认识企业生产经营活动和掌握物料消耗规律的基础上，对计划期内物料采购管理活动所做的预见性的安排和部署。

4. 供应商开发

开发供应商的主要目的是寻找合适的潜在供应商，并保证稳定、持续的供应。供应商开发首先要进行供应细分市场的调研和选择。根据地理区域、规模、技术和销售渠道等，供应市场可以划分为若干细分市场。不同供应细分市场的风险和机会不同，一般企业会选择其中一个细分市场进行采购。

5. 供应商管理

选择好合适的供应商之后，跨境电子商务企业需要与供应商保持密切的联系，因为供应商的能力和积极性会不断变化。供应商管理包括供应商业务管理、供应商风险管理、供应商绩效评估、供应商关系管理等内容。其中，供应商关系管理最为重要，根据企业与供应商的个人关系和信任程度。

6. 采购绩效考核

没有控制，就不可能进行有效的管理。采购管理同样需要进行采购绩效的考核和控制。企业只有通过采购绩效考核，才能对采购工作进行评价；

只有通过采购绩效控制，才能发现采购工作中的问题，从而改进。

(1) 境外消费者市场

跨境电子商务平台上的消费者，绝大部分是个人，也有少数是小型零售商。从年龄上看，他们绝大部分是年轻人，因此，无论是在布置商品还是在回复询盘时，商家都要注意这一年龄段的群体特点。除此以外，更要强调各个国家 (地区) 的不同情况，这样才有助于商家选对商品，从而获取较高的利润。

跨境电子商务涉及的范围广，各国 (地区) 的消费阶段、消费习惯、社会风情和经济发展阶段相差悬殊。因此，在处理相关问题时，要正确估计对方和境外市场的复杂情况。

(2) 禁限售品

各个国家或地区市场不同、文化各异，跨境电子商务企业在将自己的商品拓展到全球市场的过程中，进行本地化的改变是必不可少的。只有充分了解当地的文化、习俗、进出口政策规定等，才能较好地融入当地市场，实现业务的顺利开展，提升消费者服务的效果。

由于各个国家或地区具体的进出口政策差异，一些商品在特定的国家或地区是禁止进口或禁止销售的。

二、跨境电子商务采购的模式

我国跨境电子商务的采购模式主要有品牌授权代理、经销 / 代理商采购、散买集货、代理采购、OEM 模式下的采购和分销平台采购这六种。下面依次介绍跨境电子商务的六种采购模式。

（一）品牌授权代理

品牌授权代理是指跨境电子商务企业从拥有品牌版权的企业处获得授权，成为其代理商，然后按合同规定，代为运作线上市场的一种采购模式。品牌授权代理是跨境电子商务产业链上避免假货的一个有效途径。例如，美妆商品的渠道和货源问题一直是行业的隐忧，没有品牌的授权，即便直采直邮，仍会屡现以次充好的现象。若获得品牌商或大型国际零售商的授权的跨境电子商务企业，直采减少了中间的流通环节，从而获得了较低的采购价格，定价优势大，具备厂商品牌背书，既保证了货源的质量，又保证了货源的稳定性。尤其对于非标品类，分散采购难以争取上游话语权，正品保障机制也难以确立。未来，规模领先的跨境电子商务企业更容易与境外品牌商直接对接，往往更容易拿到"一手货源"，商品资源分化也将逐步显现。跨境供应链端已经由原来巨大的信息差开始转为透明，跨境电子商务企业和境外货源供应商直接对话的机会正在增多。

（二）经销／代理商采购

经销商采购是指跨境电子商务企业从境外品牌经销／代理商处获取优质货源的采购模式。跨境电子商务企业直接获得品牌方授权难度较大，因此，从境外品牌经销／代理商处取得合作是切实可行的途径。境外品牌经销／代理商在保证境内货物供给充足的情况下，会将货物分拨给跨境电子商务企业。通常经销商渠道的采购价格相对于厂商直供的价格偏高，有时会遭遇厂商不承认货物正品资质的情况。这种采购模式难以保证货物供应，容易导致卖方市场的出现，从而在价格和货源稳定性上对采购端形成冲击，增加了采购垫资。为了甄别货源品质，很多跨境电子商务企业采用"聚焦战略"，专注于几个国家或地区，锁定可靠的渠道；也有的跨境电子商务企业从品牌方的境内总代分销体系采购。

（三）散买集货

散买集货是指跨境电子商务企业在没有能力和国际品牌商直接合作，拿不到代理权限和上级渠道，只能从"最末端包抄"时，从境外小批发商或零售商处买货的采购模式。这种采购模式增加了成本、拉长了周期。在缺口较大或临时性采购时，企业才会采用该类采购模式。散买集货的货源组织在当地有一定的人脉、仓库及资金等资源，不限于厂家拿货、渠道批发等方式。对于箱包服饰等轻奢类商品，跨境电子商务企业可组建境外精英买手团队，积累进货经验，掌握境外市场运作模式，与经销商建立合作关系，及时以促销价锁定爆款。

（四）代理采购

代理采购又称跨境进口供应链B2B供货。这类采购模式多由上市公司、国际物流企业和转型的跨境电子商务企业采用，要求采购方资金雄厚，集中体现为批量采购货物。在早期传统贸易中，代理采购方熟悉贸易规则和境外渠道或货源，在转运供货中积累了资源。代理采购方的特点为：一是采购能力强，积累了丰富的上游资源，可以把握正品质量，完成代理谈判、采购计划、快速补单、规模集采、订单履行等工作；二是代理品牌有一定知名度，成为境外二、三线品牌分销商，就能降低建立品牌知名度和分销网络的成本；三是物流执行效率高，打通从境外到境内终端的资料备案、报关检疫、打包代发、物流仓储、配送等所有环节，满足单品小批量发货，降低下游库存。深圳怡亚通、信利康、郎华、富森等老牌进口供应链服务商，大多专注于传统行业，整合了一批各地的代理商，有的偏向分销代理，有的侧重供应链金融。偏向跨境电子商务进口的商家中有不少创业公司。例如，海豚供应链主要为中小型跨境电子商务企业提供正品进口货源，以及商品采购和代理发货服务，拥有多个海外仓及保税仓，自建欧美采购中心。又如，跨境通旗下的五洲会、笨土豆、一通百、洋萌、海欢网、通淘等供应链服务商的业务链大同小异，常见的有保税仓一件代发等。由于业态延展性大、现金流水惊人，因此 B2B 供应链服务正迎来企业的持续关注。

（五）OEM 模式下的采购

原始设备制造商 (OEM) 模式又称"代工"生产，是一种委托他人生产的生产方式。在传统的 OEM 模式中，品牌生产者不直接生产商品，而是利用自己掌握的核心技术负责设计和开发商品，控制销售渠道，具体的加工任务通过合同订购的方式委托同类商品的其他厂商生产，之后将所订商品低价买断，并直接贴上自己的品牌商标。承接加工任务的制造商被称为 OEM 厂商，目前很多 OEM 厂商转型升级成为跨境电子商务企业，自主设计商品，创建自主品牌，在价格上拥有更多的主动权。

OEM 模式下的采购特点如下：

(1) 小批量、多批次：由于市场多变，商品更新快，品种繁杂，因此订单大都表现为小批量、多批次。

(2) 交货期时间短：由于客户多是短期计划，所以交货期通常都很短。

(3) 商品质量要求差异大：即使同一个商品，每个客户的要求也是不同的，不方便进行规模化采购。

(4) 很难做库存：由于商品会有更新，客户也可能有更替，不通用的物料不方便设置库存，否则会造成呆料，给仓储部门带来压力。

（六）分销平台采购

分销平台采购是中小型电子商务企业采用的，在分销平台获得零库存、零成本的供应链支持，将跨境贸易的风险降到最低的采购模式。由于在境外采购、入驻保税门槛较高，规模较小的电子商务企业虽然想发展跨境电子商务，但因自身渠道、资源等的限制，无法开展此项业务。分销平台采购在跨境电子商务的环境下，打破了时间、地域的限制，依托互联网建立销售渠道，不仅满足中小型跨境电子商务企业追逐红利的需求，还能扩大分销渠道、丰富商品形态、对接境外市场。

分销平台采购模式主要有以下三种形式：

(1) 大商家旗下的分销平台采购。如环球易购分销平台，将本身的货源体系开放，商家可以进行分销采购。

(2) 物流商旗下的分销平台采购。如跨境电子商务物流递四方旗下的借卖网、出口易 M2C 供销平台等，发挥跨境电子商务物流仓储的优势，共享库存资源，商家可以选择采购。

(3) 软件服务商旗下的分销平台采购。如赛兔云仓可以实现一键上传商品，省去中小商家上架商品的烦琐步骤。

三、跨境电子商务采购的管理

跨境电子商务采购的管理是企业战略管理的重要组成部分，其目的是保证跨境电子商务的供应，满足生产经营的需要。跨境电子商务采购既包括对采购活动的管理，也包括对采购人员和采购策略的管理。下面从选品策略、跨境供应商管理和采购决策等方面来介绍跨境电子商务采购管理。

（一）选品策略

选品即选择要卖的商品。常言道"七分靠选品，三分在运营"，选品决定了跨境电子商务运营的方向，是开展跨境电子商务业务非常重要的一个环节。跨境电子商务选品策略主要有以下四种。

1. 目标市场调研

市场分为蓝海市场和红海市场两种。红海市场代表竞争激烈的市场。在该市场上，竞争对手众多，利润空间有限；蓝海市场代表竞争较小、需求和利润空间较大的市场。

商家选品，尽量避开红海市场，寻找蓝海市场。

商品的整体概念包含核心商品、有形商品、附加商品、期望商品和潜在商品这五个层次。跨境电子商务商家可以研究爆款的期望商品和潜在商品层次，寻找空白，开发新品。

2. 商品趋势分析

(1) 以跨境电子商务平台作为搜索平台确定热销商品

进入跨境电子商务平台，输入某个关键词，搜索框就会出现"HOT SEARCHES"(热搜)的关键词，再把这类热词结合第三方数据工具就可以确定热销商品。

(2) 浏览境外网站选择热销商品

浏览境外相关行业的境外网站，确定热销商品。例如，通过 Google 搜索境外目标市场的相关行业网站，单击进入热销排行，查看热销商品，需特别关注最新款式的商品。

(3) 社交媒体热词

跨境电子商务的核心是抓住终端客户，现在市场需求信息最大的聚集地就是社交媒体，如 Facebook、Twitter 和 Instagram 等。商家应该培养参与境外社交媒体的习惯和兴趣，关注社交媒体的热词，掌握社交媒体谈论最多的款式和品类，通过社交媒体抓住真正的市场风向。

3. 商品组合策略

每个商家不可能只出售一件商品，在选品的时候要有商品组合思维。商品组合策略的运用主要有以下两种方式：

(1) 确定店铺的引流款和利润款商品

引流款，即为店铺提供流量的商品，其曝光度高，点击率高，利润一般比较低，不是商家利润的主要来源。建议每间店铺设置 5 件左右引流款商品，利润率期望应该设为 0 ~ 1%。利润款，即能为店铺提供利润的商品，这类商品流量不多，但利润高，预留折扣空间设置为 5% ~ 20%。商家采用这种组合方式需要做好引流款与利润款的关联销售。

(2) 捆绑销售

以 Wish 平台上销售很火爆的运动相机为例，该款运动相机的单价是 10 ~ 20 美元。部分商家将爆款运动相机的配件(包括充电器、支架、镜头等)组合在一起售卖，经过组合系列低价的配件后，单价达到了 43 美元。便捷实惠的优势往往能够吸引大量用户，因此售卖这类组合商品的商家通常能赚取可观的利润。

4. 商品生命周期

商品生命周期，指商品从投入市场到更新换代和退出市场所经历的全过程，一般分为导入期、成长期、成熟期、衰退期四个阶段。

选品时，商家还需要考虑商品生命周期。建议商家在商品的成长期进入市场，因为在导入期，由于顾客对商品不太了解，销量低，为了扩展销路，需要大量的促销费用，而在成熟期和衰退期中，销售额增长缓慢甚至转为下降，竞争激烈，利润空间有限。跨境电子商务正常商品的生命周期为1年，竞争少的商品生命周期可能为2~3年。假设某款商品周期为1年，已经卖了8个月，此时建议不再开发。泳装、凉鞋、圣诞节的圣诞树和灯串这类季节性、节日性较强的商品的生命周期更短，一年的销售旺季只有2~4个月。这意味着商家需要在旺季来临之前进入，提前3个月布局。

我们可以通过销售历史、价格趋势和排名趋势来了解商品所处的生命周期。例如，一款商品，它的价格越来越低，排名也越来越低，销售历史显示上一年就有交易记录，说明该款商品步入衰退期了。

（二）跨境供应商管理

1. 跨境供应商的分类

根据供应商提供的商品和服务在跨境电子商务采购环节的影响程度及供应商本身在行业中和市场中竞争力的高低，可以将跨境供应商分为四类。

(1) 战略性供应商

战略性供应商指跨境电子商务企业战略发展所必需的供应商。这一类供应商的商品和服务非常重要，这些商品和服务会对跨境电子商务企业的商品和流程运营产生重大的影响，或者会影响跨境电子商务企业满足消费者需求的能力。同时，这类供应商具有较强的竞争力，商品和服务通常针对具体跨境电子商务企业的需求，具有高度的个性化和独特性。

能满足跨境电子商务企业需求的供应商数量相对较少，因此供应商转换成本很高。对于企业而言，适宜的方法是与供应商建立长期的战略合作伙伴关系。

(2) 有影响力的供应商

有影响力的供应商对于跨境电子商务企业来说通常具有较大的增值作用。这类供应商的商品具有较高的增值率或是处于某个行业的较高地位，具有较高的进入障碍。

由于此类供应商的商品通常已经建立了质量和技术标准，对于跨境电子商务企业而言，合理的方法主要包括根据需求形成采购规模和签订长期协议。跨境电子商务企业和这类供应商建立合作关系，重点在于降低成本和保证材料的可获得性。

(3) 竞争性供应商

竞争性供应商的商品具有某一方面技术的专有性和特殊性，具有难以替代性。但竞争性供应商的商品属于低价值的商品和服务，在整个采购总量中所占的比重相对较低。对于此类供应商，跨境电子商务企业的重点在于使采购这些商品所需的精力和交易尽量标准化和简单化，以降低与交易相关的成本等。

(4) 普通供应商

普通供应商对跨境电子商务企业具有较低的增值率，其数量众多。普通供应商转换成本低，跨境电子商务企业应该把重点放在价格分析上，即根据市场需求判断并采购最有效的商品。比较适宜的方法是施加压力和签订短期协议。

2. 跨境供应商选择

跨境供应商选择是指跨境电子商务企业对现有的跨境供应商和准备发展的跨境供应商进行大致的选择，把不符合标准的跨境供应商排除在外的过程。从狭义上讲，跨境供应商选择是指跨境电子商务企业在研究所有的建议书和报价之后，选出一个或几个跨境供应商的过程。从广义上讲，跨境供应商的选择包括跨境电子商务企业从确定需求到最终确定跨境供应商及评价跨境供应商的循环过程。跨境供应商选择的原则如下：

在跨境电子商务企业中，跨境供应商选择的基本准则是"Q.C.D.S"原则，也就是质量 (Quality)、成本 (Cost)、交付 (Delivery) 与服务 (Service) 相结合的原则。

(1) 质量原则

在跨境供应商选择的原则中，质量原则是最重要的。在质量方面，主要看质量控制的能力、质量体系稳定的能力。跨境电子商务企业不仅要确认跨境供应商是否具有一套稳定、有效的质量保证体系，还要确认跨境供应商是否具有生产所需特定商品的设备和工艺能力。

(2) 成本原则

跨境电子商务企业要运用价值工程的方法对所涉及的商品进行成本分析，并通过双赢的价格谈判节约成本。此外，跨境电子商务企业还要从跨境供应商的核算能力、稳定能力上看是否有降价的趋势。

(3) 交付原则

跨境电子商务企业一看跨境供应商的交付能力，二看跨境供应商在意外情况下的紧急供货能力。同时，要了解跨境供应商是否拥有足够的生产能力、是否有充足的人力资源、有没有扩大产能的潜力。

(4) 服务原则

跨境供应商的售前、售后服务记录也是非常重要的考虑因素。

在跨境供应商选择的流程中，跨境电子商务企业要对特定的分类市场进行竞争分析、了解谁是市场的领导者、目前市场的发展趋势如何、各大跨境供应商如何在市场中定位，从而对潜在供应商有一个大概的了解。另外，跨境供应商日常生产中测量与控制的能力，以及应急状态下的恢复能力也是需要考量的。跨境电子商务企业主要从两个方面着手：一是跨境供应商各种系统的兼容性；二是系统的安全性。根据这两方面的实际情况，跨境电子商务企业就可以推测出跨境供应商各种简化和优化的能力，即企业所推行的精益生产、价格控制等的准确性。

（三）采购决策

1. 采购决策的特点

采购决策是指跨境电子商务企业根据经营目标，提出各种采购可行方案，再对方案进行评价和比较，按照满意性原则，对可行方案进行选择，并加以实施的管理过程。采购决策是跨境电子商务企业决策中的重要组成部分，它具有以下特点：

(1) 预测性

预测性指采购决策应对未来的采购工作做出预知和推测，应建立在对市场预测的基础之上。

(2) 目的性

目的性指任何采购决策的目的都是达到一定的采购目标。

(3) 可行性

可行性指选择的采购决策方案应是切实可行的，否则就会失去决策的意义。

(4) 评价性

评价性指通过对各种可行方案进行分析、评价，选择满意方案。

2. 采购决策的作用

跨境电子商务企业在经营活动中面临着大量的决策问题，也是管理者花费时间和精力最多的工作之一。科学的决策可以把握正确的经营方向，趋利避害、扬长避短，对于提高跨境电子商务企业的生存和竞争能力具有积极的作用。采购决策除了具有规避风险、增强活力等作用外，还可以发挥以下重要作用。

(1) 优化采购活动

为了保证跨境电子商务企业实现各项目标，必须推进采购活动的优化，实现采购方式、采购渠道、采购过程的最佳化，提高采购资源的最佳配置。很显然，优化采购活动必须对采购活动涉及的诸多重大问题进行科学的谋划，做出最佳的选择。没有科学的采购决策，就不可能产生理想的采购活动。

(2) 实现准时制采购

准时制采购是一种基于供应链管理思想的先进采购管理模式。跨境电子商务企业的准时制采购就是只在需要的时候（既不提前，也不延迟），按需要的数量，将企业生产所需要的合格的原材料、外购件或产成品采购回来。只有合理的采购决策，才能使准时采购成为可能。

(3) 提高经济效益

在商品的规格、质量以及相关服务等一定的情况下，准确采购可降低进价、减少库存，提高跨境电子商务企业的竞争力。采购活动受到诸多因素的影响，这些因素之间存在特定的关系，任何因素处理不好都可能影响经济效益的提高，而正确处理这些影响因素的前提是制定合理的采购策略。

3. 采购策略的方法

采购策略的方法有很多，既有定量决策的方法，也有定性决策的方法。这里结合跨境电子商务采购工作的实际情况，介绍两种采购决策的方法。

(1) 采购人员估计法

采购人员估计法是召集一些采购经验丰富的采购人员，征求其对某一决策问题的看法，然后再将其意见综合起来，形成决策结果的一种方法。

(2) 期望值决策法

期望值决策法是根据历史资料来进行决策，通过计算各方案的期望值，选择期望值高的方案为最优方案的一种方法。

四、跨境电子商务采购的成本控制

跨境电子商务企业应对采购环节中的诸要素进行科学的规范和有效的管理，通过确定最优"性价比"进行采购决策，以实现减少采购支出、提高采购效率、扩展利润空间、提升经济效益的目的。

（一）跨境电子商务采购成本的概念

跨境电子商务采购成本指与跨境电子商务采购有关的商品买价、订购管理成本、采购计划制订人员的管理费用、采购人员管理费用等。

跨境电子商务采购成本具体的费用如下所示。

1. 商品买价

商品买价即商品的买入价格。好的商品或者品类会让商品运营变得简单得多；具有特色优势、回购率高的商品更容易达到好的经营效果。

2. 平台或自建网站费用

在跨境电子商务中，搭建渠道尤为紧要，而这也是一笔不小的费用。跨境电子商务企业可以考虑入驻第三方平台或者自建网站。

(1) 平台入驻费用和成交费用。平台的费用一般包含入驻、成交费用以及在平台内的推广等费用。

(2) 自建网站费用。自建网站可以更好地推广品牌，在页面内容与功能设置方面也更具灵活性，但是自建网站的设计、建设、维护等费用与后期的推广都需要持续的投入。

3. 外币结汇费用

做跨境电子商务业务一般是以外币，如美元、英镑、欧元等进行结算。因此，在核算成本时需要将外币结算支付的费用考虑进去。

4. 物流费用

物流方面同样需要投入，不管是海外仓发货还是直发包裹。总之，一定要保证交易成功之后，客户能在最短的时间内拿到货物。

5.人员成本

人员成本指采购的人工费用。跨境电子商务企业在制订人员计划时，要将人员的现有薪资以及薪资的涨幅、福利与办公环境等费用计算进成本。

6.引流成本

(1) 站内流量。入驻跨境电子商务平台，可以通过站内推广服务的购买来达到店铺引流的目的。一般这种方式见效快，获取的流量也较多。

(2) 站外流量。当站内流量达到瓶颈以后，可以通过站外引流，也就是在第三方平台以外为自己的商品做推广。

(二)ABC分类法

1.ABC分类法的定义

ABC分类法是对于采购库存的所有物资，按照全年货币价值从大到小排序，然后划分为三类，分别称为A类、B类和C类物资。A类物资价值最高，受到高度重视；处于中间的B类物资受重视程度稍差；C类物资价值低，仅进行例行控制管理。我们利用ABC分类法可以更好地预测采购量、降低供应商的依赖度以及减少库存投资。

2.ABC分类法的划分标准

ABC分类法的划分标准及各级物资在总消耗金额中应占的比重没有统一的规定，要根据企业、各仓库的库存品种的具体情况和企业经营者的意图来决定。但是根据众多企业运用ABC分类法的经验，一般可按各级物资在总消耗金额中的比重来划分级别。

3.ABC分类法的步骤

(1) 某一物资在一定期间消耗金额的计算公式为：

$$消耗金额 = 单价 × 消耗数量$$

(2) 按照消耗金额的大小顺序，排出品种序列。金额最大的为顺序的第一位，依次排列，然后，再计算各品种的供应金额占总供应金额的百分比。

(3) 按消耗金额大小的品种序列计算供应额的累计百分比。把占供应总金额累计70%左右的各种物资作为A类，占余下20%左右的物资作为B类，除此之外的物资作为C类。

4.ABC 分类法的基本法则

(1) 控制程度

①对 A 类物资应尽可能地严加控制，包括完备、准确的记录，最高层监督的经常性评审，从供应商处按订单频繁交货等。

②对 B 类物资进行正常控制，包括良好的记录与常规的关注。

③对 C 类物资应使用最简便控制，如定期目视检查库存实物、简化记录，采用大库存量与订货量以避免缺货，安排车间日程计划时给以低优先级。

(2) 采购记录

①对 A 类物资要求最准确、完整与明细的记录，要频繁或实时地更新记录。对事务文件、报废损失、收货与发货的严密控制是不可能缺少的。

②对 B 类物资只需正常的记录处理、成批更新等。

③对 C 类物资记录的流程进行简化、成批更新。

(3) 优先级

①对 A 类物资以高优先级，要压缩其提前期与库存。

②对 B 类物资只要进行正常的处理，仅在关键时给以高优先级。

③对 C 类物资给以最低的优先级。

(4) 订货过程

①对 A 类物资提供仔细、准确的订货量。

②对 B 类物资，在每季度或当发生主要变化时，进行一次经济订货批量与订货点计算。

③对 C 类物资不要求做经济订货批量或订货点计算，手头存货还相当多时就订上一年的供应量。

（三）经济订货批量法

1.经济订货批量法的含义

经济订货批量 (EOQ) 法是使订单处理和存货占用总成本达到最小的每次订货数量 (按单位数计算) 的一种方法。订单处理成本包括使用计算机的时间成本、处理订货表格的时间成本、新到商品的处置费用等。存货成本包括仓储成本、存货投资成本、保险费、税收、货物变质及失窃造成的损失等。无论订单大小，都可采用经济订货批量法。订单处理成本随每次订货数量的单位平摊数的增加而下降，而存货成本随每次订货数量的增加而增加 (因为有更多的商品必须作为存货保管，且平均保管时间也更长）。这两种成本加起来即可得到总成本曲线。由于需求、价格、数量、折扣及订单处理成本和存货成本等方面经常发生变化，所以必须经常修订 EOQ。

2. 经济订货点计算

企业在进行采购时所求取的经济订货数量非常关键。为了解决这一问题，采购员应掌握经济订货量的计算公式，按照这些公式计算会得到更加合理的经济订货数量。

3. 经济订货批量法的适用范围

经济订货批量法的适用范围如下：

(1) 企业需要采购的商品是成批的，可以通过采购或制造得到补充，它不是连续地生产出来的。

(2) 企业需要采购的商品销售或使用的速率是均匀的，而且同该物品的正常生产速率相比较低，因而产生显著数量的库存。

（四）按需订货法

1. 按需订货的概念

按需订货是一种订货技术，是指生成的计划订单在数量上等于每个时间段的净需求量，从而有效避免采购过多或采购不足导致采购成本增加的一种方法。

2. 按需订货量的计算公式

净需求量的计算公式为：

$$净需求量 = 订单需求量 - (现有库存量 + 在途采购量)$$

3. 按需订货的前提

为了保证数据的准确性，实施按需订货需要以下两个前提：

(1) 库存数据必须准确。采购需求是订单总需求与库存需求的差值。总需求数据是来自订单的直接数据，而库存数据来自企业仓储内部。库存数据的准确性不高是目前大多数企业的一个弱点，利用良好的仓库管理技术，可以保证库存数据的正确性。

(2) 确定阶段时间。按需订货必须确定采购阶段时间，也就是常说的采购周期合并法。

（五）定量采购控制法

1. 定量采购控制法的定义

定量采购控制法指当库存量下降到预定的最低库存数量（采购点）时，按规定数量（一般以 EOQ 为标准）进行采购补充的一种采购成本控制法。定量采购控制法常用于零售企业。

2. 定量采购控制法的优点

(1) 掌握库存量

由于每次订货之前都要详细检查和盘点库存（看是否降低到订货点），因此企业能及时了解和掌握商品库存的状况。因为每次订货数量固定，且是预先确定好的经济批量，所以该方法操作简便。

(2) 保证流动资金

由于企业定量采购商品不会一次性积压太多的资金，从而保证了现金流的畅通。

3. 定量采购控制法的缺点

(1) 占用库存

企业需要经常对商品进行检查和盘点，工作量大，且需花费大量时间，从而增加了存货成本。

(2) 运输成本大

该方式要求企业对每个品种单独进行订货作业，这样会增加企业订货成本和运输成本。因此，定量订货控制法适用于品种少且占用资金大的商品。

4. 定量采购的实施

企业采用定量采购控制法进行采购管理必须预先确定订货点和订货量。

(1) 订货点

订货点的确定主要取决于需求率和订货 / 到货间隔时间这两个要素。在需求固定均匀和订货 / 到货间隔时间不变的情况下，不需要设定安全库存。订货点的计算公式为：

$$订货点 = 变动周期 \times 每年的需求量 \div 365$$

当需求发生变动或订货 / 到货间隔时间非固定时，订货点的确定方法则较为复杂，且往往需要安全库存。

(2) 订货量

订货量通常依据经济批量方法来确定，即以总库存成本最低时的经济订货批量为每次订货时的订货数量。

（六）定期采购控制法

1. 定期采购控制法的含义

定期采购控制法指按预先确定的订货间隔进行采购补充库存的一种方式，企业根据过去的经验或经营目标预先确定一个订货间隔期。每经过一个订货间隔期就进行订货，每次订货数量都不同。在定期采购控制法下，库存只在特定的时间进行盘点，如每周一次或每月一次。零售企业常常采用此种方法。

2. 定期采购控制法下的订购量

在定期采购控制法下，不同时期的订购量不尽相同。这时，订购量主要取决于各个时期的使用率。定期采购一般比定量采购要求更高的安全库存，定量采购是对库存进行连续盘点，一旦库存水平到达再订购点，立即进行订购，标准的定期采购是仅在盘点期进行库存盘点。这就有可能在刚订完货时出现由于大批量的需求而使库存降至零的情况，而这种情况只有在下一个盘点期才会被发现，新的订货需要一段时间才能到达。这样一来，有可能在整个盘点期和提前期发生缺货。因此，安全库存应当保证在盘点期和提前期内不发生缺货。

3. 定期采购的优点

(1) 控制库存

只要订货周期控制得当，既可以不造成缺货，又可以控制最高库存量，从而达到控制成本的目的，即减少采购成本。

(2) 降低运输成本

由于订货间隔期确定，因此，多种商品可同时进行采购。这样不仅可以降低订单处理成本，还可以降低运输成本。

(3) 节省盘查费用

这种方式不需要经常盘点库存，可节省相应的费用。

4. 定期采购的缺点

(1) 不能掌握库存动态

由于不经常检查和盘点库存，对商品的库存动态就不能及时掌握，遇到突发性商品需求时，就容易出现缺货现象，从而造成损失。因此，企业为了应对订货间隔期内的突然变动，往往保持较高的库存水平。

(2) 耗用流动资金

一旦采购品种数量少、占用资金多的商品，那么企业流动资金就会变得紧张。

5. 定期采购的实施

(1) 适用范围

定期采购仅适用于数量大、占用资金较少的商品。

(2) 计算订货量

采购周期根据具体情况进行调整。例如，根据自然日历习惯，以月、季、年等确定周期；根据供应商的生产周期或供应周期进行调整等。定期采购控制法下的订货量的计算公式为：

订货量 = 最高库存量 – 现有库存量 – 订货未到量 + 消费者延迟

第二节 跨境电子商务仓储

一、跨境电子商务仓储概述

（一）跨境电子商务仓储管理的概念

仓储管理也叫仓库管理(WM)，指对仓储设施布局、设计以及仓储作业所进行的计划、组织、协调与控制。仓储管理的目的是保证仓储物品的完好无损，确保生产经营活动的正常进行，并在此基础上，对各类物品的状况进行分类记录，再以明确的图表方式展示仓储物品在数量、品质方面的状况，以及所在的地理位置、部门、订单归属和仓储分散程度等情况的综合管理形式。

跨境电子商务仓储管理则是在跨境电子商务过程中，考虑对仓储物品的收发、结存等活动的有效控制，以期达到仓储管理的目的。

（二）仓储在跨境电子商务中的团队协作

1. 仓储在供应链中的作用

供应链是物流领域的重要概念之一，仓储则是供应链中必不可少的环节。一般来说，仓储在供应链中的作用包括销售和生产的后援、运输的驿站、库存的校准点、物品的保管场所。下面具体说明。

(1) 销售和生产的后援

仓储是销售的后方支持部门，对促进生产效率的提高起着重要的辅助作用。

(2) 运输的驿站

运输是点对点的运动；仓库是物流运输线路中的点。

(3) 库存的校准点

企业日常会不断发生销售、退换货等情况，商品的进出频率非常大，库存也在随时发生变化。财务做账需要一个校准点，而仓储状况就是很好的校准点。

(4) 物品的保管场所

仓储承担的是物品的保管工作，保管是一项精细的工作。仓储管理做到位对企业形象的提升有着积极的作用。

2. 跨境电子商务仓储为销售部门提供服务

跨境电子商务仓储主要是为销售部门提供服务。提高其服务质量可以采用 5 种方法："7R"交货服务、信息准确完整、确保装卸的品质、及时给予退换货、热情友好的咨询服务。下面具体说明。

(1)"7R"交货服务

R(Right)，意思是交货服务要达到合适的基本要求。具体来说，"7R"包括以下内容。

①合适的商品 (Right Production)，指客户需要的商品。

②正确的地点 (Right Place)，指送货要送对地方。

③低廉的价格 (Right Price)，指装卸费、搬运费等物流费用要控制。

④服务的思想 (Right Service)，指为销售、生产、财务、采购各方面提供好服务。

⑤稳定的质量 (Right Quality)，指仓储工作质量 (包括装卸质量，盘点

的质量，日常的报表、登账、做账的准确度和及时性）。

⑥正确的数量 (Right Quantity)，指根据需要的数量不多发或少发。

⑦最短的时间 (Right Time)，指速度快。

(2) 信息准确完整

信息的反馈要做到 6 个字，即"及时、准确、完整"。这 6 个字缺一不可，以保证信息、沟通反馈不出问题。

(3) 确保装卸的品质

跨境电子商务仓库要明确装卸的注意事项，确保装卸品质，严格禁止粗暴装卸。

(4) 及时给予退换货

对于涉及退换货的商品，仓储管理要及时处理，否则，对销售的负面影响很大，更会影响客户的满意度。

(5) 热情友好的咨询服务

对其他部门提出的库存量的查询等问题，仓储部门要提供热情友好的咨询服务。仓储部门是一个服务机构，并不是简单的后勤机构。

（三）跨境电子商务仓储管理方法

1. 以时间抢空间

时间代表速度，速度越快，用的时间就越少；速度越慢，用的时间就越多。空间指的是仓库的空间，仓储入库、出库的速度越快，所需要的仓库空间就越小，说明商品没有乱堆放，及时处理了呆料、旧料、废料、边角料，仓库管理得越好。"以时间抢空间"指仓储的作业速度越快，仓库所需要的空间就越小；周转越慢，仓库所需的空间就会变得越大。

仓储管理的目标就是对仓储商品的收发、保管、包装、流通加工和信息反馈的有效和有序的控制以及对商品数量和质量的保证。

2. 多快好省

"多快好省"的仓储作业目标主要包括四个方面：多储存，快进货、快出货，保管好，省费用。下面具体说明：

(1) 多储存

仓储管理要达到的目标是提升单位面积的储存量，物资整齐可以提高空间的利用率。

(2) 快进货、快出货

快进货要求接运、验收以及入库的速度要快，确认放货的地点、空间，安排好卸货人员，检查要使用的工具，商品一到立即卸货。快出货要求备货、出库、托运的速度要快，单证交接齐全，签字须慎重、仔细、认真核实；如果物资的价值特别高，则最好投保险。

(3) 保管好

在保管期内，不仅要保证物资质量完好，还要保证数量准确。

(4) 省费用

在确保物资数量和质量的同时，要注意节省费用。

3. 堆码的"12字方针"

仓库中的商品堆放要讲究"12字方针"。"12字方针"指合理、牢固、定量、整齐、节约、方便。下面具体说明：

(1) 合理

合理指分区堆码，大不压小、重不压轻。分区堆码要求物资固定分在不同的地方堆放，提高装卸速度和运作效率。堆码时，要注意大物件放下面，小物件放上面；重的物件放下面，轻的物件放上面。

(2) 牢固

牢固要求堆码时不偏不倚、不歪不倒、堆码稳固。

(3) 定量

定量要求每层物资重量应该相同，整箱归整箱放，零散的货放到零散的地方，整箱货跟零散货不要混放。发货时，基本原则是先发零、后拆箱。

(4) 整齐

一个好的仓库应该仓容整洁，纵看成列，横看成行。如果物资不固定、没有货架，就很容易影响发货速度。

(5) 节约

节约要求一次性堆码成形，不重复劳动。

(6) 方便

装卸、搬运、验货、盘点等仓储作业的作业原则是方便，事前考虑好，减少多余的动作，以便后续工作的开展。

二、跨境电子商务仓储管理的操作方法

（一）智能仓储技术

大数据、云计算、物联网、人工智能等技术可以对物流各环节进行信息化、高效率的管理，提高运输、配送效率，减少损耗，并可指导生产、制造，为消费者提供更好的服务体验，推动物流仓储智慧化升级。

1.AGV

自动导引运输车 (AGV) 是装备有电磁或光学等自动导引装置，能够沿规定的导引路径行驶，具有安全保护及各种移载功能的运输车。智能仓储 AGV 可以在任意点和点之间运动，由任务调度系统控制。该系统可以依据小车任务量、距离等因素，进行系统判断，使相关过程更智能、灵活。

仓储物流的拣选一般分为人到货、货到人两种方式。在人到货方式中，当前，应用最广的是快件跟踪扫描记录仪 (PDA) 拣选，语音拣选、AR 眼镜拣选等新兴技术尚未在国内普及。在货到人方式中，主要有穿梭车和拣选机器人两种解决办法，都是根据拣货员指令，将所需的商品送到作业人员面前，节约行走和寻找时间。但前者设备投资大、柔性小，而后者更加灵活。工作人员可根据实际需求，自主规划。相对于人工拣选，机器人操作将均效提高 3 ~ 5 倍，节约人力 70%。

2.RFID

无线射频识别 (RFID) 是一种非接触自动识别技术，其基本原理是利用射频信号和空间耦合 (电感或电磁耦合) 或雷达反射的传输特性，实现对被识别物体的自动识别。无线射频识别系统主要由 RFID 标签卡商品和 RFID 读写器组成，RFID 标签卡商品是无线射频识别系统的数据载体，将待识别物体的标识信息记载在标签的储存区内，由标签天线和标签专用芯片组成。RFID 标签卡商品与读写器之间通过无线电耦合元件，实现射频信号的空间 (无接触) 耦合，进行能量传递和数据交换，从而实现读写器读取 RFID 标签卡商品中的数据信息。

3. 无人仓

无人仓指货物从入库、上架、拣选、补货，到包装、检验、出库等物流作业流程全部实现无人化操作，是高度自动化、智能化的仓库。无人仓可以将仓储的运营效率提升至传统仓库的 10 倍。

无人仓的标准，须从作业无人化、运营数字化和决策智能化三个层面去理解。

(1) 作业无人化

无人仓使用了自动立体式存储、3D视觉识别、自动包装、人工智能、物联网等各种前沿技术，兼容并蓄，实现了各种设备、机器、系统之间的高效协同。

(2) 运营数字化

在运营数字化方面，无人仓需要具备自感知等能力。运营过程中，与面单、包装物、条码有关的数据信息要靠系统采集和感知，若出现异常要自己能够判断。从这方面讲，算法是无人仓技术的核心与灵魂所在。

(3) 决策智能化

在决策智能化方面，无人仓能够实现成本、效率、体验的最优化，可以大幅度地减轻工人的劳动强度，且效率是传统仓库的10倍。

（二）仓储管理流程

仓储管理按照流程分为入库管理、库中管理和出库管理。

1. 入库管理流程

入库管理流程分为接运、交接和验收。

(1) 接运

供应商有义务发布入库前的通知，以便仓库收货人员事先做准备，避免迂回和二次重复劳动。

(2) 交接

交接时要求单单相符、单货相符。单单相符具体要求单据和单据之间要完全吻合。采购入库之前，采购人员给仓储人员一份单据；供应商将货运过来时，随车有单据；仓库收货人员需要将两份单据进行核对，确认准确无误后才能收货。单货相符具体要求商品与单据之间完全吻合。商品到库后，仓库收货人员首先要检查商品入库凭证，然后根据入库凭证上列示的收货单位、商品名称与送交的商品内容和标记进行核对。

(3) 验收

验收包括对商品的规格、数量、质量和包装等方面进行检查。规格的验收主要是对商品品名、代号、花色和色样方面进行验收；数量的验收主要是对散装商品进行称量、对整件商品进行数目清点、对贵重商品进行仔细查验等；质量的验收主要检查商品是否符合仓库质量管理的要求、商品的质量是否达到规定的标准等；包装的验收主要核对商品的包装是否完好无损、包装标志是否达到规定的要求等。

2. 库中管理流程

库中管理流程分为上架、维护、检查和盘点。

(1) 上架

跨境电子商务库存中的存货数量繁多、种类多样，在上架过程中极易出错。因此，上架时，工作人员保证商品放在相对固定的位置，以确保商品可以被识别。

(2) 维护

商品在仓库里存放，工作人员要注意商品的保养，明确商品的储存条件，特殊的商品要注意通风、防潮等。

(3) 检查

工作人员应对库中的商品实时检查，运用库存信息管理系统根据订单情况维护库存，并根据库存存量以及临近日期的日均销量，结合采购周期制订采购计划。

(4) 盘点

盘点是对商品实有库存数量及其金额进行全部或部分清点，从而掌握商品状况、加强商品管理。运用库存信息管理系统可以同步供应商仓库库存信息，实现仓库之间的库存调拨。

3. 出库管理流程

出库管理流程分为获取订单、订单分配和打单配货。

(1) 获取订单

获取订单流程：主要通过跨境电子商务平台的官方应用程序编程接口(API)自动将平台订单导入库存信息管理系统，从而获取订单信息。

(2) 订单分配

订单分配流程：接入主流的国际物流渠道，通过用户自定义的分配规则，所有订单自动根据规则分配给相应的仓库配货，相应的物流公司获取面单和跟踪号。

(3) 打单配货

打单配货流程：订单根据规则自动获取物流信息，并生成面单、跟踪号，拣货信息也与面单同步打印；对于简单包裹 (即一个订单仅包含一件商品的包裹) 可以扫货出面单。

（三）仓储管理的标准化

1. 货架位信息规范化

货架位信息指对库存商品存放场所按照位置的排列，采用统一标识标上顺序号码，并做出明显标志。科学合理的货架位信息有利于对库存商品进行科学的管理，可以在商品的出入库过程中快速、准确、便捷地完成操作，提高效率，减少误差。

货架位信息编写应确保一个仓库的货架位采用同一种方式进行编号，以便于查找及进行处理。货架位信息编写通常采用区段式编号、品项群式编号和地址式编号三种形式。

(1) 区段式编号

把仓库区分成几个区段，再对每个区段进行编号。这种方式以区段为单位，每个号码代表一个储存区域，可以将储存区域划分为 A1、A2、A3……若干个区段。

(2) 品项群式编号

把相关性强的商品经过集合后，分成几个品项群，再对每个品项群进行编号。这种方式适用于容易按商品群保管和所售商品差异大的跨境电子商务企业，如泛品类经营的跨境电子商务企业。

(3) 地址式编号

按仓库、区段、排、行、层、格等进行编码，可采用四组数字来表示商品所在的位置，四组数字分别代表仓库的编号、货架的编号、货架层数的编号和每一层中各格的编号。例如，编号 1–12–1–5，编号的含义是：1 号库房，第 12 个货架，第一层中的第五格。根据地址式编号，可以迅速确定某种商品具体存放的位置。

以上是常用的仓库货架位编号形式，各种形式之间并不是相互独立的，跨境电子商务企业可以根据实际情况相互结合使用。

2. 商品信息规范化

商品信息规范化主要是指商品的库存量单位 (SKU) 信息、规格尺寸和中英文报关信息的条理化、明晰化。规范的商品信息有利于对库存商品进行精细化管理，也有利于及时、准确地拣货，提高效率、避免失误。

商品 SKU 作为最小的库存单位，是商品管理中最为重要、最为基础的数据，但很多跨境电子商务企业会存在缺少 SKU 或 SKU 不完善的情况。例如，鞋子 A 有 3 种颜色、5 个尺码，那么针对这双鞋就需要 15 个 SKU 码，细致到具体颜色的具体尺码。如果商品 SKU 信息不完善，跨境电子商务企业将无法有效监控商品的详细库存，不利于分析销售数据和及时补货。同时，配货时订单信息也无法准确显示拣货信息。

3. 先进先出原则

先进先出原则 (FIFO) 指在仓储管理中，按照商品入库的时间顺序整理好，在出库时按照"先入库的商品先出库"原则进行操作。由于大多数商品都有一定的保质期，如果不按照先进先出的原则，则可能造成很多商品过期。该原则在海外仓的仓储管理中尤为重要。

先进先出原则在操作过程中，最重要的一点是进行商品存放规划，使管理人员能够很清楚、方便地找到不同时期的商品。

4. 拣货方式

跨境电子商务仓储的拣货方式有摘果法和播种法两种：

(1) 摘果法

摘果法指针对每一份订单要求进行单独拣选，拣货人员或设备巡回于各个商品储位，将所需的商品取出，形似摘果。

(2) 播种法

播种法指把多个订单需求集合成一批，先把其中每种商品的数量分别汇总，再按品种对所有订单进行分货，形似播种。

（四）仓储量化指标

对仓储管理进行量化的考评是有效的管理手段。没有量化就没有标准，仓储管理也需要量化的指标。仓储管理最关键的五个指标是：仓库吞吐量、平均库存量、库存周转率、收发正确率和商品完好率。

1. 仓库吞吐量

仓库吞吐量也叫库存量，指一定时期内仓库出库、入库、直拨物资的总量。通常以实物指标"吨"为计算单位，对难以用吨位计量的物资，则按货单上的重量统计，有的则以价格折算吨位来计算。它反映期内仓库的工作量和收发能力。相关计算公式如下：

$$仓库吞吐量 = 入库量 + 出库量 + 直拨量$$

2. 平均库存量

平均库存量是指一定时期内某种商品的平均库存数量，它反映了仓库的平均储存水平。年均库存量指每年平均的库存量，是在每个月平均库存量的基础上计算出来的。

3. 库存周转率

库存周转率是在某一时间段内库存商品周转的次数，是反映库存周转快慢程度的指标。通常情况下，库存周转率越大，销售情况就越好。在商品保质期及资金允许的条件下，可以适当增加库存控制目标天数，以保证合理的库存；反之，则可以适当减少库存控制目标天数。

4. 收发正确率

收发正确率指仓库在收货、发货时的正确程度，其中，收发差错总量是收货的差错量和发货的差错量之和。收发正确率越高，盘点的精确度就越高。收发正确率的计算公式如下：

$$收发正确率 =(吞吐量 - 收发差错总量) \div 吞吐量 \times 100\%$$

5. 商品完好率

商品完好率反映的是物资经过保管后的完好情况，公式表示如下：

$$商品完好率 =(平均库存量 - 缺损变质商品总量) \div 平均库存量 \times 100\%$$

三、跨境电子商务物流包装

包装是跨境电子商务末端环节的工作。由于跨境电子商务的物流时间长、中转较多，甚至需要经常变换运输工具，因此，对跨境商品的包装必须严格要求。跨境电子商务物流包装的水平直接影响客户体验。下面从包装概述、包装的分类、合理化包装和包装技巧介绍跨境电子商务物流包装。

（一）包装概述

包装起源于原始社会末期，当时的人们利用自然界提供的植物作为最早的包装材料。早期包装的目的单一，所进行的包装就是为了保护物品。随着科学技术的进步和商品经济的发展，人们对包装的认识不断深化，并赋予了包装新的内容。

1. 包装的含义

一般物品从生产领域转移到消费领域都要借助于包装。包装包括以下两个含义：

(1) 作为名词用，是包装物。这是静态的，指能够容纳物品、抵抗外力、宣传物品和促进销售的物体，包括包装材料和容器。例如，电视机包装物所使用的瓦楞纸箱、泡沫塑料垫衬、塑料袋、封口胶和打包带等。

(2) 作为动词用，是包装时所采用的操作技术。这是动态的，指物品包裹、捆扎等工艺操作过程。例如，固定电视机、装箱、装入有关资料、封口、装订和打包捆扎等操作过程。

包装材料和包装技术构成了现代包装。现代包装是指在流通过程中为保护物品、便于储运、促进销售，并按一定的技术方法而采用的容器、材料及辅助物等的总体名称；也指为了达到上述目的而在使用容器、材料和辅助物的过程中施加一定的技术方法的操作活动。

2. 包装与物流

包装既是生产的终点，又是物流的起点。物流系统的所有构成因素均与包装有关，同时，物流也会受到包装的制约。包装是物流系统的构成要素之一，与运输、装卸搬运和配送等均有十分密切的关系。

3. 包装与运输

运输的功能是保证物品在空间位置上的转移，具有流动性。物品运输的基本要求是安全、迅速、准确及方便。包装直接关系着运输过程中的物品安全、装卸便利和充分利用运输工具的容积。所以，不同的运输方式对包装有不同的要求，包装设计必须和运输方式、运输工具及运输距离等相适应，这样才能避免损失。

4. 包装与装卸

装卸是与物品的运输和储存紧密相连的一部分，它主要包括两个独立的作业环节，即物品的装上和卸下。在装卸过程中，如果包装材料选择不当或设计不合理，就会造成包装损坏、增加物流成本、造成重大损失。因此，包装要适应装卸作业中的装上、卸下、搬运、筛选和分类等环节的需要，防止物品受损。

5. 包装与储存

储存解决了物品流通过程中在时间上不一致的矛盾，是社会再生产顺利进行的必不可少的条件。可以说，没有物品储存就没有物品流通。物品的任何储存方式都与包装有着密切的关系，如在潮湿环境下，需对物品进行防湿、防潮包装。一般情况下，物品储存要适应高层堆码的需要，此时包装就必须考虑物品堆码负荷(也称堆压)。所以，储存离不开包装对物品的保护，包装要适应储存的需要。

（二）包装的分类

1. 按商品是否需要包装分类

按商品是否需要包装进行分类，商品可以分为散装商品、裸装商品和包装商品三类。散装商品指不需要特别包装的，可散装于承载的运输工具上的商品，如煤炭、矿砂、食盐和粮食等；裸装商品指没有包装或稍加捆扎即可自然成件的商品，如规格统一、不受外在因素影响的铁管、钢板、铝锭和木材等；包装商品指需要加以包装的商品。

2. 按包装功能分类

按包装功能分类，包装可以分为运输包装和销售包装。

(1) 运输包装

运输包装又称为大包装或外包装，指在物品运输时将一件或数件物品装入容器或以特定方式加以包扎的二次包装。运输包装必须牢固，它的作用是保护物品的品质完好与数量完整，便于运输、储存、检验、计数和分拨。

运输包装的方式主要有两种：单件运输包装和集合运输包装。

①单件运输包装

它是根据商品的形态或特性将一件或数件商品装入一个较小容器内的包装方式。单件运输包装的材料有纸、塑料、木材、金属及陶瓷等。

②集合运输包装

它指将若干单件运输包装物品组合成一件大的包装或装入一个大的包装容器内。集合运输包装主要有集装箱、集装袋、托盘等。

(2) 销售包装

销售包装又称为小包装或内包装，它是随着物品进入零售环节并和消费者直接见面的包装。销售包装实际上是一种零售包装。

3. 按包装形态分类

按照包装形态分类，包装可分为逐个包装、内部包装和外部包装。

(1) 逐个包装

逐个包装指交到使用者手里的最小包装，是把商品全部或部分装进袋子或其他容器里并予以密封的状态和技术。

(2) 内部包装

内部包装指将逐个包装归并为一个或两个以上的较大单位，并放进中间容器里的状态和技术，也包括为保护容器里面的商品而在容器里放入其他材料的状态及技术。

(3) 外部包装

外部包装指从运输作业的角度考虑，为了对商品加以保护且便于搬运，将商品放入箱子、袋子等容器里的状态和技术，包括缓冲、固定、防湿、防水等措施。

4. 按贸易中有无特殊要求分类

按贸易中有无特殊要求分类，包装可以分为一般包装、中性包装和定牌包装。

(1) 一般包装

一般包装就是普通包装，用于货主对包装没有任何特殊要求的情况。

(2) 中性包装

中性包装指在商品和商品的内外包装上不注明生产地和生产厂名，也不注明原有商标和牌号，甚至没有任何文字的包装形式。中性包装包括无牌中性包装和定牌中性包装。

(3) 定牌包装

定牌包装指卖方在商品和其包装上采用买方指定的商标或者牌号，但是均注明生产地。一般对于境外大量、长期、稳定的订货，可以接受买方指定的商标。有的时候为了利用买方的销售渠道和品牌的声誉，也可采用这种做法。

此外，按包装技术的不同分类，包装还可分为充气包装、真空包装、防潮包装、防锈包装、防虫包装、脱氧包装、防震包装、防腐包装、危险品包装等。

（三）合理化包装

尽管包装的分类有多种，但与跨境电子商务物流关系较紧密的还是跨境电子商务物流包装。跨境电子商务物流合理化包装的要点如下。

1. 满足跨境电子商务对运输包装的要求

跨境电子商务对商品运输包装的要求比一般电子商务更高，要求包装必须适应商品的特性、适应各种运输方式的要求，必须考虑有关国家（地区）的相关规定和消费者的要求。

在跨境电子商务中，由于各国（地区）文化差异的存在，对商品的包装材料、结构、图案及文字标识等要求也不同。例如，美国规定为防止植物病虫害的传播，禁止使用稻草作为商品的包装材料，若海关发现使用稻草作为包装材料，则必须当场销毁，由此产生的一切费用由卖家承担；加拿大政府规定进口商品的标签必须英法文对照；销往我国香港地区的食品标签必须用中文，但标签上的食品名称及成分须同时用英文注明。

国际商品买卖中的包装条款一般包括包装材料、包装方式、包装规格、包装标志和包装费用的负担等内容。

2. 运输包装的标志要标准、清晰

国际运输包装的标志按用途可分为以下三种：

(1) 运输标志

运输标志通常由一个简单的几何图形和一些字母、数字及简单的文字组成。根据国际标准化组织的建议，运输标志应为四行，每行的文字和数码不超过 17 个字码，取消任何图形。因为图形不能用打字机一次做成，在采用计算机制单时尤为不便。运输标志中包含的元素如下：

① AMR：收货人的缩写。

② 08/S/C No.2356：合同编号。

③ New York Via Shanghai：目的港名称（含中转港信息）。

④ Nos.1-400：箱号和总件数。

(2) 指示性标志

指示性标志是指示人们在装卸、运输和保管过程中需要注意的事项，一般以简单、醒目的图形和文字在包装上标出，又称为注意标志。

(3) 警告性标志

警告性标志又称危险商品包装标志。凡在运输包装内装有爆炸品、烯物品、有毒物品、腐蚀物品、氧化剂和放射性物质等危险商品时，都必须在运输包装上标明用于各种危险品的标志，以示警告。便于装卸、运输和保管人员按商品特性采取相应的防护措施，以保护物资和人身的安全。

3. 从国际物流总体角度出发，用科学方法确定最优包装

商品从出厂到最终销售至目的地所经过的流通环境条件，如装卸条件、运输条件、储存条件、气候条件、机械条件、化学和生物条件等都对包装提出了要求。从现代物流观点看，包装合理化不单是包装本身合理与否的问题，而是整个物流合理化前提下的包装合理化。对包装发生影响的因素主要有以下三个：

(1) 装卸

不同装卸方法决定着不同的包装。目前，我国仍然大量采用人工装卸，因此，包装的外形和尺寸就要适合人工操作。此外，如果装卸人员素质低或作业不规范，也会直接引发商品损失。改进装卸技术、提高装卸人员的素质、规范装卸作业标准等，都会相应地促进包装、物流的合理化。

(2) 保管

企业在确定包装时，应根据不同的保管条件和方式采用与之相适应的包装强度。

(3) 运输

运输工具的类型、输送距离的长短、线路情况等对包装都有影响。国际运输形式多样，如远洋运输、国际铁路运输、国际航空运输、国际多式联运等，不同的运输方式对包装有着不同的要求和影响。

4. 推崇绿色包装

绿色包装指不会造成环境污染或环境恶化的商品包装。当前，世界各国 (地区) 的环保意识均日渐增强，出于对环保的重视，它们将容易造成环境污染的包装列入限制进口之列。"绿色包装"应符合节省材料、资源和能源，废弃物可降解、不会污染环境、对人体健康无害等要求。

随着跨境电子商务物流量的增大，垃圾公害问题已被提上议事日程。而随着对"资源有限"认识的加深，包装材料的回收利用和再生利用也受到重视。包装与社会机制协调的问题正日益突出。因此，跨境电子商务物流包装应推崇绿色包装理念，包装的资源节省与拆装后的废弃物处理必须和社会系统相适应，应尽可能积极推行包装容器的循环使用，尽可能回收废弃的包装容器，并予以再利用。

（四）包装技巧

1. 包装原则

(1) 保护商品

包装的目的在于防止和避免商品在运输中由于冲击或震动所产生的破损，同时应兼顾防潮和防盗功能；包装在保证商品的使用特性和外观特性不被损坏的情况下，更要注意防盗，特别是对于高价值商品的包装。

(2) 便于装卸

对物流商品特别是大件商品进行包装时，需要考虑商品装卸的便利性，以有效地提高商品装卸效率，同时，避免由于粗暴装卸给商品带来的损害。

(3) 适度包装

对商品进行包装时，要根据商品的尺寸、重量和运输特性选用大小合适的包装箱及包装填充物，既要避免包装不足所造成的商品破损，也要防止过度包装所造成的材料浪费。

(4) 注意方向

对于有放置方向要求的商品，在包装、储存和运输过程中，必须保证按照外包装上的箭头标识正确放置商品，杜绝侧放和倒放。包装件的重心和几何中心应该合一或比较接近，这样可以防止在运输过程中由于运输车辆的起动、转弯和刹车给商品带来损坏。

2. 商品包装的步骤

(1) 拣选

如果有多件商品同时寄运，要把每件商品分开放置，为每件商品准备充足的缓冲材料（如泡沫板、泡沫颗粒、皱纹纸等）。需要注意的是，颗粒缓冲材料可能会在运输过程中移动，所以，采用颗粒材料时一定要压紧压实。

(2) 打包

将需要打包的商品放入一个比较牢固的箱子，并使用缓冲材料把商品之间的空隙填满，但不要让箱子鼓起来。如果是旧箱子，则要把以前的标签移除，而且要确保旧箱子的承重力足够坚固。

(3) 封装

用宽大的胶带（封箱带）来封装。在用封箱带拉紧时，要采用十字交叉的方法；如果用的是胶带，则胶带宽度至少要有 6 厘米。

3. 包装箱的类型

常用的商品包装材料有纸箱、泡沫箱、牛皮纸、文件袋、编织袋、自封袋、无纺布袋等；常用的包装辅材有封箱带、警示不干胶、气泡膜、珍珠棉等。其中，以纸箱包装最为常用，下面重点介绍如何选择纸箱。

(1) 按纸板层数分

按纸箱所使用的纸板（瓦楞板）层数不同，包装箱可以分为三层纸箱、五层纸箱、七层纸箱。纸箱的强度以三层最低、七层最高。服装等不怕压、不易碎的商品，一般用三层纸箱就够了；玻璃、数码商品、电路板等易碎商品，最好用五层纸箱，再配以气泡膜。

(2) 按纸箱的形状分

按形状分，纸箱可以分为普箱（或双翼箱）、全盖箱、天地盒、火柴盒、异型箱（啤盒）等。天地盒、异型箱的价格要高于普箱，因为其用料较多，侧面一般为两层纸板，故强度、密封性高于普箱。故普箱的应用范围最广。

商家选购纸箱时，最好根据商品特征、买家要求，同时结合成本投入，进行综合考虑。虽然强度高的纸箱安全性更高，但是成本更高，物流费用也会增加。商家也可以定制自己的专用包装纸箱，印上自己的 Logo 等信息，这样可以让商品在物流全程吸引更多的关注。

4. 不恰当的包装方式

(1) 连体包装

以带子、绳索、胶带或气泡膜将两个相同或不同大小的商品连体包装，这样做容易出现松弛、分离等情况。这时，需要根据实际情况确定是否更换包装。

(2) 内件无定位包装

内件在包装内若易出现滚动，则易损坏，一般需要附加缓冲防震材料或更换更加合适的包装箱。

(3) 内件无内装保护

内件如果有锋利角部的物品等，要先用胶带将瓦楞纸板片绑到所有锋利或凸起的边缘进行保护，并在包装内填充足够的缓冲防震材料。

(4) 内件无分隔

多件易碎品装入同一个包装时，需要采取相应的内件分隔措施。

(5) 包装重心不稳

商品笨重，重心明显偏向一侧，或商品包装经挤压，或原始形状近圆形，容易滚动，需要更换包装。

(6) 重货包装强度不够

重货必须选择强度达到要求的三层或五层瓦楞纸箱进行包装。

(7) 没有内包装的小件商品

内件为手表、读卡器、纽扣、螺丝等小件商品时，必须首先按一定量分隔独立包装，再外套包装箱，以免遗漏丢失。

(8) 超出原包装箱容量的包装

对原包装箱进行裁剪后重新使用，如出现超出原包装箱容量的情况，为避免商品撑破包装，应视内件和外包装情况，更换新的外包装。

(9) 商品包装与运输包装较紧密

这也是一种不恰当的包装，对此，应在商品包装与运输包装之间填充缓冲材料，以免物流供应商或海关查验时划伤内件。

四、跨境电子商务供应链管理系统

跨境电子商务供应链管理系统提供跨境电子商务全面信息化解决方案。通过整合境内外电子商务平台，将电子商务在各种直营或分销渠道的订单、客户、库存等信息进行集成同步和统一管理，以实现境内外电子商务业务和配套物流业务的高效协同运营。下面从跨境电子商务供应链管理系统的各子系统介绍跨境电子商务供应链管理系统。

（一）商品 SKU 管理系统

商品 SKU 管理系统是对商品属性、商品分类、组合套装、商品信息、条码信息、自定义属性、铺货关系、变价单、铺货日志等内容进行管理的系统。

商品 SKU 管理的目的是通过管理关键词搜索与类目搜索，让消费者快速找到商品，并为同类型商品提供标准的属性、属性值。同时，运营人员能够方便地管理商品的上下架。

（二）采购管理系统

采购管理系统 (PMS) 是通过采购申请、采购订货、仓库收货、采购退货、购货发票处理、供应商管理、价格及供货信息管理、订单管理以及质量检验管理等功能综合运用的管理系统。对采购物流和资金流的全过程进行有效的双向控制和跟踪，实现完善的企业物资供应信息管理。采购管理系统可以为企业提供进出库的便捷方式，并且可以通过平常的系统录入进行直观的展示。

先进的跨境电子商务采购管理系统应用智能的采购补货逻辑，保证企业不缺货、不断货；根据企业需要而采用适配度高的采购模式，支持亚马逊、eBay、速卖通等多种不同场景；采购、主管、仓库、财务多个角色可以参与其中，确保采购的及时性和准确性；采购异常实时统计，方便筛选优质的供应商。

（三）订单管理系统

订单管理系统 (OOMS) 通过订单进行管理及跟踪，动态掌握订单的进展和完成情况，提高物流过程中的作业效率，从而节省运作时间和作业成本，提高企业的市场竞争力。订单管理系统涵盖销售订单管理、退货单管理、换货单管理、销售套餐管理、售后跟单管理、订单操作轨迹查询、销售量统计报表等功能。

先进的订单管理系统对接主流跨境电子商务平台，支持线下订单的导入和创建；系统智能化实现自动分仓、自动审单、标记发货及监控、发货超时提醒等；多种订单状态满足客户日常处理订单的所有需求，无缝对接仓储配送系统，支撑一键智能发货；支持设置买家黑名单、试算订单利润，可以提前规避商家损失。

（四）库存管理系统

库存管理系统 (WMS) 涵盖入库管理、库存管理和出库管理等功能。入库管理完善收货、质检、上架流程；支持先质检后收货；支持收货后直接上架；记录整个收货、质检、上架详情；仓库可以通过订单号、物流单号直接退件入库。库存管理支持以 SKU 维度查询库存，以仓库维度查询库存；服务商库存快照对比，直接同步服务商仓库库存；支持仓库之间的库存调拨。出库管理针对出货类型的多样化，实现高效分拣出货；当出现出货异常时，提供交接班记录，对异常情况的处理跟进到位；支持次品上架，支持商品借用归还，支持批量出库等。

（五）统计分析系统

统计分析系统 (SAS) 涵盖销售款管理、异常款管理、应退款管理、分销价格管理、分销商结算、分销商授信、快递费统计、报表中心、供应商结算、支付对账和利润计算统计等功能。先进的统计分析系统可以解决跨境电子商务企业原报表冗余、表述不清、汇率耗损、数据准确性等问题；通过大量的自定义报表，实现多维度分析；通过图表结合、指标监测，提供一体化数据平台，高效建立企业数据体系；精准分析运营成本，提前发现企业经营风险。

（六）应用系统集成

应用系统集成通过统一 API 平台与亚马逊、eBay、速卖通、Wish、SHOPYY 等主流跨境电子商务平台对接，与第三方仓库系统对接，实现物流直发；与海外仓等物流渠道对接，从而实现商流、物流、信息流的互联互通。

（七）客户管理系统

客户关系管理 (CRM) 支持 eBay、Amazon、速卖通、Wish 等平台的消息及邮件的收取和发送；针对不同场景设置自动发信功能；支持取消订单申请及退换货、纠纷处理等售后服务；支持客户数据维护和营销；支持客服任务分派及任务完成统计等。客户关系管理可以协调跨境电子商务企业与消费者在销售、营销和服务上的交互，从而提升企业的管理水平，向消费者提供创新式的个性化的消费者交互和服务的过程。客户关系管理的最终目标是吸引新客户、保留老客户，同时，将已有客户转为忠实客户，从而增加市场份额。

第五章 跨境电子商务客户服务

第一节 跨境客户管理

一、客户信息管理

一个高速发展的跨境电商企业，客户是企业最宝贵的财富，因此，客户信息管理工作尤为重要。要想把收集到的跨境客户信息变为切实有效的资源，就需要对信息进行管理，借助有效的管理方法和管理体系更好地分析客户的要求和受众的想法，从而挖掘客户价值，有针对性地、更精准地进行营销。客户信息管理工作貌似简单，实际上却是一套复杂的系统工作。

客户信息数据对企业信息化至关重要，有句话是这样描述数据的重要性的，即"三分技术、七分管理、十二分数据"。在企业信息化进程中，越来越多的企业将客户数据管理作为重点内容。在深入挖掘企业潜力，提高产品创新能力的同时，企业越来越关注的一个重要资源就是客户数据。客户是企业的宝贵资源，企业对客户数据进行全面收集、分析客户数据，将客户数据应用于产品设计、市场规划、销售过程成为企业发展的重要手段。客户信息对企业的重要性还表现在：客户数据是企业生产指导、客户数据是企业市场营销的指导、客户数据是企业客户服务的基础。

（一）制定客户信息管理制度

对于一个真正要实行客户信息管理的企业来说，一个有效的信息渠道是建立起一套专门的、规范化的信息搜集制度和方法，并作为企业一项管理职能，分别落实到相应的管理和销售部门中去。

1. 设立信息管理岗位与岗位职责

企业需要有专门的管理部门或人员专门负责客户信息的管理工作，他们的一个重要任务就是有针对性地搜集客户的信息，其手段包括直接接触、调查走访客户、专门为客户建立(记录)档案、从第三方获取资料等多种形式。一般来说，由专业人员实施的信息搜集工作可以保证较高的信息客观性和质量。从实际情况出发，大多数企业此项工作一般由对应的销售人员去收集。

2. 设计信息管理表格

管理部门应设计专门的信息搜集表格，并将搜集职责交到各个相关的部门或销售员手中，由其在与客户的业务交往过程中及时地反馈上来，其中，两个主要的部门是销售部和财务部。

（二）收集客户信息

凡是客户信息的收集，无论它是供应商还是客户，其信息的收集、分类、联络跟踪、投诉处理等问题的处理手法是基本相同的。虽然，不同部门所针对的主体可能不同，但它们关注的对象本质是相同的，都是收集对象的质量如何、哪些是自己公关的对象等。正因为如此，对各种客户信息的解说可以一并进行。

1. 信息收集内容

(1) 跨境 B 端客户信息

客户信息收集的内容主要包括五大部分，见表 5-1。

表 5-1 跨境 B 端客户信息收集内容表

客户背景资料	客户组织结构、联系电话、通信地址、网站、使用部门、采购部门、支持部门、客户业务的基本情况、客户主要特点等
客户规划信息	客户的中长短期规划和发展计划、客户主要合作伙伴的公司信息、承担规划或咨询公司的相关信息等
已销售状况	客户最近的采购计划、客户需要解决的主要问题、决策人和影响者、收费合同条款、时间、预算、信用如何、付款情况如何等
项目资料	通过这个项目要解决的问题是什么、决策人和影响者是谁、项目周期及流程是否清楚、客户的特殊需求是什么
竞争对手的资料	竞争对手公司情况及背景、产品情况、客户对竞争对手的满意程度、竞争对手销售代表与客户之间的关系等

(2) 跨境 C 端客户信息

跨境 C 端客户信息应当包括以下几个方面的内容，见表 5-2。

表 5-2 跨境 C 端客户信息收集内容表

客户基本信息	姓名、血型、身高、体重、出生日期、家庭住址、手机号码、电子邮箱、所在单位的名称、职务、单位地址、电话、传真等
客户消费情况	消费的金额、消费的频率、每次消费的规模、消费的档次、消费的偏好、购买渠道与购买方式的偏好、消费高峰时点、消费低峰时点、最近一次的消费时间等

客户事业情况	以往就业情况、单位名称、地点、职务、年收入,在目前单位的职务、年收入、对目前单位的态度,对事业的态度、长期事业目标、中期事业目标、最得意的个人成就
客户家庭情况	已婚或未婚、结婚纪念日、如何庆祝结婚纪念日,配偶姓名、生日及血型、教育情况、兴趣专长及嗜好、有无子女、子女的姓名、年龄、生日、教育程度,对婚姻的看法、对子女教育的看法等
客户生活情况	喜欢在何处用餐、对生活的态度、有没有座右铭、休闲习惯是什么、度假习惯是什么、喜欢哪种运动、喜欢聊的话题是什么、最喜欢哪类媒体、个人生活的中期目标、长期目标等
客户教育情况	高中、大学、研究生的起止时间、最高学历、所修专业、主要课程、在校期间所获奖励、参加的社团、最喜欢的运动项目等
客户个性情况	曾参加过什么俱乐部或社团、目前所在的俱乐部或社团、是否热衷政治活动、宗教信仰或态度、喜欢看哪些类型的书、忌讳哪些事、重视哪些事、是否重视他人的意见,为人处世的风格,自己认为自己的个性如何、家人认为他的个性如何、朋友认为他的个性如何、同事认为他的个性如何等
客户人际关系情况	亲戚情况、与亲戚相处的情况、最要好的亲戚、朋友情况、与朋友相处的情况、最要好的朋友情况、邻居情况、与邻居相处的情况、对人际关系的看法等

跨境电商中,在收集完信息之后,需要建立跨境客户信息档案,以备提取信息时用。例如,可以利用 Excel 表格工具对客户信息进行整理,有针对性地筛选出客户信息。

如果想对特定客户进行再次营销,就需要挖掘更多的信息。可以通过对方之前的购买记录或评价信息等渠道得到更多的信息,如买方评价、购买频率、经常购买的产品等。从中还能判断对方是批发客户还是零买客户、是喜欢购买高价产品还是低价产品。

在跨境客户信息管理中,信息的整理不仅需要对显性的信息进行及时整理,更需要对客户的购物行为做尽可能多的了解和归纳。

2. 客户信息收集渠道

对于客户信息的收集,首先要确定就是信息收集的渠道。一般来说有以下几种:

(1) 二手资料收集渠道

主要是通过客户内部资料、经济类报刊、企业年报、上市公司报告、行业组织、新闻报道、企业宣传、咨询公司、网络、顾客、内部员工、供应商等渠道进行资料的收集。

(2) 原始资料收集渠道

通过对销售人员、受雇于本公司工作的咨询公司、专业调查公司、投资银行等进行直接调查和市场竞争所得来的信息资料。

(3) 其他信息来源渠道

例如：利用招聘广告、展览展销会、参观工厂、购买竞争对手的受欢迎产品进行分析，创造样板市场观察客户态度，挖走竞争对手重要员工用以询问等方式。

3. 信息收集方法

在信息收集过程中，如果企业决定采用自己亲自进行调查这种方式，则可以使用以下几种方法：

(1) 询问法

调查人员事先拟定调查项目，确定调查的内容或具体的问题，以某种方式向被调查对象提出，并要求给予回答，由此获得信息资料。此种方法是调查的主要方法，适用于基本资料收集和意见征询及预测、分析。

询问法又分为当面交谈法、邮寄调查问卷法等多种形式。

(2) 观察法

由调查人员直接或通过仪器，在现场观察被调查对象的行为并加以记录。它适用于新产品的宣传和促销及跟踪调查，有利于掌握客户对新品的第一感觉和评价，以便及时回馈相关信息。观察法又可分为直接观察法和亲身经历法。

(3) 实验法

实验法是指在可控制的条件下，对所研究的对象从一个或多个因素进行控制，以测定这些因素间的关系。它通过小规模范围的实验，记录事务的发展和结果，收集和分析第一手信息资料。一般来说，采用实验法要求调查人员事先将实验对象分组，然后置于一种特殊安排的环境中，做到有控制地观察。

(4) 头脑风暴法

头脑风暴法又称集体思考法或智力激励法，即通过讨论的方式取得全面完整的信息。这种方法基于这样一种认识：社会中的某个具体个人总免不了要受知识、环境、经历、思维方式等诸多限制，即使学识水平再高的人也难免有某些知识或经验方面的不足。

(5) 德菲尔法

德菲尔法是一种专家调查法，它与其他专家调查法的区别在于：它是用背对背的判断来代替面对面的会议，即采用函询的方式，依靠调查机构反复征求每个专家的意见，经过客观分析和多次筛选，使各种不同意见逐步趋向一致。这种方法在一定程度上克服了畏惧权威及不愿听到不同意见等弊端，使专家能够自由、独立、充分地发表意见，最后取得较为客观实际的调查结果。

(6) 会议现场收集法

主要是通过各种业务会议、经验交流会、学术报告会、信息发布会、专业研讨会、科技会、技术鉴定会等，现场收集信息。

(7) 阅读法

主要是指从各种报纸、杂志、图书资料中收集有关信息。报刊是传播信息的媒介，只要详细阅读、认真研究，不难发现其中对自己有用的信息。据外国一所战略研究所分析，世界上有 60% ~ 70% 的信息是来自公开的图书资料，可见从阅读中收集信息的重要性。

(8) 视听法

主要是指从广播、电视节目中去捕捉信息。广播与电视是大众传播媒介，信息传递快，除广告外还有各种市场动态报道，这些都是重要的信息源。

(9) 购买法

这是一种有偿转让信息情报的方法。随着信息革命的发展，国内外兴起各种信息行业，如咨询公司、顾问公司等，他们负责收集、整理各种信息资料。各类专业研究机构、大学研究部门也有各种信息资料。购买法就是向这些信息服务单位有偿索取，虽然这些资料多数属于第二手资料，但省时且来源广，只要目的明确、善于挑选，也不失为重要来源。

(10) 加工法

企业等机构一般都有底层、中层、顶层之分，不同的层次有不同的信息流，底层的数据有日报、周报、月报等。这还不能算是高一层次所需要的信息，但当这些数据往上输送，中层进行加工，便成为一种有用的信息。例如，企业将各部门的月报加以综合分析，便可形成一种信息。

(11) 网络收集法

现代信息快速传播的通道——网络，是现代信息收集的主要方法，它具有快捷、直观、丰富等特点。互联网是信息传播的主要媒介之一，企业可以自设网站征集信息，也可从别的网站下载自己需要的信息。充分利用网络资源对企业进行信息收集大有帮助。

(12) 数据库收集法

许多公司开始使用从一个称作数据库的大型数据组中寻找所需要的客户资料的方法。银行和信用卡公司、电信公司、目录营销公司，以及其他需储存客户大量信息数据的公司，存储的数据不仅包括客户的地址，还包括他们的经营状况、员工人数、营业额以及其他信息。

总之，对客户资料调研的方法很多，但在具体运用的时候，要根据实际情况灵活运用，有时也可以把不同的方法结合在一起综合使用。

（三）建立客户档案

资料收集结束以后，需要对这些有用的资料信息进行分类、整理，并建立一系列资料卡，即建立客户档案，以备查用。客户资料信息卡是企业了解市场的重要工具之一。通过客户资料信息卡，企业可以连续地了解客户实情，从中看到客户的动态变化。据此，企业对客户情况一目了然，在制定企业经营战略与政策时，可以节省大量的时间、人力与财力。

1. 客户资料信息卡的用途

有孔式客户资料卡制成后，可以在下列情况使用：

第一，寄发广告信函时。

第二，订立收付款计划时，由于各公司的收款、付款日期都不一样，利用资料卡可以安排收款、付款的顺序与计划。

第三，订立时间计划时，可以订立较节省时间的、有效率的、具体的访问计划。

第四，对信用度分类时，根据客户资料卡，对信用度低的顾客缩小交易额，对信用度高的顾客增大交易额，这样可以用来决定具体的销售政策。

第五，决定佣金折扣时。

第六，区别现有顾客与潜在顾客时。

2. 客户资料信息卡的类型

企业一般应制作以下五种资料信息卡。

(1) 客户资料卡

即记录客户信息的卡片，包括客户名称、地址、负责人、主要经营项目、主要联络人和与客户的交易额、资本额以及与本公司业务往来情况等，这也是记录客户信息资料的最主要方式。通过记录这些资料，便于在工作中及时查找客户信息。

(2) 客户管理卡

客户管理卡，就是对客户资料进行有效管理的卡片。相对于客户资料卡而言，客户管理卡更为具体、详细，涉及的范围更为广泛。

客户管理卡一般包括公司名称、地址、法人代表、主要领导、资金状况、信用状况，甚至包括销售额、不动产等内容。

(3) 客户地址分类表

做客户地址分类的目的是便于使用、查找。标准的客户地址分类一般包括客户名称、地址、经营类别、所在地区、负责人以及不宜访问的时间等。

(4) 客户等级分类表

在客户服务过程中，还需要做一个客户等级分类表。根据情况，可以把自己的客户分成几个等级。如把自己的客户分成重要的、一般的和不重要的。当然，客户没有好坏之分，这样做的目的是通过区分不同的客户，以便采取有针对性的服务。

(5) 客户投诉记录表

企业要做好售后服务管理工作，不能缺少客户投诉客户管理。客户的抱怨和投诉是企业进步的机会，获知客户的反馈是非常重要的。因此，企业应建立客户投诉系统，对每一位客户投诉及处理都要做出详细的记录，包括投诉的内容、处理过程、结果、客户满意情况等。这样做的目的是全面收集统计和分析客户的意见，不断改进客户投诉处理办法，并可将获得的信息整理后传送给其他部门，以便及时总结经验教训，为将来更好地处理客户投诉提供参考。同时，客户投诉记录表可以使企业更快地提高质量和客户服务质量，以减少客户投诉。

（四）客户信息整理与分析

信息采集基本完成后，就需要对客户信息进行研究分析，最后找出客户最关心的问题。

1. 客户信息整理方法

信息整理最主要的方法就是对信息进行归纳总结、对比分类、挑选删除。

(1) 归纳总结

对某一类相似原因或答案的问题进行归纳，将它们放在同一类别内。如顾客对产品的哪些问题感兴趣，各行业总会关于产品的价格、质量、包装、促销的政策等，这是相似答案，还是相似原因？例如，同是客户对产品价格不满，这里面的具体原因有很多，如与其他企业价格相比，本企业价格过高而导致顾客对价格不满，相对于顾客身份过高或过低的价格而产生的对价格的不满，相对于过去产品价格增幅或降价过快而导致的对价格不满等。

(2) 对比分类

虽然对比分类与归纳总结在某些方面有些重合，但它们的立足点是不同的。归纳总结是通过找相同的因素而寻求出问题的原因，对比分类则是通过找不同的因素寻求问题的原因。例如，顾客为什么购买竞争对手的产品，这就需要对比本企业与竞争对手在产品价格、产品质量、产品服务等多方面的不同来寻找原因。

(3) 挑选删除

挑选删除的目的是把本企业和竞争对手以及和顾客期望值距离较远的项目挑选出来并且删除它。它包括两方面的工作，一是如果不能够弥补不足，就需要在客户服务中进行有意识的规避，并且想好应对方法；二是对这一不足进行弥补，达到与顾客期望值吻合甚至超出的水平。

2. 客户最关心的问题

通过上述分析之后，企业可以找到客户最关心的问题。对于这些问题，如果企业不能找到解决办法就会失去客户，因此需要特别注意。对于其他一些问题，特别是某些不切实际的客户关心的问题可以不去理睬。毕竟要满足所有层次的客户是不可能的事情，企业需要的是质量最好的客户。

每个企业都应该根据本公司的特点进行市场信息收集、信息的研究和分析、找出客户最关心的问题这三项工作，只有这样，才能把客户研究透。

3. 客户管理分析

客户管理分析的流程主要包括整理资料、销售业绩分析、划分客户等级、客户名册登记、对客户进行路序分析、确定客户访问计划和客户资料管理等内容。

（五）客户信息利用

客户信息利用是客户信息管理的重要组成部分，也是实现客户价值的重要手段之一。客户信息可以用来作为决策者制定营销策略、公司战略和各种客户决策的参考依据，从而吸引新客户、保留老客户，使企业在市场中保持优胜地位。

在对收集的客户信息进行相关整合和处理之后，对信息进行分析可以使企业掌握客户基本情况和业务往来情况，了解各种客户为企业带来的利润的多少和贡献的大小。然后，可以根据客户分布以及购买的金额、频次、周期、客单价等对客户进行细分，进行分类管理；还可以了解现在的客户是不是休眠客户，划分客户等级，设置不同的客户等级制度和有效期以及不同等级制度的门槛与优惠政策等。客户信息还可以用来分析各种数据，比如客户业务数据分析、客户分类、客户忠诚度及满意度分析、客户利润分析、客户前景分析等。

跨境客户维护包括"维"和"护"两个层面，即维持双方关系不被客户遗忘，呵护双方情感信任，增加客户的忠诚度。其主要思想是在对跨境客户信息进行分析之后，以产品为载体，有的放矢，维系双方关系，促使购买。在维护的过程中，我们需要加强跨境客户对店铺的认知度，提高客户的满意度，呵护双方情感，建立信任，赢得客户的忠诚度，使得客户再次购买。在掌握和了解了我们所有的跨境客户信息之后，就要利用这些信息与客户进行互动和交流。客户是用来关怀的，不是用来打扰的，只有和客户建立起情感上的信任，客户才会成为我们的忠实客户。

1. 维护 VIP(贵宾) 会员

VIP 会员是企业最大的财富，他们的人数虽然不多，但购买力强大，将这些客户群体维护好，使其成为企业忠实的客户是客户信息管理中的头等大事。为了和 VIP 会员之间建立起直接的联系，企业可以建立一个 VIP 会员的交流群，通过这个群来交流感情、传达促销信息，维护 VIP 会员群体。为了让企业的 VIP 会员有更加被尊敬的感觉，让他们更加重视这个 VIP(贵宾) 资格，除了跨境平台系统提供的折扣优惠之外，企业可以为他们发放专门的会员卡，并且每年都进行一次评估，使他们在符合 VIP 会员的情况下能够享受到除平台外的店铺优惠。

2. 生日与节假日关怀

客户信息维护的核心是关怀，对客户进行生日关怀、节假日关怀是拉近客户关系、提升年度与品牌影响力的重要手段。

企业可以在跨境客户生日的时候发送生日祝福的短信或者邮件；在节假日来临之际，给客户发送节假日短信；在跨境客户购买发货后发短信提醒客户，在客户收到货使用两周后询问客户的产品使用效果；在会员卡到期发送短信或邮件提醒等，这些都是非常有效的客户关怀方式。

如果我们使用的客户信息管理系统功能足够强大，在之前准确收集客户信息的基础上，我们可以开展更加深入的客户关怀。如某母婴网店通过了解客户小孩的年龄和购买奶粉的数量，能够较准确地计算出下次需要购买的时间，并且在奶粉即将吃完的时候，自动给客户发送提醒再次购买的信息，这样的关怀与营销效果会特别好。

当我们对跨境客户进行维护时，需要注意维护的内容和频率，不要急功近利，不能频繁发送邮件，以免对客户造成干扰。我们可以根据人的记忆周期规律，抓住时间点，结合与客户接触的事件进行维护。例如，当客户下单后，我们在第 1 天发出相关产品推荐，第 2 天告知货物状态及定向优惠券，第 4 天告知货物照片及店铺活动，第 7 天告知物流状态及优惠券使用提醒，第 15 天更新物流状态及节假日问候。

（六）跨境客户关怀与营销

企业搜集客户信息、分析客户信息的最终目的是帮助企业营销，确切地说就是帮助企业保留客户、开拓市场，从而提升销售额和市场份额，使企业在激烈的市场竞争中占一席之地。企业可以根据经过分析了的客户信息有针对性地主动与客户沟通，从而建立合作关系。跨境电商卖家通过邮件、短信、电话、电子邮件营销 (EDM) 等方式进行客户关怀和精准营销，包括生日与节假日关怀、使用售后关怀、购买提醒、精准的促销活动推送等，从而建立长久的客户关系。

1. 电话回访

电话回访是客户感受度最好的营销方式之一，准确率和转化率非常高，也是平均成本最高的一种方式。这种方式使用率比较少，适合与贵宾 (VIP) 客户之间沟通，会让客户感觉受到重视。但在跨境电商中，由于存在时差，买家接电话可能不太方便，而且由于双方语言的差异，口头沟通未必顺畅，故一般较少采用电话回访这一形式。

2. 短信营销

短信营销成本较低，且准确度较高，一般短信的送达概率及客户查看的概率在营销方法中是偏高的，但整体的转化率偏低，具体转化率需看活动力度。短信营销需要注意控制字数，所有信息尽量在一条短信内写完，如果分成两条发送，成本就会提升一倍。另外，发送频率不要过高，否则，会被视为骚扰短信。

3. 电子邮件营销 (EDM)

在这类营销中，企业可以通过使用电子邮件营销 (EDM) 软件向目标客户发送 EDM 邮件，建立同目标客户的沟通渠道，向其直接传达相关信息，用来促进销售。EDM 软件有多种用途，比如可以发送电子广告、产品信息、销售信息、市场调查、市场推广活动信息等。此种营销方式成本较低，客户可以直接点击页面，因此，客户查看的概率比较高、活动转化率也比较高。在跨境电商平台，可以通过客户信息管理工具的信息通道给不同等级、不同标签和条件的客户发送站内信息和优惠券。

采用此方法，我们首先需要进入后台设置需要进行营销活动的会员条件，系统显示符合条件的会员，我们再设置营销内容，通过消息通道系统发送到对应会员的邮箱。在设置营销内容时，可以直接选择商品，由系统自动生成内容，也可以自己编写，设置漂亮的营销活动页面发送给自己的会员。邮件营销是成本最低、监测效果较好、信息包含量最大、应用范围最广泛的营销方式。邮件营销需要进行详细的活动策划、页面设计，并建立专门的邮件服务器和监控反馈系统。

4. 社会化网络服务 (SNS) 营销

社会化网络服务 (SNS) 指旨在帮助人们建立社会化网络关系的互联网应用服务，包含 YouTube，Google+ 等社交平台。作为一种新兴的营销方式，SNS 营销可以满足企业不同的营销策略，有效降低企业的营销成本，实现目标用户的精准营销，维护客户多、互动性强，是现代很多企业用来传播企业文化、进行推广营销的重要工具。互联网上社会化网络服务 (SNS) 社区越来越多，最具影响的有 Fa-cebook 新浪微博。现在越来越多的企业都在

Facebook 上注册信息，建立官方微博，与客户和网民互动，一方面传播企业文化，另一方面进行客户信息管理与营销。通过对微博的关注，客户可以了解企业动态、文化背景、最新促销，并且发表意见。通过这些社交平台，跨境电商企业和客户之间的沟通可以更加透明、平等，并且更具有传播性和趣味性。

（七）更新客户信息库

客户是企业的利润之源，是企业发展的动力。客户服务的目的就是满足客户的各种需求、保证客户与企业之间的长期合作。客户的需求不是一成不变的，随着时间的推移和角色的转换，企业的客户群体也在发生着变化，企业必须"因地制宜、因时制宜"，不断做出相应调整。调整点不仅是客户最终想要的产品与服务，还包括"周边"的某些服务。

企业在经营的过程中，一定要主动获取客户的信息。许多以客户为中心的公司指派专业市场调研顾问研究顾客的需求，但实际上，企业自身的客户档案才是了解客户情况的第一手材料。

1. 将尽可能多的客户名输入到数据库中

企业可以聘用外部机构来完成数据的审查与输入，并与同行业的一个不具有竞争力的企业交换客户名单。

2. 大量收集客户的有关信息

企业可以采用"滴灌式对话法"，每次与客户接触时，询问 1 ~ 2 个问题。客户的信息会反映客户的真实需求，所以企业需要了解客户需要什么、客户为什么会选择自己的产品、合作中客户能获得什么好处、客户还希望获得哪些利益、客户更关注的是什么等多方面的客户信息。

对于一些重要客户，企业不仅要研究客户本身的市场情况、经营情况，还需要对客户所处的环境、市场竞争情况等有所了解，并在此基础上，提供给客户一些力所能及的服务和产品。

3. 及时更新客户信息

及时更新客户信息是指定期或不定期地"净化"客户信息文件，验证信息的正确性，修改错误或过时的信息，注重地址、联系办法等方面的变更，及时更新信息。

二、跨境客户分类管理

市场是企业的生存命脉,好的产品如果没有好的市场人员、好的客户服务人员等于自我欣赏,丝毫不能体现其商品价值。而在市场运作的过程中,市场开发是龙头,客户服务则是关键。跨境客服专员需要对其负责店铺的现有客户进行分类,以便为不同类别客户制订相应的服务与维护方案。

随着互联网信息技术的发展,网购成为人们生活的重要组成部分。购物方式的改变,使得客户在企业间的选择成本大幅降低、流动性增强。为了更好地发展,越来越多的跨境电商企业开始重视客户的不同需求。对于企业而言,资源是有限的,而客户是不同的。企业如果能有效利用客户信息对客户进行准确的识别,那将会助力企业更好地发展。客户价值是评价客户对于企业重要性的一个标准。企业可以根据客户最近消费时间、客户消费频率、客户消费金额和客户关系持续时间来综合评定客户价值。随着跨境电商企业的经营积累了一定的客户消费数据后,有效地评定客户价值将有利于跨境电商企业集中资源,大力发展高价值客户。

在跨境电商时代,企业的运营管理依托于互联网,企业与客户不直接面对面接触,但是企业可以轻松得到客户在电商平台的所有操作行为。客户交易数据是电商数据的重要组成部分,它主要记录了客户在该电商平台所购买的商品信息、购买商品的时间信息以及部分客户的个人信息,如快递地址、商品颜色及尺码等。交易数据是客户消费行为的一个重要记录,消费行为是客户价值的一个体现,是客户对该品牌忠诚度的一个体现,大量的数据暗示着客户的价值。客户的交易数据包含了客户的消费偏好行为以及客户的未来消费趋势。

客户价值由客户既成价值和潜在价值组成。前者指的是客户的消费行为为企业带来的直接利润,后者指的是客户可能为企业带来的收益。

客户的消费金额是企业关注的第一要点,直接反映客户对企业的收益的贡献度,是客户的既成价值。除此之外,在电商活动中,客户从挑选商品到最终购买商品,其主要程序包括:订单价格、订单商品品类、下单时间、是否晒单、评价好坏、是否评价等。

从上述行为数据中,企业可以通过统计汇总得到包括客户关系持续时间、一段时间内的客户消费频率、一段时间内的客户平均消费价格、客户的需求结构、晒单率、好评率等，这里的大部分数据都可以体现客户对企业的忠诚度，是衡量客户潜在价值的标准。在跨境电商实践中我们发现，客户在企业消费的商品品类越多，客户的既成价值和潜在价值会相应增加。此外，促销活动是电商运营的一个重要组成部分，客户对于活动的参与度也是衡量客户价值的一个标准。

对客户进行合理分类是现代企业客户关系管理的一个重要组合部分。通过上述衡量标准综合评定，将跨境电商客户大致可以分为四大类，并根据每类客户特点给予相应的客户管理策略。大数据时代，科学有效地利用数据资源能为企业运营管理提供有效支持。

（一）核心客户

核心客户的关系持续时间长久，一般都在两年以上，对于该品牌所有品类几乎都购买过，忠诚度较高，而且在该品牌的交易次数明显高于其他三类客户，在消费金额上也高于其余几类。除此之外，这类客户还在近期有过消费。这类客户的消费频率趋势是明显上升的，表明该类客户会继续在该品类消费，但是在消费金额上，趋势上比较平缓。核心客户是一个企业最重要的客户资源，他们往往数量不大，但是忠诚度比较高，可以为企业带来既稳定又较高的销售额。对于这类客户，企业应该着重提高这类客户的满意度，关注该类客户的特殊需求，继续保持这类客户的高频率消费，并且加强与这类客户的沟通，了解这类客户消费金额没有继续上升趋势的原因，保持这类客户的高频率、高金额的消费趋势。

（二）潜力客户

潜力客户的关系持续时间较短，但是在短期内有消费行为，所以这类客户是新客户，消费频次低于平均水平，但是呈增长趋势，消费金额高于平均水平，也呈现增长趋势，并且趋势比较明显。这类客户对促销活动的参与度比较高，目前，消费的商品品类数量较低。潜力客户是成长型的客户，在一个电商企业中，这类客户的占比较大，他们往往会因为网店推出新的款式，参与某些促销活动而成为该品牌的客户。这类客户目前的忠诚度较低，但是发展成为核心客户的主力军，对于这类客户，企业应该关注这类客户购买之后的评论等反馈意见，主动为这类客户推送促销活动信息，提供更好的服务水准，使之升级成为企业的核心客户。

（三）临时客户

该类客户与企业的交易持续时间低于平均水平，而且已经很长时间没有再消费，消费频率、消费金额都低于平均水平，对品牌活动参与度较低，消费商品类别数较少，对企业的贡献价值也不高。对于这类客户，企业可以减少关注度。

（四）长期客户

这类客户与企业的交易关系持续时间比较久，但是消费频率一般，在一段时间内有过消费行为，消费频次保持得比较稳定，消费金额低于平均水平，并且呈现下降趋势，且趋势比较明显，活动参与度一般。这类客户属于比较稳定的客户，对于这类客户，企业应该引起重视，重点关注，了解这类客户消费金额明显下降的原因，从产品推荐、客服服务质量等各方面提高这类客户的满意度，从而提高客户的消费金额和消费频次，将这类客户发展成为核心客户。

三、跨境客户的满意度管理

（一）跨境客户满意度的内涵

专业的产品开发队伍是跨境电商的起点，物流配送是跨境电商的关键环节，稳定可靠的货源是跨境电商成功的保证，优质的客户服务及售后处理是跨境电商成功的关键。这些资源有效配置构成了一个较为宽广的服务平台，保证客户在产品购买及使用过程中的满意度。简言之，提供更优质、更具有价值的产品以及更细致入微的客户服务是确保客户满意度的重要内容。

1.跨境客户满意度的概念

(1) 客户满意度的界定

客户满意度是由客户购买和使用后对产品的判断（或者说"实际产品"）与客户对其购买产品的预期（或"理想产品"）的吻合程度来决定的。用公式来表示为：

$$客户满意度 = 实际产品感受 - 理想产品预期$$

"理想产品"是客户心中预期的产品，客户认为自己支付了一定的数量的货币，应该购买到具有一定功能、特性和达到一定质量标准的产品；而"实际产品"是客户得到产品后，在实际使用过程中对其功能、特性及其质量的体验和判断。

如果"实际产品"劣于"理想产品",那么客户就会产生不满;如果"实际产品"与"理想产品"比较吻合,客户的期望得到验证,客户就会感到满意;如果"实际产品"优于"理想产品",那么,客户不仅感到满意,而且会产生惊喜。

(2) 客户需求与隐含期望

让客户满意的关键是要理解哪些东西对客户来说是重要的,并且要尽量满足客户的期望(如果不能超过的话)。这些需求不仅仅是相关的产品或服务,许多产品之外的因素都会影响到客户的满意度。

对于企业来说,深刻理解客户的期望和需求是很重要的。企业是通过满足和超过客户的期望、迎合客户的需求来创造客户满意度的。花些时间来考虑一下客户与企业进行交易时所交换的东西是有用处的。客户购买一件产品或者服务的时候会放弃某些东西。通常货币的支出是最明显的,但还有许多其他的东西。花在搜索、比较可替代品和进行购买上的时间和精力都必须被考虑到。认识到客户的需求存在于几个不同的水平上也很重要,而且为了取得客户满意度,就必须将注意力投入到满足各种不同水平的顾客需求上,从基本的产品和服务到员工与客户的互动,到造就客户良好的感受。

(3) 满足客户期望

企业可以提高客户获得的价值,或者通过减少客户的货币或者非货币形式的成本,抑或者通过某种方式增加客户所得到的价值。

如果客户的期望得到了满足,一般来说就会满意了。如果超过了这种期望,客户就可能表现出很高的满意度。很显然,在与服务提供者的互动中,客户会优先考虑某些方面的期望。一些期望只在没有得到满足的时候才会浮出表面,这些期望通常被理解为必然的或者是理所当然的可以获得的。为了让客户真正满意,甚至成为回头客,再或者会对企业进行正面口头宣传,企业所做的必须超过客户的期望。

2. 客户满意度的特征

(1) 主观性

客户满意度是客户的一种主观感知活动的结果,具有强烈的主观色彩。因此,对客户来说,满意与否以及满意的程度,最先会受到主观因素的影响。如经济地位、文化背景、需求和期望及评价动机,甚至是地方性的好恶、性格、情绪等非理性因素都会对客户满意度产生影响。

(2) 客观性

客户满意度是客观存在的，并且不以企业、客户的意志为转移。也就是说，客户一旦接受了企业提供的产品 (包括售前服务，如广告宣传之类)，就有了一个满意度的概念。不论组织是否对此加以关注、是否去进行调查，客户的评价总是客观存在的，不受人为因素的改变。

(3) 比较性

客户满意度是客户期望与客户感知相比较的产物，客户满意度的比较，可以是横向比较，也可以是纵向比较。但比较是有限的，因为在某些情况下，不同的客户对同一个影响其满意度的因素的期望与感知不尽相同。

(4) 模糊性

由于客户满意度是一种主观感知、自我体验和情感判断，这种主观感知或情感判断，带有许多"亦此亦彼"或"非此非彼"的现象，即模糊现象。同时，客户满意度也是有差距的，但究竟差多少，也是相当模糊的，是难以精确和量化的，很难界定"满意"和"较满意"的差距究竟有多大。

(5) 差异性

客户满意度往往因客户属性 (自然属性、社会属性、消费属性等)、企业属性、行业属性、部门属性以及产品和服务属性的不同而不同。

(6) 全面性

客户满意度是对企业及企业提供的产品和服务的评价，它是全面的而非只针对某一质量特性而言的。任何一个质量特性或服务环节出现问题，都会引起客户的不满意。

(7) 动态性

客户满意度形成后并非一成不变。相反，由于客户需求具有变化性，客户满意度会随时间的推移、技术的进步、整体环境素质的提高而发生变化。同时，企业的优势也会相应发生变化，随着社会经济和文化的发展，客户的需求和期望也会相应提高，客户满意度也会随之发生变化，甚至从满意转为不满意。

3. 跨境电子商务客户满意度概述

跨境电子商务是基于网络发展起来的，网络空间独特的价值标准和行为模式深刻地影响着跨境电子商务，跨境电子商务客户满意度的评价标准因互联网特有的虚拟性以及跨境特性也发生了新的变化。跨境电子商务的客户满意度不仅要考虑在传统实体交易行为中，已经存在的诸如商品、服务等影响客户满意度的因素，而且要把互联网自身的特质以及跨境贸易因素对客户满意度产生的作用加以考虑。

作为电子商务活动的重要形式，跨境电子商务方式与传统实体经济商业模式在某些方面有着明显的不同，具体表现为如下三个方面：第一，在传统的商业交易行为中，买卖双方是进行直接接触的，买方可以对卖方和商品有直观的感受，而在跨境电子商务的交易方式中，买方和卖方是通过一个平台来建立联系再进行交易的，如速卖通、敦煌网等。买家无法对商品进行全面的了解，只能通过文字描述和图片介绍来了解商品。第二，自然环境对跨境电子商务的影响较小，传统实体经济则对所在的商圈的环境依赖度较大。第三，在交易方式和物流配送方面，跨境电子商务不像传统实体经济一样采用银货两讫的方式，通常是先付款后交货，并通过物流交付。所以，影响跨境电子商务满意度的要素要更加多元化，有些是实体经济从来没有涉及的因素在起作用。

4. 跨境电子商务环境下客户需求的新特点

在跨境电子商务环境下，企业的决策信息大多来自互联网客户与企业的交易活动、客户对产品或服务的反馈，或者企业通过互联网对客户进行的网上调查，得出客户满意度的大体评价。企业可以针对这些问题进行改进，以便向客户提供符合客户需要、有质量保障、交货及时、价格适当的产品与服务，提高客户满意度。

在跨境电子商务环境下，客户需求具有以下新特点：

(1) 选购范围广

传统的购物模式局限了客户选购地点、时间和产品种类，在电子商务环境下，客户可以通过互联网在任何时间对在任何地点的产品进行挑选、比较，做出较理性的消费行为。

(2) 个性化、多样化

在互联网发展起来之前，人们的消息闭塞、想法单一，且人们对于产品的要求比较少，所购产品较统一。但随着社会的发展、技术的进步，人们的生活水平在逐步提高，获得消息的途径越来越多，想法也发生了巨大变化。客户的消费需求也从低成本转变到了个性化、多样化。在电子商务环境下，企业可以根据客户的个性需求来定制多样的产品。

(3) 及时性

电子商务的发展使客户需求及时得到了满足，客户可以与企业之间联系，省去了诸多中间环节。客户可以通过意见反馈，或与企业交流把自己的需求提出，以便及时得到满足。

（二）跨境客户满意度的影响因素

跨境电商企业为了让买家获得较好的购物体验，应十分重视对各方面的细节处理。客户因对产品不满意而提出退货要求。经与客户多次沟通协商，最终跨境电商企业同意了客户的要求。

跨境电子商务是一项复杂的商业模式，它有别于传统的消费模式，除了商品本身的特性，一些互联网特有的、非商品本质的要素也影响着客户的满意度。跨境客服怎样查看客户评价？如果收到差评，可以怎样处理？如果收到中评或好评又该如何处理？通过这些评价，如何提高跨境客户满意度？

客户满意度是客户对产品或服务的期望值同实际感知质量相比较后所产生的某种情绪是基于物质感知的心理状态。客户的满意度决定了网络购物的重复购买率。

跨境电子商务是一项复杂的商业模式，它面对的是不同类型的客户个体及其不断变化的需求。一个不经意的疏忽，可能就会失去一个潜在的客户，如果这个客户将他的不满向其他人宣泄，这种不满的情绪会逐渐蔓延开来，一种不信任感就会产生。有别于传统的消费模式，除了商品本身的特性，跨境电子商务具有的一些互联网特有的、非商品本质的要素也影响着消费者。

1. 网站（平台）特性

网站设计的友好性、分类检索的便利性、网站服务器的稳定性和网站信息质量是平台网站（如速卖通、敦煌网等）影响客户满意度的因素。

(1) 操作过程的便利性

操作过程包括网页登录、购物导航、网站商品的分类、购物车功能等诸多方面。操作过程是否便利会对客户满意度产生影响。网上商家众多且提供的商品各异，客户要从海量的网站信息中用最短的时间找到自己需要的商品，就要求网站的登录、导航服务和商品分类便于客户寻找。购物车功能是网上商店里一种快捷购物工具，可以使客户暂时把挑选的商品放入购物车，可以删除或更改购买数量，或者对所挑选的相同商品进行比较和筛选，并对多个商品进行一次性结款。网站信息的质量也是极其重要的，网站要杜绝虚假不实的信息，保证买卖双方的利益不受侵害。如果操作不够便利，将会影响到客户在购买过程中的体验，进而影响客户满意度。

(2) 网页的设计

网页的设计包括网站的风格、色彩、文本、图片、主题等元素的运用。友好且具有创意性的网页设计能够使客户对商家产生深刻印象和积极的评价，这些都将会影响客户对商家的态度，因而会影响到客户的满意度。

客户与跨境电商卖家通过网站平台进行交易，客户对平台网站的满意度也直接影响其对跨境电子商务的整体满意度。网站设计的友好性，是指网站页面设计的整体风格便于客户浏览操作；分类检索的便利性，是指平台网站对所有的注册商品的分类情况，详细的分类目录可以帮助客户更加便利地找到自己需要的商品。跨境电子商务客户的数量是极为庞大的，作为平台网站有责任提供并维护优质的网站服务器。因此，网站服务器的稳定性对避免大量 IP 浏览造成服务器过载，影响客户的浏览和交易活动是极为重要的。在电子商务活动中，网站信息为客户提供信息服务也是非常重要的。客户会主动搜寻自己需要的商品信息，同卖家互动交流、获取商品信息，或者从网站获得有关商品的信息，以此作为依据做出购买决策。同时，购物网站作为买卖双方交易的平台，有义务对网站出现的买卖双方以及商品的信息质量进行监管，杜绝虚假不实的信息，确保买卖双方的利益。

2. 网店情况

(1) 网络信息

网络信息是网络购物过程中重要的组成因素，客户通过购物网站或商家获得的有用、准确的信息能够帮助他们做出决策，并使整个购物的过程更加便利，客户通过衡量获得信息的质量，对购物网站或者商家的满意度做出判断。

网络购物与传统购物不同之处就在于客户在选购商品时，不能通过看或触摸真实的商品来感知商品的质量等特性，只能通过商家提供的信息对商品大概了解。在选购商品过程中，客户希望能够获得更多的关于商品的可靠信息，并在此基础上做出购买与否的选择。网上购物最大的缺陷就是不能实际接触到商品，因此，不能保证商品的质量，只能靠商品的信息描述来判断和衡量。信息描述和实际商品的一致性会被客户看得格外重要，只有描述一致，才能满足客户的心理预期。商家不能为了吸引客户眼球而任意夸大自己商品的优势，只有描述与商品一致，才能保证客户的满意，使其再次光顾。因此，商家所提供的产品信息的质量、完整性、可靠性就影响着客户是否会选购该商品的意愿，从而影响客户的满意度水平。

(2) 交易商品

商品是客户在整个购物行为中最关注的方面，购买商品是购物行为的最终目的。如果跨境电子商务仅仅为客户提供一种有别于传统商务模式的全新的购物体验，但是商品本身却没有达到客户的要求，这样的新的商业模式也是失败的。

客户在进行网上购物的时候，其最终目的依旧是购买到能使自己满意的商品。而目前使网上购物客户不满意的因素中，商品品质问题是造成网民网购不满意的主要原因。其中，包括商品与图片不符，即卖家提供的产品质量不过关，商品是仿冒的或者是伪劣残损物品等。因此，客户对商品的传统要求，如质量、价格、品种等，在跨境电子商务过程中仍然起着重要作用，同时会影响客户的满意度。在电子商务中，由于产品质量的未知性，产品价格的差异性就成了消费者网上购物进行选择的主要原因，产品价格影响客户心目中的性价比，性价比高的，客户才愿意承担一些风险去购买产品。如果第一次购买产品后经过质量与价格的比较，获得的满意度高，消费者才会愿意下次继续购买。商品因素中的质量和价格是影响客户满意度的主要因素。

3. 客户服务

(1) 售前售后服务

售前对于客户互动需要的响应、售后商品的退换等都是网络购物前后影响客户满意度的因素。网络购物过程中，客户通常会根据商家的信誉度来选择商家。由于信息的不对称，客户希望在购买之前能够更多地了解商品的情况，商家应该能及时对客户的询问做出响应。如果商家向客户提供定制化的服务，满足客户的特定需求，将会促进客户产生重复购买行为。在虚拟环境中的交易，退换商品的过程比较复杂，这也是影响客户满意度的重要因素之一。

(2) 商家信誉

商家信誉是商家在网络购物环境中生存的重要保障。商家信誉好则表示商家的行为得到客户的公认好评，如恪守诺言、实事求是、产品货真价实、按时付款等；而商家信誉差则表示商家的行为在公众中印象较差，如欺骗、假冒伪劣、偷工减料、以次充好、故意拖欠货款等。良好的信誉是商家的一张王牌，可以使商家在市场竞争中取得事半功倍的效果，在消费者进行网络购物决策之前，往往会先考察该网店的信誉度。如果一家网店的信誉比较好，客户往往更愿意进行选择，就如同品牌的功效一样，当客户通过它买到中意的商品，将大大提高客户满意度，并且有可能会促成下一次的购买。因此，商家信誉会对网络购物的客户满意度有影响。

(3) 个性化服务

个性化服务是一种有针对性的、一对一的服务方式，依据客户的设计来实现，通过各种渠道收集资源，并对其进行整理和分类，然后向客户提供和推荐有关信息，以满足客户的需求。具体到电子商务环境中，个性化服务是指网站为单个客户提供与其需要相匹配的产品、服务和交易的环境。网络购物最大的好处就是可以满足客户各种各样的需求，也可以让客户买到很多在外面实体店里买不到的商品。相对于其他的电子商务模式，跨境电子商务更能满足客户的个性化需求，所以客户选择网上购物很大一部分是考虑到自身个性化的需求，网店对于客户的个性化服务将显得异常重要。众所周知，每个人的兴趣、爱好和需求是不同的，我们可以针对客户不同的需求，为其"量身定做"产品，满足其需要。同时，个性化服务也使商家吸引并留住了客户，提高了客户的满意度与忠诚度。因此，网络购物推荐、产品定制、在线设计等个性化服务会提高客户满意度水平。网站的个性化服务影响客户满意度水平。

4. 支付方式

由于进行网络购物通常是先利用网上银行或者第三方支付方式，先付款后收到产品，出于财务安全的考虑，许多消费者对在网上跨境支付还是存有疑虑，因此，商家应该选择安全性高的交易方式，并对客户的信息资料加以保护。同时，交易方式种类的多样性，决定了客户能否方便地购买产品。因此，客户对跨境电子商务的支付方式的选择也是影响客户满意的非常重要的方面。

5. 物流配送

物流配送是为电子商务的客户提供服务，根据电子商务的特点，对整个物流配送体系实行统一的信息管理和调度，按照用户订货要求，在物流基地进行理货工作，并将配好的货物送交收货人的一种物流方式。电子商务下的每一笔交易都包括信息流、商流、资金流和物流。其中，信息流、商流和资金流可以通过网络完成，只有物流必须进行实物传递。物流是电子商务必不可少的重要环节，假如没有配套的行之有效的物流配送，电子商务则不能实现有效的运作，也就不能够为客户提供满意的服务。如果产品配送不及时或者传递过程中商品出现损坏，客户就会感到失望；如果产品能够被及时快速且完整无磨损地送到，则客户就会感到满意。因此，物流配送是影响跨境电子商务客户满意度很重要的因素。

（三）跨境客户满意度的提升

顺畅的沟通、贴心的服务能够避免很多的纠纷和差评，有效地提升服务和客户满意度，进而转化为订单。

提升买家满意度可以给卖家带来额外的交易，能够影响到产品的排序曝光，会影响其他买家的购买行为，并对卖家的星级和享受到资源也会产生影响，因此，买家满意度对卖家非常重要。客户服务是影响到买家满意度的重要方面，大中型网店由于订单繁多、咨询量大、售后内容多，对客服的分工要求更加严格，通常有一个专门的流程化的客服系统和模式。一般来说，客户服务可以分为售前服务、售中服务、售后服务三种类型。

1. 售前服务

网店客服的售前服务主要是一种引导性的服务，当买家对产品抱有疑虑时，即需要客服人员提供售前服务，从买家进店到付款的整个过程都属于售前服务的范畴，包括客户咨询、客服应答、了解和解决问题、达成订单、确定订单并引导买家付款、引导买家收藏店铺、感谢买家光顾等内容。在售前沟通的过程中，作为网店的客服人员，主要需要掌握的客服知识通常为商品的详细信息、产品推荐、与不同类型的买家沟通等。

(1) 介绍商品

一名专业的网店客服，必须具有基本的专业性，即必须掌握商品的专业性知识和周边知识，了解同类商品信息和网店促销方案。

商品的专业性知识：商品的专业性知识主要包括产品质量、产品性能、产品寿命、产品安全性、产品尺寸规格、产品使用注意事项等内容。

商品周边知识：商品周边知识主要是指与产品相关的其他信息，如与同类产品进行分辨的方式、产品的附加值和附加信息等，这类信息有利于提高商品的价值，使买家更加认可商品。

同类商品信息：同类商品是指市场上性质相同、外观相似的商品，由于市场同质化现象十分严重，买家会面临很多相同的选择，但是质量是客户选择的最稳定的因素，因此，客服人员需要了解自己的劣势，突出自己的优势，以质量比较、货源比较、价格比较等方式稳固买家。

促销方案：网上商店通常会推出很多促销方案，客服人员需要熟悉自己店内的各种促销方案，了解每种促销方案所针对的客户群体，再根据买家的类型有针对性地进行推荐。

(2) 商品推荐

当客服了解了产品信息后，就可游刃有余地对产品进行推荐，对于网上商店而言，商品推荐包括商品本身的推荐和商品搭配推荐两个主要方面。

商品本身的推荐：产品的推荐需要因人而异，客户的需求、使用对象、性格特点等不同，推荐的方式和类型就不一样。比如买家购买自用商品，则实用性、美观性、适用性等就是首要推荐点，如果买家购买商品是为了赠送他人，则产品的包装、产品的品牌、实用性、美观性等都需要同时考虑。

商品搭配推荐：商品的搭配主要包括色彩搭配、风格搭配、效果搭配等，在推荐搭配时，可以通过店内模特、流行元素等进行举例。

(3) 与不同买家沟通

一般来说，常见的买家主要有以下几种类型：

便利型：这类买家的网上购物行为多以省时、快捷和方便为主要原因，特别是没有充足时间逛街购物的人群更愿意选择通过网上购物平台满足自己的需求，同时，他们也是网络消费的一大群体。这部分消费者一般对网上购物的流程比较熟悉，且购物行为比较果断、快速，目的性较强。与这类买家交谈时，卖家只需提供优质的商品和良好的服务态度，注意倾听他们的需求并尽可能提供帮助，即可得到认可。

求廉型：这类买家大都喜欢价格便宜的商品，同时对质量的要求也不低，他们在购物时比较喜欢讨价还价。在应对他们时，首先应该以亲切热情的用语表达自己的态度，在语言上委婉地提示透露出买家已经购买到了足够低廉的价格，若买家一定要求店家降低价格，可在不造成自己损失的前提下，适当迎合客户的心理，如略微降低价格或赠送其他赠品等，以促进交易的成功。

随和型：这类买家一般性格较为开朗，容易相处，与他们交谈时要保留足够的亲和和诚意，他们一般很好交流，只要站在他们的角度尽可能地满足他们的需求，即可促成交易的达成。

犹豫不决型：这类买家一般会在店铺浏览很长时间，花较长的时间选购商品，并且在客服人员的详细解说下，仍然犹豫不决，迟迟不会下单。与这类买家交谈时，耐心非常重要，就算买家一再询问重复的，或者已经解释多遍的问题，也要耐心详细地进行说明，做到有理、有据，用事实说服买家进行购买。

心直口快型：这类买家下单比较果断，看好了想要购买的商品后就会立刻下单，对于不喜欢的则直接拒绝。在与这类买家交谈时，尽量快速而准确地回复买家的问题，表现出自己的专业，尽量用语亲切，以买家的立场来进行说服，这样可增加交易的成功率。

沉稳型：这类买家较为精明，做决定时一般会仔细考量，缜密应对。他们的个性沉稳且不急躁，要说服这类买家，需要迎合他们的思路来进行沟通，让他们自己说服自己，产生购买行为。

慢性子型：这类买家一般会花上较多的时间来查看商品，可能会同时查看很多商品，并重复进行查看和比较，与他们沟通时，一定要有耐心，并详细回答他们提出的问题。

挑剔型：这类买家很多都会对网上购物持不信任和怀疑的态度，认为商品描述的情况都言过其实，并会针对商品提出各种各样的刁难问题。与这类买家沟通时，首先要仔细说明商品的详细情况，消除他们的不信任，并积极解决他们提出的各种问题，适当给予一些优惠和赠品等，促进其购买。

2. 售中服务

售中服务是指商品交易过程中为买家提供的服务，主要集中在客户付款到订单签收这个阶段，包括订单处理、装配打包、物流配送、订单跟踪等内容。

订单处理：订单处理主要是指对订单进行修改，如修改价格、修改买家的地址和联系方式等。

装配打包：商品在寄出之前需要对其进行打包，如果买家提出了特殊的包装要求，也要根据情况予以满足。

物流配送：物流配送是指联系物流公司进行揽件并开始配送，注意物流信息要填写正确和完整。

订单跟踪：订单跟踪是指随时跟踪订单的情况，并告知买家。

3. 售后服务

售后服务是指买家在签收商品之后，客户针对商品的使用、维护等进行的服务，售后服务的质量是店铺服务质量中很重要的一个方面，好的售后服务可以吸引更多新客户、留住更多老客户。网店售后服务所包含的内容非常多，商品使用解答、商品维护解答、退换货处理等都属于售后服务的范畴，其中，退换货处理是问题比较集中的两个方面。

(1) 售后客服注意事项

售后服务是交易过程中的重点环节之一，好的售后服务会给客户带来非常好的购物体验，因此，客服在处理售后问题时要特别注意。

态度端正：热情、耐心、有礼貌、尊重顾客是客服人员应该具有的最基本的素质，这一点在售后服务中也体现得非常明显，客服人员要耐心温和地处理各种售后问题，满足客户的合理要求。

回应买家的投诉和抱怨：买家收到商品后，如果对商品的质量、性能或服务不满意会有各种各样的投诉与反馈，此时，客服人员要积极面对买家的投诉或反馈，不能回避问题或消极处理。

避免与买家发生争执：少部分买家如果对商品不满意，态度会十分恶劣，客服在遇到这类买家时，一定要避免与其发生争执，防止事态恶化，应该尽快提出实际可行的解决方法安抚买家，解决问题。

留住回头客：当买家在使用了商品并有比较积极的反应时，客服要抓住机会，将其发展为老客户。

引导买家的好评和收藏：好评和店铺收藏对于网店的发展非常重要，一个优秀的客服人员应该善于引导买家发表好评和收藏店铺。

(2) 退换货处理

退换货处理在网店中十分常见，当客户对物品不满意或者尺码不合适时，会申请退换货服务，客服应该根据实际情况快速做出相应处理。一般来说，在买家申请退换货时主要有退货、折价、换货三种处理方式。

退货：当买家对收到的商品不满意时，即可申请退货。在买家申请退货时，卖家应该先了解退货原因以及是否符合退货要求，确认之后再将卖家的退货地址告知买家，收到货物后尽快给买家退款。目前，买家在淘宝申请退货时，淘宝网会根据买家的信用等级退还货款。

折价：当买家对商品不满意或商品存在细微瑕疵时，会向卖家进行反映，此时，客服可以要求买家以拍照的方式反馈商品问题，再根据商品的具体情况判断是否折价、折价多少等，选择折价后再退还相应款项即可。

换货：当买家觉得尺码、颜色等不合适时，即会申请换货。卖家首先需要判断商品是否符合换货要求，如果符合换货要求，则告知换货地址并请买家告知物流凭证，收到货物后再换货。

(3) 解决差评问题

①由于买家在下单前的细节要求没有得到满足而产生的差评

有很多买家在下单之初，就会在订单下面留言说："这是为了我的婚礼准备的，请不要让我失望。"遇到这样的订单，首先应该交代出货的人员，要特别注意该订单的质量和包装。其次，如果这个客户买了一个非常便宜的产品，但是从询问的态度上又可以看出他很期待，这种情况下为了避免差评，应该要考虑亏一点成本去满足这个客户的欲望。

如果满足了客户的各种细节要求，在发货之前稍微揣摩一下客户的心理，一些不必要的差评是完全可以避免的。

②由于质量问题产生的差评

单纯由于质量问题产生的差评是比较好解决的。首先，收到差评之后要及时和买家联系，询问一下对产品不满意的具体原因。在此基础上，让买家提供相应的照片。此外，卖家要回到自己的出货记录中查找相同时间内其他产品的反馈,分析一下库存中的货物质量。如果确实存在买家反映的问题,及时积极解决。通过退款或换货的方式,让买家满意并且修改评价。

(4) 化解纠纷

当买家提起纠纷后,卖家应当及时积极地做出响应。否则,多数跨境电商平台会对纠纷订单按照买家提出的退款金额执行退款并结束订单。

若买家因为各种原因提起纠纷,除了纠纷之外,还会带来更大的不良影响,比如买家可能对供应商、产品、电商平台产生疑惑,甚至质疑,而最终的结果是订单的回款周期变长,潜在的买家客源会流失或者失去二次交易的机会。

在交易的过程中要尽量避免产生纠纷,如果真的产生了纠纷,要顺利地解决,让买家感到满意,这些都会为我们留住客户,并且能产生口碑效应,赢得更多的客户。

4. 跨境电商平台售后服务未来趋势

(1) 多样化开通售后服务渠道,完善用户体验

目前,电商平台或商家处理用户投诉方式大都集中于网站及电话渠道,解决方式单一,且电话投诉处理存在接听人员随机,易出现用户多次描述投诉内容,解决问题效率低,未来可以将在线聊天工具与电话相结合,作为解决用户售后服务渠道,以减少用户被动式等待,高效率处理用户投诉事件。

(2) 电商平台加强商家审核,提高售后服务监督能力

随着大量中小型商家入驻各大跨境电商平台,各大垂直细分领域商品供应日益完善。跨境电商平台应保证对入驻商家资质进行仔细核查,并建立商家售后服务水平等级评价体系,落实对商家售后服务监督,强化商家解决售后问题意识。

(3) 强化售后服务人员素质,提升企业形象

售后服务人员对外服务水平的高低,会在一定程度上影响商家形象,如何保证售前、售中、售后服务的专业性,提高问题解决能力和水准,保障消费者合法权益,将会提升企业盈利能力,以更高售后客服体系服务消费者。

第二节 跨境客户服务与沟通

一、跨境客户沟通概述

不论跨境电商如何发展变化，沟通始终贯穿整个业务。根据美国营销协会的研究，客户不满意的原因有三分之二是出现了商家与客户沟通不良这个问题。可见，客户沟通是使客户满意的一个重要环节，只有加强与客户的联系和沟通，才能了解客户的需求和期望。特别是在出现纠纷时，有效的沟通有助于获得客户的谅解，减少或消除他们的不满。

跨境电子商务每天的具体业务操作自始至终都离不开沟通，了解跨境客户沟通有别于国内的电商沟通以及传统国际贸易沟通的特点，充分利用其优势，能使许多问题迎刃而解；反之则寸步难行。

（一）沟通的含义

沟通是通过人与人之间、人与群体之间思想与感情的传递和反馈，以求思想达成一致和感情通畅的活动过程。

客户沟通就是企业通过与客户建立互相联系的桥梁或纽带，拉近与客户的距离，加深与客户的感情，从而赢得客户满意与客户忠诚所采取的行动。

（二）跨境客户服务与沟通的特点

跨境电子商务是指分属不同环境的交易主体，通过电子商务的手段将传统进出口贸易中的展示、洽谈和成交环节电子化，并通过跨境物流送达商品、完成交易的一种国际商业活动。跨境客户沟通就是将沟通放在了跨境电商这个特定的业务领域，这就决定了进行跨境客户沟通时，所要注意的问题和技巧与国内电商领域或者传统国际贸易领域的客户沟通是有所区别的。这需要我们了解跨境客户沟通的特点。

1.沟通主体分属不同环境，处于不同的文化背景之下

跨境客户沟通是发生在不同环境的主体之中的，伴随环境不同的还有沟通主体在语言、文化、思维方式、行为特征等方面的差异。这些差异必然会造成沟通时的障碍，作为从事跨境电商业务的客服人员需要掌握这些差异性，了解不同的国家、民族和地区跨境客户的风俗和习惯、购买需求、消费

心理、购买行为才能更好地进行客户关系管理，最终促进销售业绩的增长。

2.电子通信手段为跨境客服沟通的主要方式

跨境客户沟通的整个流程主要采取电子通信手段，因此，在沟通时必须充分考虑电子通信手段的特点。选择合适的沟通工具也是让跨境客户沟通效率得以提高的关键。

在跨境电子商务中，由于存在时差，在跨境电子商务中的买方客户一般不会与卖家客服产生过多的沟通与交流，因此，每个平台上的沟通工具如站内信、订单留言和邮箱等成为买卖双方常用的沟通方式。很多平台也鼓励买卖双方通过订单留言和站内信的方式进行沟通，这样的沟通方式有以下两点优势：

第一，买方和卖方关于订单的沟通都在订单留言和站内信完成，可以避免双方由于沟通方式过多而造成的重要信息缺失。

第二，当发生纠纷时，订单留言和站内信沟通记录可以保证订单沟通信息的完整性，而其截图则是作为纠纷判责的重要证据。另外，卖家客服经常会通过邮件与买家联系，发送营销邮件、节日祝福、通知邮件以及推广信等，这也正好迎合了外国客户使用邮件的习惯。但是，涉及订单纠纷问题，建议买卖双方还是在订单留言与站内信中沟通，因为在很多平台中邮件沟通记录是不被认可的。

3.跨境沟通贯穿跨境电子商务的各个环节

与大家的认识不同的是，跨境沟通并非只发生在售中业务洽谈这一环节。在跨境业务的售前产品展示、售中业务洽谈和售后服务等环节，跨境沟通贯穿始终。

在售前产品展示环节，不论店铺视觉描述或商品描述都属交流与沟通范畴。店铺视觉描述的内容主要包括：店铺标识、店铺公告栏、商品分类栏、参数介绍栏、客服栏、联系方式名片、关键词设置、信用评价区、店铺内促销区等。商品描述一般由图片（或视频）和文字两部分构成：图片（或视频）给客户以感性认识，好的图片带来好的视觉冲击感，会大大提高客户的点击率；文字则是对商品及服务的详细描述，是提高客户购买转化率的关键。

在售中业务洽谈环节，在订单生成前，客户对商品的咨询、支付方式、物流以及其他的咨询都应及时、耐心、细致、全面地回复。任何一个和客户的接触点都是沟通的重点，客户拍下未付款，可以适当跟踪，弄清楚原因，若对方因为不熟悉跨境电子商务的交易流程，可以协助其完成流程，提供服务，促成订单；当订单生成后，无论备货细节的确认，报价和清关的咨询（图片、发票、货运方式）等，都是沟通的重点内容，每一个细节处理得当都是跨境电子商务业务成功的关键。

在售后服务环节，应做好后期的交流与沟通和跟踪服务，并将客户反馈以及客户评价进行及时回复，必要时进行适当的关系维系和沟通联络。业务成交后不应仅视为上一笔业务的结束，也应视为新一单业务的开始，因为业务的良好执行以及良好的购物体验，同一客户可能会重复下单，成为忠实的回头客，或者经由其良好评价和推荐（这又形成一个新的客户触点），别的客户也会购买。这样，售前的产品展示、售中的业务洽谈、售后服务就形成了一个良性的业务闭环，螺旋向上发展。

二、跨境客户沟通技巧

（一）做好沟通前的准备

作为跨境电商的客服人员，首先要明确的是你所服务的对象来自不同的国家，拥有不同的文化背景、风俗习惯和购物需求。因此，了解服务对象的总体情况，不仅是客服应该具备的素质，是决定沟通能够成功的前提条件。

第一，了解目标市场的风俗习惯，如节假日、国庆日等，便于沟通时拉近与被服务客户的心理距离。

第二，掌握不同国家的语言习惯，根据不同人群给予有针对性的回复。

第三，熟悉产品的特性以及物流运输等环节的查询方法。

（二）注重语言沟通的技巧，传递重点信息

客服人员在工作态度上要务实求真、注重细节，同时保持心态平和。同时使用客户的语言，除能让客户在感受到尊重的同时，也有利于双方交流的顺畅，从而提高信任度，降低差评的发生概率。

通过邮件回复客户信息时，切忌长篇大论，语言应该尽可能做到精练，突出重点。长篇大论的写作方式容易让客户产生厌烦情绪，且关键问题常常因被淹没在大段的文字中而被忽略掉。所以可以采取加大分段的方式，把重点内容单独设立为一段，并在段前段后都加入空行。这样做可以使得客户没有办法忽略你的重点信息，增加客户阅读的趣味感，减少厌烦情绪，缓解阅读疲劳。在排版时可以采用"提供证据—证据来源网址—信息解读—解决方案—结束语"的逻辑顺序来进行分段说明。这样的方式可以给客户节省时间，带来愉悦的体验，使其对重点内容印象清晰，有利于取得客户的信任。

（三）沟通一定要注重时效性

国内电商平台由于其整个购买过程都是基于网络进行的，一旦出现纠纷或疑问，客户往往希望在第一时间得到回复，对卖家回复的时效性要求较高。虽然跨境电商中，客户对于由于时差造成的不能及时回复容忍性较高，但是作为跨境卖家，尽可能早地回答客户的问题，对于提升客户满意度和培养忠实客户发挥着重要的作用。一般来讲最好在 24 小时内回复客户，若是超过 24 小时，建议在回信中首句应致歉 "Sorry for the late reply" 如果对于客户的提问暂时不能回复，如暂时无法得到确切的物流信息，可以告知对方"I will inform you of the shipping informa-tion as soon as the goods is sent out." 这样，会让客户感觉你是在为他着想，有得到尊重、受到重视的感觉，并且让他对这个订单的整个完成过程心里有数，而不至于产生焦虑感。

（四）淡化事件的严重性

在跨境电商交易中，客户作为购买方，对于很多专业问题并不是非常了解的。比如不熟悉复杂的国际物流、很难清晰地理解某些中国卖家所写出的产品说明。因此，当出现这类问题时，客户普遍会感到问题很棘手，并容易出现焦躁感。针对这种情况，卖家首先需要做到的就是注重沟通的每一个环节，特别是在与买家第一次的接触中，客服就要尽量淡化事件的严重性，第一时间向客户保证能够帮助客户顺利解决问题，给客户吃一颗"定心丸"。客户在得到卖家帮助解决问题的承诺后，往往就会觉得事情没那么严重，可以很好地解决，这就很容易解除对卖家的抵触心理并缓解不安情绪，这样有利于客户接受后续卖家对问题原因的解释以及提出的解决方法。例如客服可以在邮件的开头明确地写出：

Dear Jane,

Thank you so much for your order!

I am really sorry to hear that and surely I will help you solve this problem.

这样的安抚客户之后，会让客户更有耐心，能够继续看完邮件下面提出的解释与解决方案。

（五）适当采用迂回技巧与客户进行沟通

在回复客户疑问时，找到适当的理由是非常重要的。客服最好找到一个解释得通且符合当地国情的理由，这个理由最好是不可抗力造成的。如海关查验、封港绕行等。以货物损坏为例，面对这样的情况客服可以这样回复："Although we checked everything before sending, it is still possible damaged by crash or jolt on the way, you know some times the postmen throw parcels from truck."（虽然我们在发货前仔细检查了每一样产品，但是产品仍有可能在邮寄中因被撞击或颠簸而损坏，你知道的，有时候快递人员会把包裹从卡车上抛下来。）从客户心理学角度来说，一个可以接受的理由比简单地说卖方错误更能平复客户情绪，有利于引导客户走向下一流程，即接受卖方的调解方案，快速解决纠纷。

在说出客观的理由之后，客服人员要以诚恳的态度承担起解决问题的角色。即便这个理由与卖方无关，但是卖方客服人员依然需要承担起解决问题的责任，为客户提供最便利的解决方案，向客户表明"即使错误不在我，我也愿意为您服务"，这样才能平息客户怒气，不会写出差评或打出一星评价。处理得好的纠纷能够得到更多理解和好评，例如，对待货物漏发或者丢货事件，可以这样回复"However, I still like to help you solve this problem. If you accept, we will resend you a new one for free."（不论如何，我仍然愿意为您解决问题。如果您接受，我将免费为您重发一件相同的新品。）

（六）为客户提供数据型或图片型证据，并将解释通俗化

现代人买卖商品时很注重操作的简易性。因此，客户向客服人员咨询时，也希望能够在几个问答中解决问题。所以，无证据的敷衍回答，不如向客户提供数据化、图片化、视频化的证明更具有说服力。例如，产品的细节图、详尽的使用说明，或者为了说明安装步骤的微视频。对待物流信息的追踪方面一定要提供可追踪的包裹单号，可以追踪的网站，以增强客户的信心。同时，需要注意的是无论是安装细节、物流跟踪还是质量问题，凡是要提供证据以增强信心或提供辅助帮助的，客服人员在提供证据后对细节进行解释时，一定要选取平实无华、通俗易懂的语言来做进一步的解释说明。这样可以使买方更清晰地理解卖方的说明，增强客户信心。

三、跨境售前客户服务

（一）跨境售前客户服务准备工作

售前客户服务的工作内容主要是从事引导性的服务，即从客户进店咨询到下订单付款的整个工作环节都属于售前客户服务人员的工作范畴。售前客户服务人员需要充分做好售前准备的工作，灵活掌握沟通的技巧，了解跨境电子商务平台的规则与注意事项，熟悉产品信息，了解相关产品推广活动，熟悉沟通工具的使用，并掌握基本的交流、沟通方法，这些都属于售前客户服务人员最基本的工作能力。

1. 把握公司及产品情况

在跨境电子商务中，客户往往不专业或缺乏对相关产品的了解，这就需要跨境客服人员从专业的角度来帮助客服解决问题。售前客服人员在向客户推荐产品时，在关于设计产品的专业术语、行业概念、物流问题及税费问题时，客服人员需要用通俗易懂、简明扼要的方式向客户解释和说明。在针对客户问题提出解决方案时，客户服务人员需要基于问题产生的真实原因，提出负责而有效的解决方案，搪塞和拖延时间的解决方法是售前客服的最大忌讳。从长远来看，耐心细致地回答客户问题会增加客户对卖家的信任感，进而形成客户黏性，而且还有助于将初次询问和偶然询问的客户转化为自己的长期客户。

2. 掌握客户心理，运用适合的礼仪

(1) 掌握客户静默式下单的心理

跨境电子商务的客户在很多时候会采用静默式下单，所以如果客户在售前联系客服都是带着问题而来的。由于买卖双方在时间和文化背景上存在差异，再加之语言存在障碍，不专业的客户时常很难清晰地理解某些中国卖家写出的英文产品说明，如果售前客服让顾客久等或者沟通不畅时就会引发顾客的不满。因此，售前客户服务人员一定要关照外国客户的心理需求，清楚、明确地进行产品介绍，提供专业化的咨询服务，使用客户熟悉的语言和沟通方式，这样才能有效地引导客户购买产品，提高咨询转化率。

(2) 适当利用交往礼仪提升客户满意度

从商务礼仪的角度讲，售前客户服务人员要确保在谈判开始时，就做谈判的主导，设法引发客户的情绪，为后面的双面沟通与问题解决打好基础。

在跨境电商中，客户遇到棘手问题时表现出急躁是很常见的事情，客服需要掌握应对技巧，并适当运用商务礼仪淡化客户因时间和空间而产生的疏离感，在字里行间的细节处向客服呈现出负责、尊重的态度，这对于解决问题至关重要。

(3) 利用 SKU 库更好地服务客户

SKU 为 Stock Keeping Unit 的缩写，即库存进出计量的单位，可以是件、盒、托盘等。在电商运营中 SKU 包含了两方面的信息：

第一，从货品角度看，SKU 是指单独一种商品，其货品属性已经被确定。只要货品属性有所不同，那么就是不同的 SKU。属性包括很多，一般的理解货品属性包括品牌、型号、配置、等级、花色、成分、用途等。也就是说，同样的货品只要在人们对其进行保存、管理、销售、服务上有不同的方式，那么就需要被定义为不同的 SKU。

第二，从业务管理的角度看，SKU 还含有货品包装单位的信息，也包含商品包装的信息。计量单位、包装单位不一样，其适合的管理就不一样，我们也可以将其分成不同的 SKU。打个比方，袜子我们都是以"双"为单位的，也就是一双袜子是一个 SKU，袜子参数都一样，只是在打包过程中，一包里面有 12 双袜子，那么 12 双袜子与 1 双袜子又是不同的 SKU。

如果能建立 SKU 库和客户列表，并把客户资料与产品信息结合起来，这样就能更快地查找到客户购买产品的价格动态信息与销售数量。同时，在客户咨询时能够迅速而准确地搜索到匹配客户需求的产品，为客户提供贴心周到的精细化服务。

(二) 售前推销的话术技巧

对于客服岗而言，熟练掌握最主要的客户语言是必须具备的能力，同时还需掌握一定的话术技巧。在准备推销时的话术技巧有以下几点需注意：

第一，客服人员需要不断加强对语言的学习，练就扎实的基本功，特别需要准确并熟练掌握所售产品的专业词汇，还要注意与语言相关的沟通技巧。要尽量避免低级的拼写与语法错误，正确使用客户的母语，这既可以展示出对客户的尊重，又可以提升客户对卖家的信任感。

第二，如果是通过邮件与境外客户进行联系，邮件中不要有成段的大写。某些卖家为了在较多的邮件文字中突出展示重点信息而采用成段的大写字母，这样做虽然是为了突出重点，但也会产生负面影响。因为在英语里，大段大写表达的往往是愤怒、暴躁等激动的情绪，是一种缺乏礼貌的书写方式。因此，客服人员要注意这样的细节。

第三，在与客户沟通的过程中，为方便绝大部分客户的阅读，售前客服人员应当尽量使用结构简单、用词平实的短句。这样可以在最短时间内让客户充分理解客户服务人员所要表达的内容。当前，跨境电商平台上广泛使用的语言是英语，但是买家往往来自全球各个国家和地区，其中，绝大部分客户的母语不是英语。因此，许多客户是通过谷歌等在线翻译软件来阅读产品页面和邮件，因此，售前客服人员使用简化书面语言，对于提高沟通效率非常重要。

第四，客户服务人员在撰写邮件时，还需要特别注意按照文章的逻辑将整篇邮件进行自然分段，并在段与段之间添加空行。这样做有利于客户简单地浏览非重要的段落，快速跳至重点信息。一方面，可以有效地节省客户的阅读时间，增加客户与卖家的沟通耐心；另一方面，清晰地按逻辑进行分段，可以给客户以专业、有条理的印象，增加客户对卖家的信任。

四、跨境电商售中客户服务

（一）跨境售中客服的含义及涉及范围

1.跨境售中客服的含义

售中是指从客户下单后到客户签收货物这个阶段。这个阶段是跨境客户服务与沟通最重要的环节，同时也是涉及范围最广、最体现客服专业程度的客户服务环节。

2.跨境售中客服工作范围

售中客户服务的业务范围包括订单处理、物流跟踪、关联产品定向推荐、特殊订单处理与交流。售中客户服务既是满足客户购买商品欲望的服务行为，又是不断满足客户心理需要的服务行为。

（二）跨境售中客服沟通的主要形式及技巧

售中客户服务与沟通的主要形式包括邮件交流、在线即时交流以及部分口语交流等。

在与客户交流时，卖家应该主动、热情、耐心、周到，为客户提供最优质的服务解决方案，把客户的潜在需求变为现实需求，达到商品销售的目的。优秀的售中客户服务人员将为客户提供享受感，促进客户做出购买决策。融洽而自然的售中客户服务还可以有效地消除卖家与客户之间的隔阂，在客户与卖家之间形成相互信任的气氛。

（三）跨境售中客服常见问题处理方法

售中沟通的工作主要集中在客户付款到订单签收的整个时段，主要是物流订单工作的处理。当然，在订单处理的过程中还会遇到一些特殊的情况，诸如客户临时更改物流地址或取消订单、客户拒签、重新发货等情况。

1. 关于产品下单

随着跨境贸易的发展，"价格为王"已经转为"服务为王"，特别是跨境 B2C 贸易中，卖家直接面对的是个人消费者，而个人消费者更看重服务。因此，跨境商家除了提供的产品质量要过硬、价格要有竞争力以外，服务更要周到。客户有良好的体验，感受到卖家对他们的重视，往往店铺的回购率就会提高。

(1) 正常下单后

客户下单之后，客服人员应在第一时间发送感谢信，感谢客户的购买，并告知会及时安排发货、更新物流信息。

(2) 取消订单

客户下单之后，也有可能由于种种原因取消订单。如果是由于卖家的原因而取消订单，会影响卖家的店铺等级，因此，客服人员要耐心做出解释，适当引导客户选择取消订单的原因是客户自身的原因；如果客户由于其他原因取消订单，客服应积极跟进，询问缘由，争取挽回订单。

(3) 更换货物

如客户提出需要更换货物，客服人员应及时查询货物库存情况，做出处理。

2. 关于物流跟踪

客户下单后都希望尽快收到商品，经常是处于焦急等待的状态。此时，跨境客服若能及时跟踪订单，主动向客户反馈订单信息，或者在收到客户关于物流的咨询时第一时间回复，这样客户能够了解订单的进展，就会提高满意度。

在物流中的一些特定节点，如货物发出之后、货物到达目的国、货物抵达目的国海关、货物妥投等，客服人员都应该发送通知贴心地告知客户。通知中应告知物流方式、发货时间、物流单号、目前物流的状态及查询途径。

五、跨境售后客户服务技巧

售后客户服务的主要工作就是要成功地处理客户投诉，这就需要平台客服人员首先要找到最适合的方式与客户进行沟通与交流。很多客服人员都会遇到客户在投诉时一般表现出情绪激动、愤怒的情况，如何面对这样客户并做好相应的投诉处理呢？这就需要掌握一定的应对方法。

（一）快速反应

当客户遇到与商品有关的问题时，常常会担心得不到解决而表现出急躁的情绪，因此，当客户提出投诉时一定要快速反应，准确记录下客户的问题并与客户沟通确认，在确认之后要及时查询问题发生的原因，并将原因告知客户。但有时会遇到一些不能够马上解决或者查明原因的问题，这时切忌对客户无应答，应向其解释原因，并尽量给予一个确定的答复时间，在答复时间到来时争取给客户一个满意的回答。

（二）热情接待

当收到客户投诉时，要热情对待，很多客服常会出现一个误区，那就是交易时对待客户热情，而投诉时态度冷淡，这样的做法很容易给客户带来一种"虚伪"的印象。这样的印象一旦形成，即便后期解决了客户的投诉，客户也会因不好的体验而不会再次来到店铺购买，造成客户的流失。

（三）认真倾听

对于客户的投诉，不要着急去辩解，而是要耐心地听清楚问题的所在，和客户一起分析问题出在哪里，有针对性地找到解决问题的方法。在倾听客户投诉时，不但要听他表达的内容，还要注意他的语调和音量，这有助于了解客户语言背后的内在情绪。同时，要通过解释与澄清，确保真正了解客户的问题。

（四）引导客户思绪

很多客服人员在服务时对于非自身的问题进行答复时，很少使用"对不起"或"抱歉"这样的语言。其实，"对不起"或"抱歉"并不一定表明你或者公司犯了错，而是体现了你对客户不愉快经历的遗憾与同情。不用担心客户因得到你的认同而越发强硬，认同只会将客户的思绪引向问题的解决，而非一直处于负面情绪之中。引导客户思绪时可以根据情况采用以下三种方法：

1. 转移话题法

当客户按照自己的思路处在负面情绪中时，客服人员要注意倾听对方的抱怨，从中抓住一些相关的内容，扭转方向、缓和气氛。

2. 间隙转折法

对于客服暂时没办法立刻给出解决问题方法的时候，或者客服无权做相关决定的时候，采用间隙转折法这种方法是非常必要的。

3. 给定限制法

有的时候遇到一些素质较差的客户，虽然客服人员做了很多尝试，但对方依然不依不饶，甚至不尊重客服人员的人格的时候，客服人员可以采用较为坚定的态度给对方一定的限制，从而达到让沟通进行下去的目的。

（五）认同客户感受

客户在投诉时常会出现烦恼、失望、泄气、愤怒等各种情绪，客服人员要积极地转化这些情绪，避免将这些情绪看作针对自己的。无论客户是否有道理，但是在客户世界里，客服人员只有与客户的情绪同步，才有可能真正了解客户的问题，从而找到最合适的方式与客户交流，提高成功解决纠纷投诉的概率。

（六）提出补救措施

对于客户的不满，及时提出补救措施非常重要，这会让顾客感觉到你在为他考虑，并且很重视他的感觉。一个及时有效的补救措施，往往能让客户的不满化为感谢和满意，但是在提供补救措施时还要再注意以下几点：

1. 为客户提供多种补偿选择

通常一个问题的解决方案都不是唯一的，给客户提供多种选择方案，会让客户感受到尊重，同时，按照客户选择的解决方案来实施的时候，也会得到客户更多的认可和配合。

2. 诚实地承诺

在实际的客服工作中，常会遇到比较复杂或特殊的情况，如果客服人员不确信该如何为客户解决问题时，一定不要向客户做任何承诺，而应该告诉客户会尽力寻找解决方案。如果寻找解决方案需要一点时间的话，一定要约定给客户回复的时间，并一定要确定在约定的时间给客户答复。即便到了约定时间仍不能解决问题的话，一定要向客户解释进展状况。

3.适当给客户一些补偿

为了弥补交易中的一些失误，企业应该给客服人员一定的补偿权限，以便客服能够灵活处理类似问题。但要注意的是，不能只依靠补偿来解决问题，补偿后要认真研究问题，从根本上解决问题，避免今后再次出现类似的情况。

第六章 跨境电子商务风险防范

第一节 跨境电子商务的主要风险与消费者权益保护

一、跨境电商的主要风险

跨境电商企业通过各类网络平台在线进行网上交易，这一过程在给国际贸易带来巨大方便的同时，由于网络交易的全球性、开放性、匿名性，一系列不容忽视的风险也随之出现。

（一）信用风险

随着经济全球化的推进和互联网的普及，安全和信任已成为跨境电商发展中最重要、最核心的问题。跨境电商在为突破传统跨境贸易局限性带来巨大贡献的同时，消费者和经营者的信用不良或欺诈也给交易双方和政府带来了极为严重的信用问题。信用风险在很大程度上影响着跨境电商的发展。当前的信用风险主要由以下三个因素造成。

1. 商品本身的信用风险

近几年，跨境电商迅猛发展。早期跨境电商贸易从业门槛低、订单碎片化的特点，使得一大批受自身规模和资金链限制的中小企业拥有了参与国际贸易的机会。然而，由于这些企业本身缺乏经验与资金，普遍存在以下三个方面的问题：一是自动化设备使用率低，产品质量难以保证；二是自主创新意识缺乏，产品研发投入少，更新换代速度慢，仿冒其他品牌产品、侵犯知识产权的现象屡见不鲜；三是品牌意识薄弱，品牌建设能力严重不足。上述三个方面的综合原因导致其产品质量低劣、价格低廉，长期处于产业价值链的下游。大多数中小跨境电商企业只能依靠降低价格、牺牲利润来获取市场份额，维持自身运营发展。由于跨境电商中的买卖双方分属不同国家，购买者仅仅通过跨境电商平台了解商品信息，一旦出现产品质量、数量等问题，境外消费者退换货服务难度较高，即使可以实现，退换货成本也极高，因此，影响消费者的消费体验。

2. 支付方式的信用风险

大多数支付平台都采用二次清算的模式，导致客户资金沉淀在第三方支付账户中，随着用户数量的增加，这一沉淀的资金量十分巨大。第三方支付可以直接支配交易资金，甚至发生越权调用资金的风险，一旦第三方携款潜逃，交易双方将产生极大的损失。监管机构没有明确对相关支付问题的处理手段，也没有对支付运营商实行准入和主体监管制度。国家外汇监督管理局应及时对跨境电商中的第三方支付平台给予明确定位和规定，这种风险如果不加以控制，那么非法资金流通渠道就可能快速形成。

3. 物流信用风险

在跨境电商的发展中物流起着重要作用。物流发生在买家支付之后，但实质上是卖家的商品被买家签收后，支付货款才转给卖家，这样就发生了真正意义上的支付在物流之后的情况。B2C交易多使用国际小包邮寄的方式，这种方式没有被纳入海关登记。由于物流等原因使得货物没能到达买家手中时，货款不能按照既有的规定打给卖家，但并不一定是卖家的问题，具体的原因十分复杂，这个物流风险就直接影响了支付。

（二）法律风险

和国内的电商法律相比较，跨境电商的法律风险会涉及不同的法律体系、不同的法律领域，相对来说较为复杂。由于我国跨境电商的发展时间较短、经验尚缺，相对应的法律法规也还不够完善，因此，会产生一系列的法律风险。

1. 隐私风险

大多数的网络经营者都会要求消费者在进行商务交易的过程中登记个人信息资料。但是如果企业并没有对用户的私人信息进行保密反而有所泄露，因此，从一定程度上会使得消费者对企业产生不满情绪。同时在跨境电商交易的过程中，有些企业会将消费者的个人信息进行整理从而建立起消费者信息资料数据库，并且还会通过一种有价的形式向第三方出售，这就违反了电子商务活动的相关资金规定。

2. 知识产权法风险

知识产权是指权利人对创作的智力劳动成果所享有的专有的权利，它具有专有性、地域性和时效性的特点。各种智力创造如发明、文学和艺术作品及在商业中使用的标志、名称及图形设计的知识产权都可被认为是某一个人或某一组织所拥有。

随着电子商务的发展，通过互联网销售书本和报刊的方式已经被众多的企业所应用，在一定程度上就会隐藏着侵犯著作权的法律风险。由于传统的著作权法是以实物为著作载体，而境外电子商务交易中开始出现电子文档和课件的销售。在进行电子交易的过程中，企业无法从根本上保证购买者对书本和报刊信息的随意传播，同时也无法保证其他用户对这些信息进行复制，极易对原作者的著作权造成一定侵犯，从而引发侵犯著作权的法律问题。

3. 商务交易风险

电子商务作为互联网发展的产物，在交易的过程中需进行电子支付，从一定程度上就会面临着巨大的虚拟诈骗风险。境外电子商务中的交易风险主要是存在一种国际性的非法交易活动，参与境外电子商务的企业并没有按照合法的方式来进行交易，损害了企业与用户之间的经济利益。由于跨境电商在国际上并没有建立一个统一的信用评判标准，因此，从一定程度上给许多的不法企业以及个人提供了洗钱的可能性。由于我国第三方支付的平台比较多，且银行和第三方支付平台在跨境消费上存在较大安全漏洞，从而给个别机构提供了诈骗和违法违规机会，导致境外电子商务交易存在资金风险。

4. 货物税收风险

在跨境电商中，邮递的物品会存在个体小、总量大和种类比较分散的现象，企业为了逃避税收，开始进行多次邮递，以及用"蚂蚁搬家"的形式运送大量的货物；小型电商开始以混淆自用物品与代购物品的方式来逃避税收。从整体上来看，这些现象钻国家征税的漏洞，使得海关征税难度系数变大。有些规模较大的企业为了能够减少生产成本、降低税费，不惜采取走私的方式来逃避税收，导致国家税款流失现象越来越严重，对整个国家经济运行安全会产生巨大的影响。

二、跨境电商中的消费者权益保护

我国已进入消费需求持续增长、消费结构加快升级、消费拉动经济作用明显增强的重要阶段。跨境电商作为新兴的贸易形式，在给我们带来便捷的服务和丰富的消费商品的同时，传统交易中产生的纠纷及风险并没有随着高科技的发展而消失。相反，网络的虚拟性、流动性、隐匿性以及跨国性对交易安全及消费者权益的保护带来了更大的挑战和问题，这些挑战和问题使得消费者受损的概率大幅提高。

（一）网络消费者具有的权利

1. 知情权

消费者知情权即消费者拥有了解自己获取的商品，或是购买的服务实际状况的权利。依照《消费者权益保护法》规定，消费者知情权是指消费者拥有根据商品或者服务的不同情况，了解经营者出售的商品的价格、产地、出品方、用途、品质、原料、生产日期、保质期、售后服务或是与服务相关权利的权利。而网络消费者知情权是指消费者经由网络获取商品、进行使用或是获取服务时，拥有了解自己获取商品或者服务实际情况的权利，与传统的消费者知情权相比并没有太大的区别。但因为网络消费与传统消费相比具有一些特殊性，所以在实现权利方面具有一定的区别，使消费者在获取商品时，对商品的相关信息没有进行足够的了解，也不能以往常的目测、手感等方法去了解商品。

2. 安全权

消费者安全权是消费者在购买、使用商品和接受服务时所享有的人身和财产安全不受损害的权利，这是消费者最重要的权利。我国《消费者权益保护法》第七条规定：消费者在购买、使用商品和接受服务时享有人身、财产安全不受损害的权利，消费者有权要求经营者提供的商品和服务，符合保障人身、财产安全的要求。消费者安全权的根源在于保护公民的人身及财产不受侵犯是我国宪法规定的公民的基本权利之一。

消费者安全权包括以下两个方面的内容：

(1) 人身安全权

①生命权，即消费者的生命不受危害的权利，如震惊全国的山西假酒案件，严重威胁人民群众的生命安全。

②健康权，即消费者的身体健康不受损害的权利，如食物不卫生而导致消费者中毒或因电器爆炸致使消费者残废等均属侵犯了消费者健康权。消

费者在购买、使用商品和接受服务时，首先考虑的便是商品和服务的卫生、安全因素，不希望身体受到伤害，甚至发生生命危险。

(2) 财产安全权

财产安全权即消费者的财产不受损失的权利，财产损失有时表现为在财产外观上发生的损害，有时则表现为价值的减少。电子商务主要通过网络银行或各支付平台等方式进行交易，这些方式对消费者的财产安全有一定的威胁。由于国际互联网本身是个开放的系统，而网络银行的经营实际上是将资金的流动变为网上信息的传递，所以这些在开放系统上传递的信息很容易成为众多网络"黑客"的攻击目标。目前，有些消费者不敢通过网络上传自己的信用卡账号等关键信息，也是基于这个原因。

3. 公平交易权

消费者在购买商品或者接受服务时，有权获得质量保障、价格合理、计量正确等公平交易条件，有权拒绝经营者的强制交易行为。此规定也就是指消费者在与经营者之间进行的消费交易中所享有的获得公平的交易条件的权利。公平交易的条件关系到消费者的经济利益，由于消费者以满足生活需求为目的而购买商品或接受服务，当某种消费品不能得到时，其需求就不能被满足，甚至危害自己的生命健康。因此，出于对消费品的强烈需求，他们往往不得不接受不公平的交易条件。同时，在市场经济条件下，由于信息不均衡分布，消费者要依赖经营者提供的信息，正确地判断商品、服务的价值，因而，更容易被经营者欺骗而进行不公平的交易。所以通过法律对经营者的行为进行规范，并赋予消费者法定的公平交易权尤为必要。在世界各国的消费者保护法律制度中，保障消费交易公平都是其重要的内容之一。

网络消费者也具有这种公平交易权。从权利内容上来说，网络消费者的公平交易权与传统消费者没有质的区别，但由于网络消费具有虚拟性，网络消费者的公平交易权更值得关注，也更需要特殊的保护。常言道：货比三家不吃亏。在传统消费中，消费者可以这样去比较，凭借自己的经验和对商品的了解，做出与所购买商品或接受服务相当的判断，即便是这样，与货物质量不相当的不公平交易仍有存在空间。而网络消费者通过互联网进行交易，不能货比三家不说，商家送来的货的价值与消费者所付款项不相当的情况更是随处可见。另外，在网络消费中，很多交易条款都是经营者事先安排好的，消费者只有"同意"或"不同意"的选择空间，也就是说存在大量的格式条款、霸王条款，这些更给公平交易打上了问号。所以，公平交易权理应是网络消费者的一项重要权利。

网络消费中存在的侵犯消费者公平交易权的问题如下所示：

(1) 格式合同问题

格式条款是指当事人为了重复使用而预先拟定，并在订立合同时未与对方协商的条款，采用格式条款的合同称为格式合同。网络消费跨越了时空的界限，是不用面对面就可以进行的网络交易，维持这种交易的公平性依靠的是网络交易合同的公平性，但格式条款存在导致交易本身就是不公平的。

(2) 网络消费欺诈问题

网络消费欺诈是指经营者以非法占有为目的，在网络上实施的利用虚构的商品和服务信息或者其他不正当手段骗取消费者财物的行为。在网络环境下，经营者的身份信息披露要么是不全面的，要么是虚假的，消费者一般很难认证或无法判断经营者的真实身份。而且，在销售商品时，经营者对消费者没有告知自己销售动机的义务，消费者只是凭借经验和习惯对经营者的销售动机进行主观判断，很难断定经营者是真实销售商品，还是借销售商品之名实施欺诈。

另外，在网络交易中，消费者凭借经营者提供的电子产品介绍、图片介绍等对所购商品做出鉴别，在消费者收到货物之后，发现实物与电子产品介绍相去甚远，也就是说消费者没有拿到与所付金钱对等的商品。笔者认为，在这种情况下，经营者也有欺诈之嫌，那么进行的交易就是一种明显的不公平交易。很多消费者要么觉得想讨个公平无处可去，要么觉得商品价格低廉不值得去理论，但是他们的合法权益已经受到侵害。只有当国家立法机关、相关职能部门和全社会都来关注问题的严重性时，公平正义才能真正实现。

(3) 网络合同条款的不适当履行

网络合同条款的不适当履行包括延迟履行和瑕疵履行两个方面。所谓延迟履行是指债务人能够履行，但在履行期限内未履行债务的现象。在网络消费中，物流配送缓慢是消费者经常遭遇的问题，由于经营者或物流配送机构的原因，经营者承诺的交货日期往往难以兑现。所谓瑕疵履行，是指债务人虽然履行，但其履行有瑕疵，即履行不符合规定或约定的条件，网络消费者在认购商品并发出货款后，经常会发现所收到的商品的数量、种类、质量等与电子产品介绍不一致的情况，这就是一种瑕疵履行现象。另外，合同履行后的售后服务也无法保证，因为网络交易打破了地域限制。我国的《消费者权益保护法》中，虽然规定经营者承担"包修、包换、包退"(简称为"三包")的义务，但要么经营者在产品介绍中说"无包修"，要么即使经营者承诺了"三包"，但由于地域限制，经营者的身份难以认定，消费者很难实现自身售后服务的权利。这些情况都给网络消费中的公平打了折扣。

4. 消费者求偿权

消费者求偿权是指消费者在购买、使用商品或接受服务时，因人身、财产等合法权益受到损害时，依法取得的请求赔偿的权利。

(1) 消费者求偿权的主体

消费者在购买、使用商品时，其合法权益受到损害的，可以向销售者要求赔偿。销售者赔偿后，属于生产者的责任或者属于向销售者提供商品的其他销售者的责任的，销售者有权向生产者或者其他销售者追偿。消费者或者其他受害人因商品缺陷造成人身、财产损害的，可以向销售者要求赔偿，也可以向生产者要求赔偿；属于生产者责任的，销售者赔偿后，有权向生产者追偿；属于销售者责任的，生产者赔偿后，有权向销售者追偿。消费者在接受服务时，其合法权益受到损害的，可以向服务者要求赔偿。

从上述规定中，我们可以知道，《消费者权益保护法》中求偿权的主体包括直接购买商品和接受服务的消费者，也包括因为商品缺陷而受到人身、财产损害的第三人。具体来讲，求偿权的主体包括商品购买者、商品使用者、服务接受者和因商品缺陷而受到人身、财产损害的第三人。实际上，只要受到损害的人都可以依法获得赔偿，而并不要求其与经营者之间存在合同关系。

(2) 消费者求偿权的行使

消费者求偿权的行使可通过自力救济和公力救济的途径进行。

①自力救济

消费者在法律规定的期限内发现合法权益受到损害时，可以直接告知经营者，或通过各级消费者委员会，要求经营者给予补偿。

②公力救济

消费者在发现自己的合法权益受到损害时，可以通过向国家相关行政机关申诉，也可以通过向人民法院诉讼的途径，从而获得损害赔偿。

然而，在网络交易盛行的今天，由于网络交易不受时间和地域限制，网络传输信息的速度非常快、涉及面十分广，有关部门要对网络交易进行有效监管难度非常大。当侵权行为发生后，消费者往往无法得知经营者的真实身份，或由于经营者处于异地导致诉讼成本过高以及举证困难、法律不适用等原因而放弃求偿权。因此，当网上消费产生纠纷后，有关部门在处理时要坚持举证责任倒置的原则，即由经营者承担举证责任。为了减轻消费者的负担，降低投诉成本，可以建立一个统一的全国性网上投诉中心和全国联网的"经济户口"数据库。这样，当合法权益遭到侵犯时，消费者可以通过网络快速、经济地向主管部门投诉。主管部门接到投诉后，应及时进行举证调查，在适当的期限内处理并反馈，从而达到维护消费者合法权益的目的。

5. 自主选择权

消费者享有自主选择权，具体是指消费者可以根据自己的消费需求和要求，自主选择自己满意的商品或服务，再决定是否购买商品或接受服务的权利。它是消费者的一项权利。所谓自主选择权是指消费者依法享有自主选择商品或者服务的权利。我们在购买商品或接受服务时，都不会盲目且不受约束地进行，而往往是根据自己的需求和喜好来选择商品或服务。

(1) 消费者自主选择权的内容

①有权利和自由来对经营者进行选择。为方便消费者购买商品和接受服务，消费或服务场所会提供一些经营者来为其提供服务。消费者有权利对经营者进行选择，以得到更好、更周到的服务。禁止强卖，消费者有权利选择交易相对人，不受任何国家机关、个人的干预。

②有权利和自由来选择商品种类和服务方式。消费者在购买商品和接受服务的时候，由于商品种类繁多，服务方式各不相同，所以消费者有权利和自由对其进行选择，挑选出最适合自己、最需要的商品种类和服务方式。

③有权利和自由来决定是否要购买一种商品或一种服务。在商场提供多种商品和服务时，消费者有权利和自由对其进行拒绝，从而挑选自己喜欢的商品。

④在选择商品种类和服务方式时，有权利对商品和服务进行比较和筛选。消费者挑选商品和服务时，由于一些经营者会对挑选行为进行怒骂、产生生气的反应，使得消费者不能自由地对商品进行挑选。消费者的自主选择权保护消费者自由挑选的权利，所以消费者完全可以自由使用这一权利，对物品或服务进行比较、挑选。消费者依法享有自主选择商品或者服务的自由和权利，简称为自主选择权。因此，消费者有权根据自己的需要和兴趣，自主选择自己所需要的商品或服务。

(2) 消费者自主选择权的特点

同其他消费者权利相比，消费者自主选择权具有以下两个明显的特点：

①选择的自愿性

一切消费行为和要求都由消费者自己决定，不受任何其他力量的影响与左右。消费者购买商品或者接受服务的目的各不相同，需要自己产生足够的意识，到底需要什么只有自己知道且由自己决定。

②选择的自由性

消费者在消费的过程中的行为仅受自己想法的支配，不受外界打扰，经营者不可进行禁止、限制和干涉等行为。自由性是自愿性的结果和反映，是消费者选择自愿性的外在表现。消费是完全自由的，由消费者自己来决定。经营者的禁止、限制和干涉都是无效的行为。

(3) 消费者自主选择商品是合法的行为

中国宪法规定了中国公民享有宪法和法律规定的权利。消费者的自主选择权是相对的，要遵守社会公德，不得侵害国家、集体和他人的合法权益。

在消费者网络购物的过程中，网站一般都订有格式条款，其内容由商家事先制订，给消费者提供的只是"同意"或"不同意"的按钮。由于这些格式条款的内容早已确定，没有表示合同另一方的意思。

常见的对网络消费者不公平的格式条款主要有以下几种类型：经营者减轻或免除自己的责任；加重消费者的责任；规定消费者在所购买的商品存在瑕疵时，只能要求更换，不得解除合同或减少价款，也不得要求赔偿损失；规定系统故障、第三方行为（如网络黑客）等因素产生的风险由消费者负担；经营者约定有利于自己的纠纷解决方式等。总之，这些格式条款的使用，剥夺或限制了消费者的合同自由，消费者在面对"霸王条款"时，因为不了解相关知识、无暇细看或者即使发现问题也无法修改格式条款等情形，处于不利的境地。

（二）网络消费者权益保护的基本原则

1. 诚实信用原则

民事主体应当遵循自愿、公平和诚实信用的原则。其中，诚实信用要求人们在市场活动中讲究信用、恪守诺言、诚实不欺，应当本着诚实、善意的心态，在不损害他人利益和社会利益的前提下追求自己的利益。

消费者要在虚拟的网络中进行交易，交易的结果是电子产品变成实物，在这整个过程中，更需要讲诚信、恪守诺言、秉承善意。一份网络消费协议能否达成的一个很关键因素就在于商家是否诚信。如果经营者和网络服务提供商等交易方不讲诚信，只想投机取巧，其结果只能是"城门失火，殃及池鱼"。不仅不能使消费者建立起网络消费的信心，还会使整个网络市场处于瘫痪状态。而事实上，在网络交易中，不讲诚信者大有人在。从网上电子产品的广告宣传，到经营者出具的电子产品图片及介绍，再到消费者验货后的"保修包退"都可能存在欺诈。

在网络消费中，诚实信用原则经受着更多的考验，它应该是网络消费者权益保护立法的一项基本原则，用之指导网络消费法律法规的制定与实施，规范网络交易市场。而且，该原则具有填补法律漏洞的功能，当人民法院在司法审判实践中遇到立法中未遇见的新情况、新问题时，可直接依据诚实信用原则行使公平裁量权，调整当事人之间的权利义务关系。因为，诚实信用原则意味着承认司法活动的创造性与能动性。

在网络消费者权益保护中，应充分贯彻和体现诚实信用原则：完善网络消费立法，加强交易监管，规定经营者在网络注册时采用实名制（目前已实现）；明确网络经营者的信息披露义务；严格惩罚网络消费欺诈行为；规范市场主体，制定严格的市场准入制度和信誉评价制度；适度增加网络交易服务平台的责任与权利（如核查网络经营者真实身份的责任和权利）等。

2. 对网络消费者给予特殊保护原则

对网络消费者给予特殊保护原则，是指应当充分认识到网络消费者的弱势地位，并在此基础上，站在网络消费者的立场上，对经营者的活动进行一定的限制与约束。在法律中应当体现对网络消费者利益的倾斜，全面规定网络消费者的权利，并为网络消费者的权利提供严密的保障机制。

规定这一原则是由消费者权益保护法固有的价值取向和消费者的特殊地位决定的。在因消费所形成的法律关系中，双方当事人的法律地位应当是平等的，但是，由于消费者以他人生产的消费品满足自己的需求，而消费品的信息却存在于经营者一方，使得消费者不仅在了解商品、选择商品、正确判断商品价值等方面要依赖经营者，而且在正确使用商品方面，消费者也要依赖经营者。另外，作为为满足生活需求而购买、使用商品的消费者个人，其面临的是一个个具有健全组织机构，拥有雄厚经济实力和丰富产品知识的同时又掌握交易主动权的经营者，因而消费者在整个交易过程中是处于弱势地位的。

之所以要对消费者的利益进行特殊保护，还有一个重要的原因就是，消费者的利益具有特殊性。消费者购买商品是为了满足个人生活，而这个满足的过程直接关系到消费者的生存权利，因为消费品是否安全和卫生与消费者的生命安全和健康息息相关，生命权、安全权、健康权等是人类最基本的生存利益，更是最基本的人权，这些权利是经营者的经济利益所无法比拟的。与传统消费者相比，网络消费者由于网络环境的特殊性，维护自身合法权益变得更难。网络消费相关立法更应向网络消费者倾斜，这样才能体现法律的公平正义的本意。

3. 综合辅助保护原则

网络经济的特殊性决定了对电子商务中消费者权益的保护不能局限于单一的模式，纯粹的法律保护不能充分保护消费者的权益。对网络交易中消费者权益的保护需要在法律保护之外采取综合的辅助保护模式，强化消费者组织、社会公益及社会团体的作用，形成政府监管、行业自律与消费者自我保护相结合的保护体系。

消费者是单个的社会成员，其经济及掌握各种知识的能力都非常有限，因而无力与经营者抗衡。这就需要国家站在消费者一方，对消费领域进行适度的干预，在消费者利益受到侵害的情况下，对消费者提供各种帮助。网络消费者虽然是在网络这个虚拟的场所进行交易的，但交易的各个环节仍旧是国家可以掌控的，国家对网络消费者提供全方位的保护是消费者放心消费的坚强后盾。

在综合辅助保护原则下，消费者的自我保护意识不可或缺。消费者应当具备理性消费意识，在处理纠纷时应当理性维权。消费者自我保护意识的增强是其维护自身利益的首要保障，具体而言，自我保护意识应当包含自我控制和自我选择两方面的内容。自我控制指消费者应当加强网络技术知识的积累，适当运用网络软件技术手段对网络环境进行清扫，确保个人信息及账户的安全。自我选择要求消费者知悉经营者的经营策略和营销陷阱，防止自己被蒙蔽而受到欺诈，能够实现自主选择。另外，在产生纠纷时，消费者应当采取理性维权的方式，在不激化矛盾的前提下，妥善处理纠纷，达到预定目标。综合辅助保护原则构建了行业自律、政府管理和消费者自我保护三位一体的保护模式。如果能够切实贯彻这一原则，将会极大地促进电子商务的发展和对网络消费者权益的保护。

（三）加强跨境电商消费者权益保护的对策建议

1.完善我国现有的消费者权益保护法律制度

我国的《消费者权益保护法》通过一系列具体措施，确保消费者的合法权益得到有效维护。首先，法律明确了消费者的安全权，要求经营者提供的商品和服务必须符合安全标准，不得存在危及人身、财产安全的缺陷。在知情权方面，法律要求经营者提供真实、全面的商品或服务信息，禁止虚假宣传和误导消费者。

法律还赋予消费者自主选择权和公平交易权，保障消费者在购买商品或接受服务时不受强制交易或不公平待遇。消费者在购买商品或接受服务后，若发现问题，有权要求经营者承担退货、更换、修理等责任。此外，法律还规定了消费者的求偿权，消费者可以通过协商、调解、申诉、仲裁或诉讼等多种途径解决消费争议。

为了加强监管，法律要求市场监督管理部门和其他有关行政部门加强对经营者的监管，对违法行为进行及时查处。同时，法律鼓励建立消费者权益保护的共同治理体系，包括经营者守法、行业自律、消费者参与、政府监管和社会监督。通过信息公示和信用体系建设，对违法失信的经营者实施惩戒，提高违法成本。

此外，《中华人民共和国电子商务法》是中国为了规范电子商务活动、保护消费者和经营者合法权益、维护市场秩序、促进电子商务健康发展而制定的法律。该法律于 2018 年 8 月 31 日由全国人大常委会表决通过，并于 2019 年 1 月 1 日起施行。电子商务法主要内容包括电子商务经营者的定义、权利与义务、电子商务合同的订立与履行、争议解决机制、促进电子商务发展的措施以及相关法律责任等。

2. 构建跨境电商信用体系，加强对网上交易的监督

如今各国之间的贸易往来不仅是依靠价格的竞争，更多的是以服务和商品质量为核心的竞争。因此，企业应注重提升商品的服务和质量来增加信用度，树立质量意识和品牌意识，提升国际竞争力，规范行业标准，降低跨境电商贸易风险。

此外，我国要严格调查贸易对象的资信情况，这是规避贸易风险的前提条件。我国要加强对跨境电商平台商家的审查和监督。资信调查的内容包括企业的注册情况、企业资产信用的真实性、企业的履约能力及信誉度等。建立跨境电商平台消费者投诉中心，同时，赋予消费者监督投诉权。平台对投诉数据进行统计，定期将投诉数量靠前的卖家店铺名称公布在购买网页和卖家论坛中，为消费者的购买决定提供借鉴，也可促使平台更有针对性地进行内部监督。同时，行政管理部门对经营者的投诉反馈也记录在此数据库中，将失信的交易方纳入信用黑名单中，限制其跨境交易范围。

3. 完善安全保护措施和机制

网上交易安全是消费者普遍关心的热点问题。消费者往往希望能简单、快捷地完成交易，但又担心自己的经济利益因操作不当或"黑客"入侵而遭受损失。因此，我们必须采取行之有效的措施发现交易系统隐患，防范"黑客"的侵入；要逐步建立健全以信息安全、网络安全为目标，加密技术、认证技术为核心，保障电子交易制度安全为基础的，具有自主知识产权的跨境电商安全保障体系；要建立一个专门的、全球性的认证体系，权威、公正地开展跨境电商认证工作，确认从事跨境电商活动的企业的身份的合法性、真实性和准确性。在跨境电商中，采用一定的加密技术和措施，确认交易用户的身份和授权，可以保证数据传输的真实性和保密性。考虑到跨境电商已经打破了传统的地域限制，成为国际贸易的手段，我们必须注意建立的核心密码技术标准应与国际标准兼容，且其必须经过国家密码管理机关审核和批准方可使用。

4.增强消费者的自我保护意识，提高防范能力

与现实交易相比，网上交易具有难以用行政手段控制的特点，因此，网上交易安全更需要社会力量的参与。各级相关部门要注重加强对消费者的教育，增强消费者的自我保护意识，提高消费者的防范能力。各地市场监管和中国消费者协会等相关单位，要善于充分利用各种媒体和舆论工具来普及消费者权益保护知识，不定期地发布所抽查商家及其商品的质量公告。通过宣传教育，使广大消费者充分掌握消费维权、投诉、仲裁和诉讼等方面的基本程序和相关的基本知识，切实增强消费者的维权意识，提高消费者的自我保护能力。

消费者除接受教育外，还应加强自身保护意识，不断提高电子商务技能，建议消费者经常浏览中国电子商务诚信评价中心网站，了解商家的信誉状况。在电子支付时，选择具有第三方支付服务和履约保障服务的平台，并按正规流程付款。

《中华人民共和国电子商务法》是 2018 年 8 月 31 日第十三届全国人民代表大会常务委员会第五次会议通过，2019 年 1 月 1 日实施。主要是为了保障电子商务各方主体的合法权益，规范电子商务行为，维护市场秩序，促进电子商务持续健康发展。

第二节　跨境电子商务中的知识产权保护

一、知识产权的概念

知识产权又称智力成果权，是指公民或法人凭着通过自己的劳动而取得的创造性的智力成果依法享有的权利。具体包括：关于文学艺术和科学作品的权利；关于表演艺术家演出、录音和广播的权利；关于人们在一切领域的发明权利；关于科学发现的权利；关于外观设计的权利；关于商标、服务标记、厂商名称和标记的权利；关于制止不正当竞争的权利以及在工业、科学、文学和艺术领域里一切其他来自智力创作活动所产生的权利。

二、知识产权的特征

（一）专有性

知识产权的专有性表现在两个方面：一方面是独占性，即知识产权为

权利人所独占，权利人垄断这种专有权利并受到严格保护，没有法律规定或未经权利人许可，任何人不得使用权利人的知识产品；另一方面是排他性，即对同一项知识产品，不允许有两个或两个以上的同一属性知识产权并存。

（二）地域性

知识产权的地域性，即知识产权只在所确认和被保护的地域内有效；即除一国和其他国签有国际公约或双边互惠协定外，经一国法律所保护的某项权利只在该国范围内发生法律效力。所以，知识产权既具有地域性，在一定条件下又具有国际性。

（三）时间性

知识产权的时间性即知识产权只在规定期限内被保护。法律对各项权利的保护都规定有一定的有效期，各国法律规定的保护期限的长短可能一致，也可能不完全相同，只有某知识产权或权利加入国际协定或进行国际申请时，各国才对其有统一的保护期限。

三、跨境电商侵权的表现形式

（一）侵犯商标权

商标侵权是跨境电商经营活动中最为显著的问题，主要包括以下几种情况：未经权利人许可而在相同或相似商品上使用与其相同或近似的商标、非法销售侵犯注册商标专用权的商品、伪造或擅自制造他人注册的商标标识、为侵权商品提供生产加工及仓储运输等便利条件的行为、混淆行为或虚假宣传等不正当竞争行为。从具体形态上看，既存在电商平台上屡禁不止的制假、售假问题，也有第三方卖家使用侵权商标、售卖侵权商品等行为。随着跨境电商的稳步发展和竞争升级，商标侵权行为的表现类型愈加多样化、综合化、新颖化，这也给商标权保护带来了一定程度的困难。

（二）侵犯著作权

在跨境电商经营活动中，侵犯著作权的行为主要表现为：商家未经版权人许可，利用盗版的文字、音乐、视频等进行相关宣传，以牟取不法利益，由此引发了诸如网络服务商侵权行为责任承担、第三方平台责任分担等法律问题。在跨境电商著作权领域中，"盗图"是最典型的侵权行为，即卖方未经允许，擅自使用他人享有著作权的文案、照片、视频等智力成果，或售卖货物中包含他人享有版权的作品，使真正的权利人的利益受到损失。网络上充斥着各种电子化数据，如风趣调皮的图案、耐人寻味的文案、令人心醉的视频，跨境电商活动经常要利用这些享有著作权的作品，侵权行为人往往为了一己之利。通过下载、电子公告、电子邮件等不法方式，非法使用这些享有著作权的电子作品进行盈利，赫然侵犯著作权人的网络传播权和其他相关权利，对权利人利益造成难以估量的损害。

（三）侵犯专利权或假冒专利

在跨境电商领域，未经许可而以生产经营为目的，实施侵犯他人受保护专利的违法行为即为专利侵权。与著作侵权和商标侵权的易判断性不同，专利侵权具有很强的专业性和地域性，故仅凭第三方平台掌握的产品信息，很难对权属做出判断，专利权保护在可操作性和责任划分上具有相当难度。

四、跨境电商中的知识产权纠纷特点

（一）知识产权纠纷案件在数量上呈逐年上升态势，且集中在经济发达地区

近年来，人民法院审理的包括跨境电商的知识产权纠纷案件呈逐年上升态势，电子商务平台统计的数据也表明了电子商务的知识产权纠纷存在该特点。此外，从纠纷产生及案件管辖的区域分布来看，电子商务知识产权纠纷案件主要集中在东部沿海以及内陆经济发达省、市，这主要是由于被告住所地或者侵权行为地为此类案件的主要管辖依据。而目前国内从事电子商务的经营者大多集中在北京、上海、长江三角洲、珠江三角洲等经济较为发达和活跃的地区。因此，北京市、浙江省、上海市、广东省、江苏省等地的人民法院受理此类案件较多。

（二）大部分纠纷案件为侵犯著作权、注册商标专用权纠纷案件

在电子商务案件的知识产权侵权纠纷中，侵犯注册商标专用权纠纷案件和侵犯著作权纠纷案件各占据四成左右，侵犯专利权纠纷案件占不到一成，不正当竞争纠纷案件占大概一成。由此可见，大多数的案件类型为侵犯著作权、注册商标专用权纠纷，二者的比例大致相当，而侵犯专利权、其他知识产权类型的纠纷较少。

（三）涉案标的额普遍不高，但社会影响较大

案件的标的额大多在几十万元以内，几万元的案件比例较高。然而，虽然涉案标的额普遍不高，但此类案件引发了较为广泛的关注。关注的原因

主要有四个方面：一是电子商务为迅猛发展的新生事物，面临着众多法律空白，案件的处理引发了诸多探讨；二是对于众多的权利人来说，许多案件为"试水"性质的诉讼，诉讼的矛头直指第三方电子商务平台，一旦针对第三方电子商务平台的诉讼成功，那么对于其他权利人而言无疑具有重大的示范效应，维权的成本将大大降低，收益将大大增加；三是对于寸土必争的电子商务行业而言，其担心法院在个案中对其加重责任会引发潜在的维权诉讼的爆发，从而危及行业的发展和生存；四是这些案件的审理结果在国际上引起了较大的反响。

（四）跨境第三方电子商务平台难脱干系

由于跨境电商业务的开展总是依托于互联网上的电子商务应用——各种跨境电商平台来进行的，因此，跨境电商知识产权纠纷案件中所反映出来的最突出问题是跨境电商平台的法律责任方面的问题，也就是平台商对于发生在其平台上的知识产权纠纷是否具有主观过错、是否构成侵权、是否应当承担损害赔偿责任的问题等。

第三节 跨境电子商务中的争议解决机制

随着跨境电商贸易往来的日益增多，与之相关的争议也在急剧上升。这些争议一般以合同争议为主，主要包括以下几种类型：卖方不交货的争议；卖方延迟交货的争议；卖方虚假发货的争议；卖方所交付的商品存在质量问题的争议；卖方所描述的商品信息存在虚假成分的争议等。由于跨境电商不同于以往的国际贸易，又不同于普通国内消费者买卖，它对于买卖双方而言是一种更为新颖的买卖模式，具有国际性和复杂性的特点。当产生这些争议时，跨境电商概论采用传统的国际商事争议解决方式常常会带来耗时长、效率低、成本高的问题，这严重阻碍了跨境电商的进一步发展。因此，构建全球跨境电商交易网上争议解决体系已经势在必行。

一、跨境电商网上争议解决

网上争议解决是指通过使用信息和通信技术（尤其是互联网技术）进行和协助争议解决程序的一种跨境争议解决方法。传统的争议解决机制包括通过法院提起诉讼、调解、仲裁等，不适合处理这类小额、量大的跨境电商争议，不能直接用来切合实际地处理许多低值交易，包括企业与企业间的交易和企业与消费者间的交易所产生的争议。网上争议解决与传统争议解决方式相比，在解决消费者跨境电商争议上具有独特的优势。首先，通过对信息技术的运用，跨境当事人无须进行面对面接触，使得争议解决成本大大缩减。其次，对先进技术的运用使得信息传递更加快速便捷，争议解决的效率得到了极大的提高。同时，由于跨境电子交易当事人对网络技术比较熟悉，通过网络解决争议时在技术上也会比较自如。因此，网上跨境电商争议解决方式深受跨境交易当事人的喜爱。

二、网上争议解决的现有模式

（一）网上协商

双方当事人通过网上协商解决争议是一种最常见的网上纠纷解决方式，它最显著的特点是快捷高效。网上协商能够为多数交易额小、争议不大的电子商务争议提供很好的纠纷解决方式。争议的最终处理结果往往都是双方当事人协商的产物，它们无须第三方参与解决。这种网上协商方式被称为"自行协商"，协商的通道都是由双方当事人自行建立的。然而在实践中，网上协商并未得到交易双方当事人的重视，主要是因为交易双方缺乏正常的协商渠道，尤其是缺乏解决纠纷的协商通道。

（二）网上调解与网上仲裁

调解是指当事人请求一名或多名第三人（调解人）协助他们设法友好解决他们由于合同引起的或与合同相关的其他的法律争议的过程。

网上调解是指交易双方当事人通过在线调解员的协助处理相应争议的过程。网上调解往往是通过调解员说服当事人接受自己提出的解决方案来处理纠纷，它的主要优点是快速、高效、灵活、简便。当事人可选择专门的网上调解平台解决纠纷，也可选择电商平台附设的调解平台解决纠纷。

仲裁一般是当事人根据他们之间订立的仲裁协议，自愿将其争议提交由非司法机构的仲裁员组成的仲裁庭进行裁判，并受该裁判约束的一种制度。仲裁活动和法院的审判活动一样，关乎当事人的实体权益，是解决民事争议的方式之一。

网上仲裁是指仲裁协议的订立、仲裁程序的进行及仲裁裁决的作出均通过互联网进行。在仲裁过程中，当事人可以选择仲裁员和准据法。网上仲裁的主要难题是仲裁协议的有效性及仲裁裁决的执行问题。与网上调解类似，当事人可以选择专门的网上仲裁平台解决纠纷，如中国国际经济贸易仲裁委员会 (CIETAC) 的网上争议解决平台；也可以选择电商平台附设的网上仲裁平台解决纠纷，如天猫国际及京东国际附设的纠纷解决机制。

（三）网上法庭

网上法庭也称在线法庭，是指主要在网上进行的法院诉讼程序。争议当事人可以通过电子通信技术完全实现诉讼目的。其中，在线法庭既包括在线诉讼程序，也包括法院附设的在线替代性纠纷解决程序。在线法庭利用信息技术使得当事人可以完全通过在线方式进行交流，无须面对面进行接触。在线法庭的优势在于既保留了传统法庭的权威性，又吸收了现代网上争议解决方式的效益性。这对当事人处理数量众多但争议额较小且证据不多的电子商务纠纷具有很强的吸引力。相比其他在线争议解决方式而言，在线法庭更容易获得公众及当事人的信赖。在线法庭中当事人可以获得一份强有力的判决书。同时，在线法官比一般在线调解员更加具有威望，甚至在线法官更具有专业优势进行在线诉前调解，因为当事人更加信赖具有充分权威性（中立性与独立性）的法院及法官。

（四）投诉处理模式与信誉标记模式

投诉处理机制和信誉标记属于常用正规解决办法之外的模式。投诉处理是一种无第三方干预的便于对消费者投诉进行谈判的程序。现有的投诉处理模式的范例来自欧洲消费者中心网和国际消费者资讯网等。

电子商务中的信誉标记通常是指网站上显示的一种形象、标识或印章，用于标记网上商家的可信度。目前，还有全球信誉标记联盟和亚太信誉标记联盟等组织，其目的是进一步促进并加强全球信誉标记系统。

三、跨境电商争议解决机制构建

近年来，我国已成为全球跨境电商增速比较快的国家之一。跨境电商在重塑进出口贸易模式、优化要素配置、扩大国际贸易空间、加速国际贸易走向无国界贸易等方面发挥着越来越重要的作用。然而，在其迅猛发展的同时，虚假宣传、销售假冒伪劣商品、侵犯知识产权、非法交易等行为时有发生，被众多海外消费者投诉。

发达国家的跨境电商发展较早，其对构建跨境电商交易网络争议解决体系的尝试也较早，这对当前我国构建该体系的整体框架设计有一定的借鉴意义。由于该体系的建立需要解决很多全球性问题，单纯一个国家、一个地区是无法完成这一任务的，更适合由全球性国际组织来具体负责相关创设工作，目前，该体系的整体框架模式的设计均基于联合国国际贸易法委员会制定的相关法律标准。争议解决机制要有效、能够解决全球性问题，需要十分严密的组织框架，能够通过集中管理来满足各国的多元需求。

全球性网上争议解决体系应采用设计中心结构和分支结构的模式，全球在此问题上基本达成了共识，即由参与国委派代表组成专门的管理委员会，完成中心管理结构的创设，由该机构制定相关规则，并由秘书处负责执行，各参与国应分别设立分支机构，辅助秘书处完成上述工作。但是各国在很多细节问题上还存在很大的争议，如网上争议解决平台的设立，是设立全球统一的网上争议解决平台，还是设立多个平台同时运行。前者的优点在于便于管理，所提供的服务水平相同；后者能够为争议方提供多种选择，有利于提高服务水平。在初创阶段，建议将现有争议解决结构纳入争议解决体系中，以便尽快完成该体系的构建。

（一）设置目标

从本质上说，跨境电商纠纷解决机制是跨境电商交易的衍生服务，与物流服务、支付服务等相同。因此，建立适用于跨境电商的纠纷解决机制旨在优化跨境电商的经营环境，充分保障消费者的权益，完善跨境电商的服务网络和服务体系，预防和减少因互联网跨境交易而引发的纠纷。新的纠纷解决机制必须整合协商、调解、仲裁等多元化的纠纷解决方式和途径，为企业、平台以及消费者提供全方位的纠纷解决服务。

（二）优选路径：网上替代性纠纷解决

作为传统国际贸易的新发展模式，跨境电商不同于传统贸易的特征导致了传统国际贸易法规则不能完全引导和规制跨境电商中的国际贸易行为。客户的分散化直接导致的问题是商家有可能会随时面临来自全世界各国的诉讼，通过司法机制解决跨境电商纠纷的高成本令人望而生畏，且存在着诸多规则障碍。正因为通过司法途径解决跨境电商争议存在很多困难，各国都偏向于将协商、谈判、调解和仲裁、模拟法庭等替代性纠纷解决方式作为解决跨境电商争议的主要方式。

是否将信息技术引入替代性纠纷解决是一个争论不休的话题。传统方认为替代性纠纷解决主要依靠双方的充分沟通以及第三方的中间斡旋，而仅仅依靠信息技术无法达到传统替代性纠纷解决方式的优势，且无法达到定纷止争的结果。事实上，信息技术在提高纠纷解决效率、获得争议各方的信任方面都有着积极的作用。

信息技术通过一系列的信息保存和处理技术可以将在跨境电商交易中的所有基本交易信息进行长时间保存，因而，基于对电子信息技术的肯定和信任，双方对于电子证据将较少提出异议，这也将促成纠纷的快速解决。此外，信息技术在纠纷解决中扮演着类似独立第四方的角色，可以缓和争议各方的对立情绪，帮助双方更快更高效地解决纠纷。

因此，将这一替代性解决方式通过网络信息技术在网上直接进行。即网上争议解决机制，不但能够与跨境电商的网上交易无缝对接，而且也加快了解决争议的进程，同时，更好地保护了中小企业和普通消费者的利益，不至于让他们在国际诉讼中花费更多的时间和金钱。

（三）构成要素分析

在争议解决机制中引入网络技术不仅涉及技术问题，更涉及实质性的法律问题。建立网上争议解决机制的要素包括争议解决平台建设、私人执行机制、实体法适用、仲裁协议有效性等方面。

1. 平台要素：与第三方争议解决平台的合作

跨境电商纠纷解决机制从本质上仍然是法律体系下的纠纷解决机制，应当遵循法律的一般原则，即正当程序原则。因而跨境电商平台与纠纷解决平台或者机构应当是什么样的关系也成为跨境电商纠纷解决机制设立中的一个重要问题。

跨境电商纠纷解决机制与跨境电商平台在国际上一般有两种模式。一种是跨境电商平台与纠纷解决平台合二为一的模式。最有名的就是 eBay 模式。eBay 拥有自己的内部纠纷解决系统，用来解决买卖双方之间发生的纠纷，其处理方式是为双方提供在线谈判程序，通过互相交流沟通解决分歧。但 eBay 的内部纠纷解决系统并不是完全的可复制，因为对于中小型的跨境电商平台而言，要建立起完善的内部纠纷解决机制，并拥有专业的纠纷解决调查小组和办案人员并非易事。

因此，国际上的另一种模式为跨境电商平台与纠纷解决平台相互独立的模式，如 SquareTrade 以及 Modria 纠纷解决平台。在 eBay 发展初期，其还未具备条件时，一直由 SquareTrade 帮助其解决电子商务纠纷。

综上所述，跨境电商争议解决平台可以按需要区分为内部争议解决平台和独立第三方争议解决平台。首先，通过内部争议解决平台提供买卖双方友好协商的环境，为快速解决争议提供便利。在协商、谈判无法达成有效协议时，则可以通过与独立第三方争议解决平台的合作，由买卖双方选定中立人进行网上调解或仲裁。网上争议解决平台可以是开放平台，如互联网网站、论坛，也可以是封闭平台，如内联网或内部电子文档管理系统，甚至可以借助于谈判软件等方式使得整个网上争议解决程序更加规范和高效。

2. 执行要素：信用评价机制为补充

网上仲裁可以根据《纽约公约》裁定，但网上协商、网上调解所达成的协议无法利用《纽约公约》的执行机制。切实可行的补充执行方式是通过包括跨境电商平台信用等级制度、网络评价制度、互相评分制度等私人执行方式，鼓励当事人服从争议解决结果，自觉履行仲裁裁决或调解协议。评价体系不但适用于跨境电商中的商家，同样也适用于买方，但总体而言对商家更为关键。

目前，此类评价制度已广泛运用于各大网络购物平台，如淘宝、亚马逊等，但缺乏将平台信用评价体系与争议解决执行机制相联系的制度。私人执行方式看似"软法"机制，不能强制要求当事方对裁决、协议自觉执行，但商誉评价所具有的威慑力是任何网络商家所不敢忽视的。

3. 实体法要素：法律适用

争议解决过程中的法律适用问题是决定当事人权利义务关系的关键，也是买卖双方非常关注的问题。但鉴于各国有关电子贸易以及消费者法律的不同，适用一方当事人所在国的法律往往不被双方所接受。在国际法律实践中，进行网上仲裁、网上调解的双方当事人可以就争议应当适用的法律做出约定，同时也允许在争议中适用商人习惯法。

事实上，在网上调解和网上仲裁程序中适用法律的一般原则或商人习惯法是快速、高效、公平解决争议的良策。建议网上争议解决机制采用公平原则、行为守则、统一通用规则等商人习惯法规则作为实体法，从而避免在解释适用法规则时可能出现的复杂问题。

因为网上处理的绝大多数案件都可以在合同条款基础上裁决，诉诸复杂法律规则的必要性较小。因此，网上争议解决所需要的只是一套适用于基本事实的一般法律原则，这样就可以避免处理法律适用和管辖权问题。

4.有效性要素：关注各国消费者立法的不同

在网上仲裁方面，有些国家的国内法明令禁止争议发生前订立消费者仲裁协议。如何使网上仲裁规则既能有效地为参与跨境电商的消费者和商家提供权益保障，同时又不违反有些国家禁止争议发生前订立消费者仲裁协议的规定成为需要探讨的问题。

双轨制的适用由买方自我确认并进行选择。双轨制的优点是：一方面，使得网上仲裁在不违反他国国内法的前提下依然能够有效进行，发挥仲裁裁决约束力和终局性的特点，防止一方当事人违反网上协商或调解协议，单方面将争议再次提交至法院解决，起到定纷止争的作用；另一方面，双轨制的做法也尊重了交易双方的选择权，避免出现做出的仲裁裁决因为违反有关仲裁协议有效性的国内法规定，而无效或无法执行的情况。

第七章 大数据环境下跨境电子商务金融创新管理

第一节 跨境电子商务供应链金融模式

传统的供应链金融是由商业银行主导的基于银行信用的融资方式，根据融资阶段（资金缺口）的不同，分为出口销售阶段的融资、进口采购或承包阶段的融资和经营阶段的融资，分别对应应收账款模式、预付账款模式和存货质押模式。在此基础上，又发展出两种新兴的供应链金融形态——物流企业授信和战略关系融资，它们的信用基础是商业信用，前者是指物流企业取代银行直接向融资企业融资；后者是指核心企业基于长期的战略合作关系向融资企业提供融资。

一、银行主导的供应链金融模式

（一）应收账款模式

在跨境B2B出口贸易中，处于供应链上游的出口跨境电商向下游进口企业提供原材料时，形成对进口企业的应收账款债权。应收账款都有一定的期限，进口企业一般会在期末对应收账款进行偿付。例如，国外许多企业都把业务外包给我国的进出口企业，有的账期会较长。在这段时间里，出口企业很可能会面临资金周转困难的问题，从而影响企业的正常运作。因此，也就产生了应收账款融资模式，虽然出口企业不能立即收回应收账款，但是通过利用应收账款进行融资的方式获得资金融通。

应收账款融资模式主要有质押和保理两种，二者都是将进口企业的应收账款出质给银行从而提前获得贷款，但是质押是有追索权的，而保理是无追索权的。严格来说，后者应该叫出售。在应收账款模式下，参与者主要有三个，即银行和进出口双方。

在我国目前的研究中，核心企业主要是指国外的进口企业。首先，进出口双方签订买卖合同，进口企业一般不会立刻支付现金，而是向出口企业签发应收账款凭证。出口企业在资金紧张的情况下，可以将此凭证抵押或是卖给银行，进行不超过应收账款账龄的短期融资，但必须保证在无法还清贷款的时候，进口企业作为核心企业会偿付剩余款项。出口企业获得融资后，可以凭此资金采购货物，进行下一轮生产；核心企业将进口的货物销售取得销售收入后，直接将资金打到银行指定账户中。在收回资金后，银行应将当初的应收账款凭证注销，此笔供应链融资业务便告完成。

由于进出口企业的贸易对象分布在各个国家，而且有的应收账款金额较小，如果单独进行应收账款融资的话，势必增加了成本，而且银行也不愿意受理。这种情况下，就可以考虑"池融资"，把这些应收账款聚集起来，作为一个整体向银行申请贷款，既节约了成本，又简化了银行操作，只是，风险也会相应增加。

虽然传统的国际贸易融资也有应收账款融资，但是其与供应链金融下的应收账款融资是有差异的。在传统的融资模式下，银行根据企业的应收账款对企业提供融资，主要是考虑该企业的信用以及应收账款的真实性，对核心企业的考察较少。而在供应链金融中，银行主要考察的不是融资企业的信用，而是核心企业的信用，在贸易背景真实的情况下，依据核心企业的信用状况决定是否提供融资。此时，主要的风险来源于进口企业的信用状况，如果最后进口企业拒付甚至破产，那么这笔应收账款将成为一笔坏账。所以，在提供应收账款融资前，银行应加大对核心企业的信用调查。

（二）预付账款模式

在跨境 B2B 进口贸易中，进口跨境电商在向国外企业采购原材料时往往需要预付部分货款，这一环节往往会成为进口企业资金流动的瓶颈，进而影响整个供应链的正常运营。进口企业可以利用预付账款购买到的商品或权利向银行进行抵押担保，从而获得短期融资。预付款融资实际上是一种未来存货质押融资。保兑仓融资模式是最常用的预付款融资模式，参与者一般由进口跨境电商（融资方）、出口企业（核心企业）、商业银行、第三方物流监管机构四方构成。

预付账款融资模式允许进口企业在没有任何现货商品抵押或保证的前

提下，利用未来存货作为质押进行融资，极大程度上缓解了资金压力。进口企业可以利用银行的信贷支持进行大批量采购，从而享受折扣价格；或者可以提前锁定优惠的采购价格，防止涨价风险。这样就使得采购成本大大降低，一定程度上可以减少对资金的占用。进口企业还享有分批付款、分批提货的特权，企业不会再为需要筹集大量资金而发愁，很好地实现了杠杆采购。

与传统的贸易融资不同的是，在供应链金融这种模式里，银行在核心企业提供回购承诺后对融资企业进行融资。由于有国外核心企业作出的承诺回购作为担保，所以对于银行来说，其授信风险可以大大降低。这种融资模式的风险主要来自物流企业的资信情况以及货物监管情况，其信用状况是否良好、监管是否得当都是融资风险的决定因素。

（三）存货质押模式

存货质押模式适用于供应链各个环节中，只要是企业有存货，便可以利用存货向金融机构申请融资。在传统的贸易融资方式下，由于固定资产不能多次抵押，因此，进出口企业常常因为缺少抵押物而融不到资金；而在存货质押融资模式下，跨境电商可以把存货抵押给银行进行融资。

在存货质押融资模式下，参与方主要有四个：银行、物流机构、跨境电商和核心企业。首先，融资企业应该把要抵押的存货移送至物流企业，通常是银行事先指定的机构，物流机构给融资企业签发一张收据，融资企业可以凭此向银行申请融资。银行与核心企业签订协议，以确保在融资企业不能偿付贷款的情况下，核心企业回购融资企业质押给银行的存货，以替融资企业偿付贷款。当融资企业需要提取货物时，需要向银行交纳一定数额的保证金或者等价物，之后银行才会指示物流机构放货。

存货质押模式有两种融资模式，一种是静态的，另一种是动态的。二者的区别在于一个只能用保证金的方式提取货物，而另一个可以以货易货。在静态存货质押融资模式下，企业要想提货，必须向银行交纳一定数额的保证金，所以在企业资金紧张的情况下，无疑又新增了缺货的风险。而动态存货质押模式则相对灵活，如果企业质押的存货价值超过银行规定的数额，企业就可以随时提货；如果没有达到这一限额，企业则需要交纳一定的保证金或者等价物。因此，即使企业资金紧张，也可以提取到货物。而且，用其他的存货来代替质押存货，还可以节省企业的库存空间，降低库存成本。

传统的融资模式只能用固定资产作抵押，且不能多次抵押；而存货质押模式下，企业可以用存货作为抵押物向银行申请融资，并且，核心企业作出回购承诺，使得银行的风险大大降低。该模式的风险主要来自两个方面：第一，融资企业的质押存货是否具有足够的价值，存货是否具有流动性风险；第二，物流企业的信用问题，是否存在物流企业和融资企业相互串通，如开具假的仓单或者提供虚假的质押存货的价值。此外，即便存货价值可靠、仓单真实，在后续的存货监管问题上，也是对物流企业的一个考验。

二、企业主导的供应链金融模式

（一）物流企业融资模式

在物流企业融资模式中，物流企业将完全取代银行，不仅提供仓储和监管功能，还对跨境电商（融资企业）提供融资支持，甚至可以提供一体化的供应链金融服务。以保兑仓模式为例，如果没有银行的参与，由物流企业完全替代银行的作用。

当融资企业无法全额支付核心企业的货款时，基于核心企业的信誉，物流企业可以先行垫付货款，然后将货物定期或分批发放给融资企业。

传统的融资方式多是由银行主导的，融资支持来自银行，而在这种模式下，融资支持与物流监管的功能全部由物流企业承担，也就是不需要银行的参与。银行在货物仓储和监管方面并不擅长，而这正是物流企业的长项。而且，物流企业由于对融资企业和所监管的货物比较了解，融资风险比较小，也不会发生物流企业和融资企业联合向银行骗贷的情况。

（二）战略关系融资模式

战略关系融资是指核心企业基于与跨境电商（融资企业）长期稳定的合作关系而向融资企业提供的融资服务。随着供应链竞争的加剧，如何推动供应链上下游企业的发展、提升供应商和经销商的质量，成为核心企业普遍关注的问题。现在提出的战略关系融资就是核心企业对跨境电商进行的融资活动，旨在达到互惠互赢的目的。

战略关系融资主要有两种方式，即发放贷款和贸易信贷。发放贷款是比较直接的融资方式，主要针对上游供应商。供应商在资金紧张的情况下，可以向下游核心企业申请贷款，核心企业甚至会主动了解供应链的资金情况，发放一定的贷款，满足供应商的资金要求，提升供应商的质量，从而提升整条供应链的质量，增强整体的竞争力。

贸易信贷的主要方式是延期付款，主要针对下游经销商。贸易信贷在缓解经销商资金紧张方面起到了很大的作用，对于核心企业来说，贸易信贷可以使其购买商加大订单量，甚至吸引更多的购买商。因此，贸易信贷对于供应商来说，可以说是一种有效的竞争手段。此外，贸易信贷还可以带来积极的外部效应。一般情况下，经销商经销不同的产品，当一个供应商向其提供贸易信贷时，该经销商的资金状况得以缓解，可以继续向其他的供应商正常下单甚至增加订单量。

传统的贸易融资下，融资主要是上游企业对下游企业提供的延期付款方式，是一种被动的融资支持。而供应链金融下的融资服务，主要是核心企业主动地对上下游企业提供的融资支持，其出发点是供应链的整体效益。可以说，供应链金融是一种更广义的融资。

三、供应链金融操作模式之间的比较

（一）不同融资阶段的供应链金融模式比较

供应链金融的三种主要融资模式之间既有相同之处又有差异之处。三种融资模式分处于供应链不同的节点上，分别适用于不同的融资环境，因此在选择融资模式时要因地制宜，根据实际情况选择适当的融资方案，三种融资方案也可以结合使用。如动态存货质押融资结合应收账款融资，在赎回货物阶段用对其他核心企业的应收账款赎回，这样不仅获得了融资，而且收回了货物，解决了企业的应收账款。

（二）银行主导和企业主导的供应链金融模式比较

传统的供应链金融是由商业银行主导的，基于银行信用对融资企业提供的融资活动；而企业主导的供应链金融则是由供应链中的物流企业或核心企业主导的，基于商业信用对供应链上下游企业提供的资金支持。其区别主要在于以下几个方面。

第一，参与方不同。在传统的融资模式下，预付账款模式和存货质押模式有四个参与方，分别是银行、核心企业、融资企业和物流企业，应收账款模式不需要物流企业的参与。在物流企业融资模式下，没有银行的参与。战略关系融资参与方更少，只有核心企业和融资企业。

第二，主导方不同。传统的供应链金融模式是由银行主导的，物流企

业融资模式是由物流企业主导的，战略关系融资是由核心企业主导的。

第三，信用类型不同。前者是银行信用，后者是商业信用。

第四，资金来源不同。前者来源于供应链外部，后者来源于供应链内部。

第五，质押物不同。传统的供应链金融模式下，需要融资企业提供债权或物权形式的质押物，物流企业融资模式主要是物权，而战略关系融资模式不需要质押物。

可见，企业主导的供应链金融模式是传统的供应链金融模式的进化模式，参与方越来越少，资金来源也由供应链外部的支持转变为供应链内部企业的关系融资，基于长期的信任，质押物从有到无，更方便了中小上下游企业融资，也提升了我国进出口企业的信誉。

四、大数据环境下供应链金融线上化

线上供应链金融也叫作电子供应链金融，它把供应链金融从线下搬到了线上，由纸质化变成电子化，是供应链金融的未来发展趋势。线上供应链金融主要实现了三个电子平台的对接，包括企业电子商务平台、物流供应链管理平台以及银行资金支付平台。通过与电子商务平台对接，节点企业可与核心企业在线进行下单签约、融资出账、支付结算以及还款等商务活动。而为企业（存货型融资模式）提供抵押或质押、入库、赎货等服务的在线办理则需要通过与物流供应链管理平台的对接。同时物流监管方（一般是物流企业）则可以通过该系统实现对抵押物或质押物的统一管理，加强与银行之间的协作关系，保障银行与物流监管方的信息对称性。另外，由于与银行在线支付平台紧密衔接，银行就可以随时监控资金流的动向及安全，以便进行融资风险的控制与监管。这样，线上供应链金融就可以起一个纽带作用，将商务交易与金融活动的各方参与者牢牢联系起来，实现商务流、资金流、物流、信息流的数据统一与实时共享。银行据此就可以为供应链上的核心企业或者节点企业提供全方位、全流程和多层次的线上金融服务。

（一）订单交易电子平台

订单可视化平台展示了整个供应链的操作流程，包括订单订立前、订单订立及后续的装运、收货、融资，给银行提供了授信依据，银行可以此可视化的交易信息为依据进行融资评估。具体操作流程如下：下游的核心企业通过 ERP 系统下订单后，订单信息将会通过网络自动传输到可视化平台上。

上游企业接受订单并安排运输，下游企业收货。然后上游企业开具发票，下游企业付款。所有的环节都体现在了平台上，银行可以通过平台看到订单在每个环节的执行情况，有效地解决了银企之间的信息不对称性。

（二）物流管理电子平台

物流可视化平台能够实时地跟踪货物，监督物流的执行情况，涵盖采购、生产、销售等所有环节。银行可以通过此平台掌握货物的去向，并以此控制货权、跟踪订单、防控风险。

（三）存货可视化平台

存货可视化平台实现了供应链各个阶段的存货的可视化，从而监控上下游企业的存货、加强对存货所有权及价值的控制力。存货包含的信息主要包括生产制造企业（核心企业）的原材料、在产品、半成品和产成品以及下游企业的销售库存。所有的信息都可以在平台上获得，可以有效地防止欺诈行为。尤其是这些存货用于融资时，第三方机构可以实施实时监管存货周转率、最大库存量和存货现金流。

第二节 跨境电子商务供应链金融风险防范

一、供应链金融在对外贸易中应用的风险

在跨境贸易中，供应链金融的应用给各参与方都带来了一定的利益，但也正是由于参与方众多，不仅包括国内企业，而且包括国外企业，因此会涉及各个地区、各个行业参与其中，必然会面临一定的潜在风险。

（一）供应链自身风险

供应链融资最主要的风险就是复杂性与不确定性。供应链上下游企业是众多而管理机制不健全的中小型企业，随着供应链的发展和完善，会有越来越多的企业加入，如果供应链管理机制不完善，整条供应链企业都会受到损失，而核心企业作为供应链最大的受益者，必然会遭受最大的连带损失。供应链融资的另一个风险便是由一个企业风险引发的供应链风险。供应链金融发展得越完善健全，各个企业间的联系与约束就会更加紧密，如果其中一家企业出现信用风险，便会连带上下游企业遭殃，使风险迅速蔓延整个供应链条，导致供应链崩溃，损坏核心企业的利益。

（二）企业信用风险

信用风险主要来自处于供应链上下游的中小企业，在跨境网络贸易中则主要表现为中小跨境电商。中小跨境电商为了顺利实现融资，在企业进行原材料采购、商品生产及销售环节可能会采取提供虚假报表、欺诈、恶意串通等违法行为，加大了银行对企业调查分析的难度，使得银行无法获取真实有效的企业数据，无法分析企业的真实贸易背景，因此无法采取合理有效的管理监督措施，更无法预测此行业的发展前景。最重要的是加大了银行的融资风险，提高了银行的不良贷款率。

（三）运营风险

供应链金融的运营风险主要体现在两个方面：一方面，供应链金融业务的顺利开展，需要银行的层层把关，银行从客户的需求出发，经历产品设计、原材料采购、商品生产及销售等各个环节，每个环节银行都需要进行风险评估，严格把控，保证供应链条的安全性与真实性；另一方面，供应链的物流运输需要进行专业考评，必须选择管理制度健全的物流企业，才能保证供应链金融的正常高效的发展，物流的专业水平不仅关系着供应链业务的顺利开展，也决定了供应链金融的运营风险。随着电子平台的发展，运营风险将成为供应链金融面临的主要风险。

（四）法律风险和汇率风险

在跨境贸易供应链金融运作中，由于涉及不同的国家，首先面临的便是法律风险，不同时期、不同国家，对同一个贸易项可能会有不同的规定，即便是在同一个时期，不同国家对同一件法律行为也有不同的法律解释。因此，必须要充分了解供应链企业所在国的法律及相关法规条文，以免造成不必要的法律风险。其次便是汇率风险，供应链中包括不同国家的企业，会时刻面临着汇率风险，因此一定要处理好汇率变动和保险等问题，以免给供应链金融各参与方带来不必要的损失。

二、风险来源分析

在线上应收账款融资业务中，出口跨境电商与出口综合服务商间的信息不对称导致了交易前后逆向选择和道德风险的产生，使得出口综合服务商很难对有融资需求的出口跨境电商进行有效的筛选和监督，导致了风险的产生。在融资协议签订前，由于出口跨境电商保有私人信息，不愿意与出口综合服务商共享，造成出口综合服务商无法准确全面地了解出口跨境电商实际的还款能力、经营状况以及进出口双方的合作记录，难以甄别出哪些是有真实交易背景和还款能力的出口跨境电商，导致部分出口跨境电商伪造虚假贸易背景进行应收账款融资；在融资协议签订后，出口跨境电商可能会出现由于企业自身或者外部环境的变化影响履约能力的情况，却不愿如实告知出口综合服务商，给出口综合服务商带来了潜在的风险。因此，出口综合服务商在应收账款融资业务中面临的风险主要来源于信息不对称。

信息不对称产生的原因主要有两点：第一，获取信息的成本影响了出口综合服务商收集信息的积极性。信息成本是一种特殊的交易成本，出口综合服务商要获取借款人某一方面的信息时，必须要投入一定的人力、物力和财力，这就使得出口综合服务商在收集信息前会进行成本收益的比较，在收益小于投入的成本或者无力支付信息成本时就会放弃收集该项信息。第二，存在难以获取和传递的软信息。软信息区别于财务信息等易于标准化和可传递的信息，主要指出口综合服务商通过与企业的长期接触所获得的关于企业的声誉、经营者的品格等难以量化、验证和传递的信息。一般软信息只能依靠出口跨境电商与出口综合服务商之间的长期合作获取，很难通过简单的线上提交的资料来呈现。由上述原因所带来的信息不对称造成了进出口跨境电商与进口综合服务商的逆向选择和道德风险行为，最终导致出口综合服务商承受种种风险。

（一）逆向选择带来的风险

逆向选择出现在代理人在合约关系开始之前就保有私人信息的情况下，即代理人在签订合约之前就拥有影响合约价值的重要信息，而设定合约条件的委托人则不具备此信息。在应收账款融资业务中，逆向选择问题主要表现在，越难按时拿到进口商货款出口跨境电商越有动力积极寻求预付款融资。

（二）道德风险在应收账款融资业务中的表现

假设在签订协议后，代理人的行为无法被委托人观察到，或者即使可以被委托人观察到，代理人履行合同的努力也没有被包含在协议的条款中，由于这种原因造成的信息不对称被称为道德风险。

在应收账款融资业务中，考虑进口商提出争议的情况，此时进口综合服务商有可能将应收账款反转让给出口综合服务商，因此出口综合服务商面临着向出口跨境电商追讨预付款的任务。出口跨境电商如果在拿到预付款融资后产生道德风险，没有按照协议约定用于正常的经营活动，而是用于投资高风险项目时，出口综合服务商必然会因为无法从出口跨境电商处追回资金而承受更大的风险。

（三）信息不对称风险在线上应收账款融资业务中的具体表现

对于出口综合服务商而言，与出口跨境电商之间的信息不对称所带来的风险主要表现在出口跨境电商对自身状况的隐瞒及其对贸易背景或应收账款的不利信息的隐瞒上。

1. 信用风险

由于应收账款融资业务有应收账款的回款作为融资款的还款来源，所以被认为是风险较小的业务品种，很多出口综合服务商也因此放松了对出口跨境电商信用状况和资质的审核。但是，如果出口综合服务商因此忽略了对出口跨境电商的贷前调查，导致其在办理应收账款融资业务前通过伪造财务报表的方式隐瞒自身不良的还款能力，并以此通过出口综合服务商对应收账款融资企业的贷前资料审核时。一旦进口商提出争议并拒付货款，作为出口综合服务商需要向出口跨境电商追索预付款时，就会发现出口跨境电商根本没有能力偿还，甚至出口综合服务商就会因此遭受资金损失。尤其是对于线上应收账款融资业务而言，由于出口综合服务商往往缺少了实地调研的环节，对于资料的真实性无法进行有效的核查，这就给了部分资质较差的出口跨境电商可乘之机。

2. 履约瑕疵风险

出口跨境电商的履约瑕疵风险主要表现为其不能遵守进出口合同约定；无法按时交付合格货物导致进口商提出争议的风险；增加了融资本息无法得到按时偿付的风险。履约风险主要出现在以下两种情况：

第一种是出口跨境电商在签订应收账款融资协议前隐瞒自己不具备履约能力的事实。在这种情况下，由于出口跨境电商无法严格按照与进口方签订的国际贸易合同按期交付合格货物，使得进口商会据此提出争议，进口综合服务商的担保付款责任也会因此被暂时解除。在争议长时间无法得到解决的情况下，出口综合服务商由于无法按时拿到应收账款的回款，其为出口跨境电商提供的预付款就无法得到还款保障。因此，出口跨境电商是否能正常履约、按时交付质量合格的货物，对于出口综合服务商而言非常重要。

第二种是即使出口跨境电商具备履约能力，由于其在转让应收账款后可以很快拿到出口综合服务商预付款，并且将不能及时足额拿到进口商回款的风险转移给了第三方。因此，出口跨境电商可能会出现道德风险，不积极履行进出口合同导致产品的质量、数量或者交货期与合同规定不一致，导致进口商据此提出争议。

对于线上应收账款融资而言，出口综合服务商很难通过出口跨境电商线上提交的格式化的资料准确地了解到产品的质量水平，也由于缺乏事前的实地调研而准确地掌握出口跨境电商的产品质量水平。

3. 欺诈风险

应收账款融资业务中的欺诈风险指出口跨境电商（常与进口商串通）通过出具虚假发票、高开发票金额或者故意违反国际贸易合同，使得进口商拒付等方式骗取出口综合服务商融资款的行为。由于应收账款融资业务针对的是跨境贸易中产生的应收账款，具有跨国性的特征，涉及管辖权、取证、法律适用等一系列的问题，这给出口综合服务商打击欺诈行为设置了重重障碍，也为一些不法分子提供了可乘之机。

在应收账款融资实务中，出口跨境电商的欺诈风险主要表现为以下两种形式——欺骗性履行贸易合同和伪造虚假发票融资。

欺骗性履行贸易合同指出口跨境电商与进口商串通，故意违背国际贸易合同，实施贸易欺诈，骗取应收账款融资的行为。在应收账款融资业务实践中，存在一些经营状况非常差的出口跨境电商，与进口商串通，向出口综合服务商申请应收账款融资业务。通过粉饰财务报表、隐瞒自身经营状况等方式躲过出口综合服务商对出口方的资信审查，在提交发票等文件后，向出口综合服务商申请应收账款融资项下的预付款，之后按照合同规定的装运期，发运劣质货物给进口商。在这种情况下，出口跨境电商看似已经履行了贸易合同约定的交货义务，但等到应收账款即将到期，进口综合服务商催收时，进口商就会以货物质量不符合合同规定为由提出争议并拒付货款。由于难以对货物进行实地调查取证，再加上对相关产品的质量标准不熟悉，出口综合服务商很难判断争议发生的真正原因，只能督促进出口双方尽快解决争议，等到进口综合服务商反转让应收账款时，出口跨境电商可能早已无力偿付，而出口综合服务商为其提供的预付款也很难追回。

伪造虚假发票融资指出口跨境电商利用伪造的商业发票向出口综合服务商申请应收账款融资业务。由于出口跨境电商的虚假发票是基于捏造的贸易背景的，因此，势必得不到进口商的付款，这就直接造成了出口综合服务商的损失。

对于线上应收账款融资业务而言，如果出口跨境电商未通过出口综合服务商办理物流或者结算退税等业务，仅依靠电子版的进出口合同和发票，出口综合服务商是很难对贸易的真实性进行判断的。

4. 应收账款权利瑕疵风险

在应收账款的转让中，出口综合服务商最基本的要求是能够取得完整的、排他的所有权，但是当出口跨境电商转让的应收账款存在权利瑕疵时，就会出现出口综合服务商与其他第三方之间的权利冲突。此时出口综合服务商可能会由于第三方的权利主张无法全额收回应收账款，也因此面临着预付款无法收回的风险。

权利瑕疵主要出现在以下两种情况：

第一种是当出口跨境电商作为中间商时，若出口跨境电商的前手卖方对供应商出售的货物仍保留所有权的情况。在这种情况下，一旦出口跨境电商破产时，前手卖方和出口综合服务商之间就存在着直接的权利冲突。

第二种是出口跨境电商将已办理应收账款融资业务的应收账款又转让给第三方的情况。在这种情况下，对于哪个受让人权利优先的问题，大多数国家一般采用的是通知优先的规则，即谁先通知了债务人谁就享有优先权；也有国家采用登记在先的原则，即登记在前的债权受让人享有优先权。对于这种情况，出口综合服务商可以在应收账款融资服务协议中作出明确的禁止性规定，避免以后出现权利冲突。

三、针对逆向选择的风险管理

信号发送和信息甄别就属于代理人和委托人可以各自主动采取的能够有效缓解事前信息不对称的解决机制。对于应收账款融资业务而言，拥有较高质量的应收账款和较低风险的出口跨境电商希望出口综合服务商能够了解到这一信息，而出口综合服务商也希望能够甄别出低风险的优质客户。因此，从出口综合服务商的角度来看，它一方面可以鼓励拥有较高质量的应收账款和较低风险的出口跨境电商主动采取一些行动，向出口综合服务商证明自己良好的履约能力；另一方面也可以通过机制设计来自行识别出优质的出口跨境电商。

综上所述，利用信号发送和信息甄别理论，可以整理出以下几个防范出口跨境电商的逆向选择风险的可行措施。

（一）增加对出口跨境电商的实地授信调查

对出口跨境电商自身进行实地授信调查，可以在很大程度上降低出口跨境电商的信用风险和履约瑕疵风险。

经过详尽的贷前调查，出口综合服务商可以更好地判断出口跨境电商的风险等级，并且可以根据出口跨境电商风险等级的不同给予其相应的应收账款融资额度和利率，再通过制订与出口跨境电商的风险大小相匹配的应收账款融资方案降低出口跨境电商的逆向选择风险。

在应收账款融资业务中，出口综合服务商应当在实地贷前调查重点考察以下几项：首先，应当通过观察或询问判断出口跨境电商目前的经营状况，了解出口跨境电商实际的还款能力；其次，根据出口跨境电商所在行业的产品质量标准，对照出口跨境电商近期生产的产品，了解出口跨境电商的生产质量标准，避免履约瑕疵风险。

通过实地的贷前调查，结合出口跨境电商线上提交的资料，出口综合服务商可以基本掌握申请企业的真实状况，甄别出不符合要求的出口跨境电商，从源头上杜绝了信用状况较差的出口跨境电商通过伪造信息、掩盖自身的不良状况以获取应收账款融资等情况的发生。

（二）考察进出口跨境电商贸易背景

在对贸易背景的审核中，出口综合服务商可以鼓励出口跨境电商提供尽可能多的能够证明进出口双方长期良好合作关系的单据，比如合作初期的贸易合同、报关单、货物提单等。在对贸易背景的考察中，需要注意以下几个方面：一是根据进出口贸易合同了解双方的合作时间、结算方式及付款期限，判断其是否符合出口跨境电商所在行业的交易习惯；二是通过观察出口跨境电商提供的针对同一笔业务的报关单、结汇水单、退税单等单据上的信息是否一致来判断贸易的真实性；三是通过与出口跨境电商公司负责人交谈了解进口方是否存在未能按时付款情况、是否产生过产品质量或货款纠纷。

除此之外，还需要注意以下几点：一是进出口双方是否存在关联关系，这是为了避免进出口双方恶意串通以虚假贸易进行融资；二是进口方和出口方是否存在双向贸易，在这种情况下，容易出现货款互抵的现象；三是进出口双方在以往的交易中是否还有争议未解决，若存在尚未解决的争议，则进口方容易以此为由拒绝付款。此外，对于出口综合服务商而言，由于其提供的是全链条的服务，因此，可以通过参与到出口跨境电商的发货、结算、退税等贸易环节中来彻底规避虚假贸易背景融资的风险。

（三）对应收账款质量进行评估

公司出现的利用虚假发票进行融资的情况，出口综合服务商需要仔细检查应收账款是否符合应收账款融资业务的要求，及时拒绝不合格的应收账款，降低由出口跨境电商的逆向选择带来的风险。

在对应收账款真实性的审核中，出口综合服务商应注意应收账款的账期、金额是否符合双方的交易习惯；进出口双方交易的产品是否为以往交易记录中经常出现的商品；贸易合同中对产品质量的要求、对产品数量的规定以及交易结算方式是否与出口跨境电商所在的行业特点相匹配。

（四）通过大数据分析掌握企业信息

公司自建的 B2B 网站，可以积累有一定的客户信息，因此，它可以利用自身积累的企业信息，加上通过爬虫软件在互联网上抓取的出口跨境电商的其他信息，以减少与出口跨境电商之间的信息不对称程度，避免出口跨境电商的逆向选择行为。此外，公司还可以通过对获取的海量信息的分析，实现对线上申请应收账款融资的出口跨境电商的智能筛选，避免内部人员的操作风险。

四、防范道德风险的激励机制设计

根据上文的分析，在签订应收账款融资服务协议后，出口综合服务商作为委托人希望代理人，即出口跨境电商能够努力履行协议。然而，出口跨境电商却从自身利益最大化角度出发，选择隐瞒自己了解到的关于进口商的不利信息，并且继续与其进行交易或者将融资款用于高风险投资，在这种情况下，出口综合服务商势必会承受更大的风险。

为了避免出口综合服务商因为出口跨境电商的道德风险而蒙受损失，应用信息经济学的相关理论，再结合应收账款融资业务的特点，可得出以下两种可行的策略：一是根据激励相容理论，制定风险共担合同，使得积极履行应收账款融资合同成为出口跨境电商的最优选择；二是与出口跨境电商建立长期合作关系，形成动态激励机制。

（一）制定风险共担合同

根据激励相容理论，若委托人无法观察到代理人的行动，则在任何激励合同下，出口跨境电商总是会选择使自己期望效用最大化的行动，因此，优化委托代理契约是解决委托代理效率低下问题的关键。将此理论应用到应收账款融资业务中，可以得出如下结论：出口综合服务商若想在信息不对称的情况下保证出口跨境电商能认真履行应收账款融资合同约定，可以通过设计合理的风险共担合同，使得积极履约成为理性的出口跨境电商利益最大化的选择。在应收账款融资市场上，出口综合服务商一般通过设定融资比例来实现与出口跨境电商之间的风险共担。

此外，针对公司出现的履约瑕疵问题，出口综合服务商也可以设计相关反转让条款以实现对出口跨境电商不积极履行应收账款融资合同约定的负向激励，以减少出口跨境电商履约瑕疵发生的可能性。根据应收账款融资业务的特点，一旦出口综合服务商进行了反转让，其承担的担保付款责任将立刻解除，同时，有权向出口跨境电商索回之前为其提供的预付款融资的本金及利息。因此，出口综合服务商的反转让行为相当于对出口跨境电商不认真履约的惩罚。

（二）建立动态激励机制

动态激励机制相当于建立了一种弹性的贷款制度，它的作用机制是一个长期的重复博弈的过程。在动态激励机制下，企业的历史还款记录被纳入合同框架中，作为以后给予该企业融资额度时需要参考的一项指标，出口综合服务商通过长期的观察来发现企业的真实信用水平。在这种长期重复博弈中，企业拖欠贷款的代价可能是永远得不到贷款，因此，动态激励机制可以有效地降低企业的道德风险。动态激励机制的具体做法包括以下三种：第一种是黑名单制度，如果借款人发生拖欠行为或者无法偿付贷款，即违反了合同约定，那么该借款人将失去未来的贷款机会；第二种是贷款额度的累进制，即拥有良好还款记录的企业将在后续的贷款中得到更高的额度；第三种是弹性制，主要是根据企业面临的客观环境的变化，在原有贷款合同的基础上对一些条款进行修改。比如在企业销售淡季时适当延长贷款期限，减少还款频率等，相当于为企业在违约之外提供了另外一种选择，可以有效降低企业的违约风险。

第三节 移动支付商业生态系统

随着移动电话的普及，移动电商占比不断提高，而移动支付在其中功不可没。跨境电商业务遍及全球，不可避免要研究全世界不同的移动支付生态系统。同时，随着移动支付的国际化进程不断加快，健康有竞争力的国内移动支付系统必将成为我国跨境电商快速发展的坚强后盾。因此，下面将透视具有代表性的国家移动支付生态系统，并为我国移动支付的未来发展提出政策建议。移动支付产业各参与方处在错综复杂的商业生态系统之中。下面首先利用商业生态系统构建移动支付商业生态系统的结构，再对移动支付商业生态系统的特征进行了阐述。

一、移动支付商业生态系统的结构与特征

根据商业生态系统的相关理论，构建移动支付商业生态系统结构。移动支付商业生态系统中的核心成员包括卡组织、银行等金融机构、移动支付服务提供商、移动运营商和移动支付设备提供商。它们共同搭建移动支付平台。移动支付平台和移动支付设备将消费者用户与商家用户连接起来，从而实现移动支付。监管机构对整个移动支付市场进行监督和管理，以保障移动支付行业健康有序，用户权益得到保障和维护。

虽然对"移动支付商业生态系统"在理论上还没有一个明确精准的定义，但可以根据"商业生态系统"的三个特征，概括得出"移动支付商业生态系统"的主要特征：系统内部具有复杂性；参与者之间相互竞争与合作；系统呈现动态协同进化。

（一）系统内部具有复杂性

移动支付商业生态系统成员众多，且相互之间的关系较为复杂。这主要是由于移动支付产业不仅涉及金融、电信领域的诸多参与者，还有移动支付服务提供商以及移动支付设备提供商等相关行业的其他成员。移动支付的实现是需要多个行业跨业共同完成的，这也是移动支付商业生态系统区别于

其他行业的商业生态系统的一个地方。另外，外国的移动支付服务提供商也纷纷涌入本土移动支付市场，在加剧竞争的同时，也让原本的移动支付成员之间的关系更加复杂。

（二）参与者之间相互竞争与合作

在原有的支付行业的基础上，随着新技术的发展和运用，用户新的需求的产生和满足，新的市场参与者在纷纷涌入移动支付市场，而原有支付市场的市场主体也在进行自身战略的调整，以维护自身市场地位。在进攻与防御战略的推拉中，市场利益相关者之间的竞争从未停止过，但竞争不是全部，合作也成为市场主体自身战略的重要一部分。

技术是移动支付成长和发展的重要动力，也是移动支付市场竞争者的利器，更是形成良好移动支付商业生态体系不可或缺的一部分。移动支付是技术也是服务，因此，任何技术的成功运用和推广，消费者都是不能忽视的重要影响力。移动支付生态系统中消费者也是重要的组成部分。当然除了行业内部的因素，外部的影响也不可小觑，如社会文化、法律和法规等。

（三）系统呈现动态协同进化

移动支付被普遍视为支付领域的下一场革命，其中蕴含的巨大潜力不言而喻。移动支付商业生态系统中的众多成员之间的竞争与合作，促进了移动支付技术的创新、推广和广泛应用。与此同时，移动支付相关行业标准的日渐明确和相关监管规范的不断完善，推动了移动支付商业生态系统的动态发展，并使其朝着稳定健康的方向发展。而利益相关者也在这个过程中不断完善自身，提高技术水平，明确自己的市场地位和职责。这正是移动支付商业生态系统中的成员和其自身的动态演化。

二、市场主要参与者

我国移动支付商业生态系统的成员主要有第三方支付平台、移动终端设备提供商以及银联、银行等传统的金融机构。银联在我国移动支付生态系统的形成中起到了基础的作用。但第三方支付平台才是真正意义上推动我国移动支付快速发展，并培养起我国消费者的移动支付消费习惯的系统成员。移动手机制造商也在自身的设备开发中，不断提高自身的技术，为移动支付的发展提供了技术和设备支持。

不难看出一个国家的移动支付商业生态系统的形成和发展都是基于本

国特点，但也都离不开商业生态系统内的参与者的共同努力。如果商业生态系统中有能担当骨干型企业角色的市场主体存在，则移动支付的商业生态系统就能更快地建立、更好地发展。

三、技术创新与行业标准

移动支付的市场主体实施的竞争与合作战略都是基于技术展开的。原有市场主体加大对技术的投资或建立联盟形成技术壁垒，以保持竞争优势。新的市场进入者会选择基于现有的技术谋求新的发展与突破。共同的技术基础也是市场主体间合作战略实现的关键，统一的技术标准对移动支付商业生态系统的稳定和长远发展至关重要。

我国移动支付的市场参与者不缺乏技术创新的实力，但还需要将技术与实际应用完美地结合，为消费者提供先进、安全、便捷的支付方案。同时，市场参与者还应共同努力早日建立我国的移动支付相关技术的行业标准。

四、监管政策

我国的移动支付市场主体展开激烈竞争，都希望自己能成为标准的受益方、市场的主导者。但为了建立健全我国的移动支付商业生态系统，我国移动支付行业标准的建立就更加迫切。整个移动支付商业生态系统的稳定和长远发展需要市场参与者的共同努力。

第四节 跨境电子商务金融创新的对策

一、大力促进跨境电商供应链金融业务的发展

（一）重视供应链金融的重要性

银行必须更新其传统的融资观念，把眼光放到整条供应链上，充分了解供应链金融的优势和风险，积极开展外贸供应链金融业务。这样一来不仅可以解决进出口跨境电商的融资困境，还可以为自身提供丰富的业务资源。银行必须加强产品创新，考虑不同的情形，设计适用环境不同的、操作性强且风险好掌控的供应链金融产品，以适应市场的变化，赢得更多的客户。在供应链金融产品的运用和推广中，对于专业人才的素养与专业技能更是有着严格的要求，要求团队成员有着全面的专业知识储备，并且能够全面考虑产品带来的风险，从而保证供应链金融产品的设计、推广和实施。

在供应链金融这一新兴融资方式越来越成为主流的形势下，进出口跨境电商很有必要设立专门的供应链金融管理机构，培养相关的业务人员。在传统的贸易融资模式下，许多贸易融资事件的风险来源于物流企业的监管不力。在供应链金融中，物流企业扮演着非常重要的角色，给物流业的发展带来了新的契机。因此，物流企业必须加强自身的建设，包括合规性建设、信用体系建设、管理能力建设等。

（二）促进供应链金融线上化

信息技术是供应链金融的推动者，它提供的电子平台把商业信息和融资信息连接起来，实现了供应链中主要环节的透明化。在中国国内，由于供应链中信息的透明度和可视化程度较低，金融机构在提供融资的前期评估阶段有很大困难。虽然银行强调单据要和信用证一致，但是单据是可以伪造的，企业的造假行为大大提高了银企之间的信息不对称性。结果是导致银行只能凭借自己对企业的评估来提供融资。但是如果有一个电子平台的话，这种信息不对称性将会明显降低。随着供应链金融的线上化，企业之间的交易信息、物流监管信息变得比较透明，银企之间的信息不对称性明显改善，信用风险也相应降低。

（三）改善风险管理机制

供应链金融不同于传统的贸易融资方式，其风险控制的重点不再是对单个企业财务状况和信用水平的调查，而是对企业间交易背景的真实性及核心企业信用状况的把握，因而银行应改善原有的风险控制机制，建立基于整条供应链的动态评估体系。银行应根据业务和管理的具体情况确定操作风险分类体系，为管理决策者提供有效的风险管理策略。银行需建立专门的供应链融资风险管理运作流程，包括授信决策程序、授信后流程和上下级风险管理部的监控、督导和检查制度；建立完整的风险报告制度，明确报告的周期、内容、曝光的评估方式。

首先，电子平台将订单、物流和存货等参数全部纳入风险评估系统，实时地跟踪供应链全程、监督企业风险。当出现不正常情况时，系统将会发出警告。其次，供应链风险评估系统转化为供应链金融风险评估系统，实现基于订单、存货和物流可视化的现金流的可视化。银行可以根据供应链的运行状况来确定提供给企业的融资额度，并且可以供应链中重要环节的进行作为融资依据，最终对企业的融资申请作出在线回应。最后，通过供应链的电子平台，银行可以从不同维度了解供应链和供应链金融的实际运行情况，掌握真正的交易信息以监控现金流。

在这种融资模式下，透明化、数据共享及供应链金融风险评估系统的建立将会改变基于银行信用的传统融资模式，风险控制手段得到了加强。对银行来说，供应链电子平台的应用能够减少供应链融资过程中的操作成本，并且创新融资产品以吸引更多的客户；对于核心企业，供应链可视化平台的应用加强了其对供应链上下游企业的掌控；对于融资的跨境电商，其拥有的真实的可控的货物所有权或者债权能使其从银行获得更多融资以解决企业的融资困境问题。供应链中的不确定性在整条供应链中可通过信息的共享取得一定程度的降低，同时，提升了整条供应链的信用水平，因此，能从银行得到更多的资金支持，最终实现良性循环和多方共赢。

（四）建立跨境电商信用体系

如何吸纳资信好的客户到供应链生态圈中，是处于供应链中的企业，尤其是核心企业必须要面对的问题。企业应加强对其上下游企业的资信调查，从源头上严格控制风险。核心企业应该带动其所在供应链的包括跨境电商在内的上下游企业，共同完善信用体制，提升自身信用评级，也应同时加强对上下游企业的信用考核，建立相应的激励机制，以鼓励上下游企业规范内部管理和业务操作，从而提升整条供应链的稳定性和竞争力。

企业之间还应该协调信息技术，共同搭建电子平台，以帮助控制风险。核心企业需要引导上下游企业，共同努力搭建电子平台，在促进信息共享的同时，加强对上下游企业的信用风险控制。我国政府机关可以凭借自身主导性的社会地位，引导中小跨境电商建立企业信用评估体系，实现银行与企业数据库信息共享机制，并加强宣传企业诚实信用教育，树立中小跨境电商良好的诚信形象，为中小跨境电商的发展创造和谐的环境。银行应该与政府机构联合，建立一个适用于整个供应链企业的动态信用评估系统，将供应链条里的企业信用全部录入信用系统，以此降低银行评估成本，加快供应链金融的发展创新。政府应在原有的融资平台的基础上，开辟供应链金融平台，把具有融资需求和进出口企业和金融机构容纳进来，让信息得以共享。

二、规范跨境电商网络信贷的发展

（一）利用网络信贷推进利率市场化

网络信贷的健康发展可以作为中国利率市场化的试验田。相比完全由监管部门推动利率市场化进程来说，网络信贷发挥的"鲇鱼效应"更为因地制宜。P2P等网络信贷促进了直接融资的发展，更重要的是，社会闲散资金通过在更低成本、更便捷的网络渠道匹配，形成极快的资金流通速度，使利率可以及时准确地反映资金供给需求情况，进而引导资金的合理流动。

（二）完善跨境电商征信体系的建设

稳健的金融体系离不开完善的信用体系以及信用风险评价机制。信用数据与信用评级公司评分等信息被共享联系起来，便利中小型跨境电商的信用风险定价，促进大数据等分析工具在电商及其经营个人层面的信用评价中的应用，在反欺诈、催收、资产保全、放贷审核方面建立完善的打分机制，为建立并完善包括跨境电商经营者收入认证、学历认证、身份认证、信用报告、实地认证、央行征信系统等在内的信用评价指标，以及跨境电商企业的财务档案、银行信息、信用记录、纳税记录、海关数据等数据库系统，建立失信惩戒制度和失信责任人行业禁入制度，培养专门的中小跨境电商及经营个人信用评级公司。

（三）设置跨境电商网络借贷的准入标准和多层次监管

参照传统金融中介的监管标准，可以要求跨境电商网络借贷行业制定标准的资本金要求、资本补充机制等重要量化指标和规范性制度，确保其能够良好、持续经营，有效履行风险承诺。从注册资本、合格投资人等方面设置最低准入标准。此外，准入标准还应体现在高级管理人员、风险控制等关键岗位的任职资格上，要求跨境电商网络借贷平台公司的经营管理者具备风险识别能力、管控能力和经验，以提升整体跨境电商网络借贷行业的风险意识和承受能力。另外，对不同类型的网络借贷平台应实施差异化对待、分类监管。结合目前我国网络借贷平台发展现状，对风险控制较好、社会效益较高的跨境电商网络借贷平台进行合理的机构认定和转化；对风险可控的平台，可以促进其规范化和合法化；对风险较高的平台，监管机构可以预警、停业整顿，甚至依法取缔。

三、提高对我国移动支付商业生态系统的国际竞争力

（一）立足本国国情

良好的移动支付商业生态系统的形成都是基于一国的国情。

我国在构建移动支付商业生态系统时需要立足我国现阶段的国情。尽管在我国支持移动支付业务开展的金融基础有待完善，但我国消费者的移动支付的支付习惯正在养成，移动支付相关的支付场景也在不断丰富，移动支付技术和用户体验都在改进和提升。市场主体需要在竞争与合作中明确自身的定位，做到各司其职并共同努力确定行业标准。我国针对移动支付行业的监管需要完善，为我国移动支付的发展建立一个良好的社会环境，这样才能促进具有我国特色的移动支付商业生态系统的形成。

（二）处理好对外开放与独立自主的关系

我国在构建移动支付商业生态系统时，应始终秉持开放的心态，坚守主导地位。移动支付的核心不应该是只解决支付，更重要的是形成一个完整的"闭环"。在移动支付体系中，每个利益相关方看重的不仅仅是通过移动支付获得的利润，更关键的是企业由此获得其他途径都难以获得的客户数据，从而更好地指导自身的商业战略与决策。技术提供商、运营商、制造商都能从这个"闭环"中获得自己需要的数据，从而更好地为自身服务，这就是移动支付带来的正外部效应。利用移动支付获得所需信息和数据，显然是市场参与者不断涌入移动支付体系的重要动力，而这恰恰也是移动支付产业的关键性所在。我国的移动支付企业需要守住我国移动支付的主导地位，绝不能受制于外国企业。

在国内市场，市场主体之间形成有效率的良性竞争，共同建立统一的行业标准，通过竞争与合作，使我国的移动支付行业朝着市场化的方向发展。我国本土的移动支付市场参与者中，两家到三家成长为如支付宝这样具有雄厚实力的企业。这些企业也就是未来我国移动支付商业生态系统中的骨干型企业。当然，要成为移动支付商务生态系统中的核心，我国企业还需要提高自身的支付技术、优化消费者的支付体验、让支付更加安全，这样才能提升自身的竞争实力，做到真正的"修内功"。只有我国本土的企业有了过硬的实力，才能不惧外来的挑战。

（三）"引进来"与"走出去"并举

我国移动支付商业生态系统未来的发展应该立足本国，放眼世界，坚持"引进来"与"走出去"并举。

我国的本土移动支付服务提供商应抓住我国进口跨境消费日趋国际化，以及出口跨境电商快速发展的契机，走向全世界，在世界移动支付生态系统中谋求自己的位置。我国有实力的企业可以在世界市场上磨炼自己以提升自身竞争力，通过在世界市场上学习弥补自身的不足，更好地为本国的消费者服务。同时，我国进出口跨境电商企业也将有机会为推动世界移动支付商业生态系统的发展贡献自己的力量。这样移动支付行业，也将成为我国企业走出去，参与国际竞争的重要领域。我们相信，我国移动支付企业有这样的实力和潜力，能走得更好、更远。

（四）市场主体共同努力构建统一的行业标准

我国移动支付市场正处于"跑马圈地"阶段。行业标准的确定，将对市场主体产生巨大的影响。因为行业标准一旦形成，市场主体的市场地位将会有新的洗牌，这带来的市场优势将是很难逆转的。所以，现在的我国移动支付市场的竞争才如此激烈。

如今的我国移动支付领域的行业标准之争主要集中于支付宝、微信为代表的第三方移动支付的二维码与银联为代表的 NFC 技术之争。支付宝与我国本土移动终端制造商华为的合作，就是为了应对银联与苹果、三星公司联合的攻势。尽管这场标准之争越发激烈，但通过合作，各方共同努力建立统一的行业标准的可能性依然存在。

当然，行业标准终究会建立，但其建立的过程不会十分顺利，毕竟牵涉的利益方众多。移动支付行业标准的建立应该是市场参与者共同努力的结果。行业标准的统一不仅关系到市场参与的各方，也是整个移动支付商业生态系统得以稳定发展的基石。因此，我国移动支付的各主体需要深化合作，共同努力尽早建立统一的行业标准。

参考文献

［1］周庭芳，周娜，赵国庆.跨境电子商务实务［M］.重庆：重庆大学出版社，2022.

［2］曹五军.跨境电子商务实务［M］.北京：北京邮电大学出版社，2022.

［3］李毅.跨境电商运营实战攻略［M］.长春：吉林大学出版社，2022.

［4］张科.电子商务纠纷多元解决机制研究［M］.北京：中国商业出版社，2022.

［5］殷秀梅，彭奇.跨境电商实务［M］.重庆：重庆大学出版社，2022.

［6］张艳.跨境电商经济发展研究［M］.北京：中国纺织出版社，2022.

［7］马潇野.当代跨境电商发展研究与探索［M］.北京：中国纺织出版社，2022.

［8］邓娟娟.跨境电商业务开发与数据分析研究［M］.长春：吉林大学出版社，2022.

［9］钟肖英.跨境电商创新创业型人才培养模式的研究与实践［M］.西安：西北工业大学出版社，2022.

［10］王容平，任磊，杨霞.新媒体营销实务［M］.成都：西南交通大学出版社，2022.

［11］李晓燕.跨境电子商务实务［M］.重庆：重庆大学出版社，2021.

［12］谢蓉.跨境电子商务发展研究［M］.北京：北京工业大学出版社，2021.

［13］唐红涛，谭颖.跨境电子商务实践基础［M］.北京：北京对外经济贸易大学出版社，2021.

［14］刘静.跨境电子商务英语人才的培养研究［M］.北京：中国纺织出版社，2021.

［15］王庆年."一带一路"倡议下的跨境电子商务理论与实践［M］.北京：

中国商务出版社，2021.

［16］徐婷，仝玺.跨境电商客户服务［M］.天津：天津社会科学院出版社，
2021.

［17］张彤，朱乐.跨境电商基础［M］.天津：天津社会科学院出版社，2021.

［18］冯江华，汪晓君.跨境电商基础［M］.北京：北京理工大学出版社，
2021.

［19］朱静.跨境电商背景下外贸人才素质构建与研究［M］.南京：河海大学
出版社，2021.

［20］朱秋城.直面危机跨境电商创业［M］.北京：中国海关出版社，2021.

［21］王冰.跨境电子商务基础［M］.重庆：重庆大学出版社，2020.

［22］张夏恒.跨境电子商务概论［M］.北京：机械工业出版社，2020.

［23］唐红涛，谭颖.跨境电子商务实训教程［M］.北京：对外经济贸易大学
出版社，2020.

［24］杨楠楠.跨境服装电子商务［M］.北京：中国纺织出版社，2020.

［25］杜鹃，王冰，蔡君如.跨境电商运营［M］.成都：电子科技大学出版社，
2020.

［26］杨经葵.跨境电商创业实务［M］.长沙：湖南大学出版社，2020.

［27］孟波，胡籍尹，冯永强.跨境电子商务［M］.武汉：武汉理工大学出
版社，2019.

［28］王健.跨境电子商务［M］.北京：机械工业出版社，2019.

［29］徐慧婷，陈志铁.跨境电子商务［M］.厦门：厦门大学出版社，2019.

［30］许辉，张军.跨境电子商务实务［M］.北京：北京理工大学出版社，
2019.

［31］冯晓宁.跨境电子商务概论与实践［M］.北京：中国海关出版社，2019.

［32］唐红涛，谭颖.跨境电子商务理论与实务［M］.北京：对外经济贸易大
学出版社，2019.

［33］王廿重，李雨佳.跨境电子商务背景下国际贸易实务研究［M］.北京：
北京工业大学出版社，2019.

［34］代承霞.跨境电子商务物流管理模式创新及发展［M］.北京：经济日报
出版社，2019.

［35］陈伟芝.跨境电子商务环境下传统外贸企业的转型升级路径分析及对策研究［M］.西安：西北工业大学出版社，2019.

［36］宋磊.移动电子商务［M］.北京：北京理工大学出版社，2019.

［37］陈贵香，冯永强，肖艳.电子商务物流［M］.南昌：江西高校出版社，2019.

［38］林菊玲.电子商务与现代物流［M］.合肥：安徽大学出版社，2019.

［39］杨兴凯.跨境电子商务［M］.沈阳：东北财经大学出版社，2018.

［40］孙东亮.跨境电子商务［M］.北京：北京邮电大学出版社，2018.

［41］黄建平，陈忠.跨境电子商务知识［M］.福州：海峡文艺出版社，2018.

［42］周芳.跨境电子商务网页制作与网站建设［M］.北京：中国商务出版社，2018.

［43］范筱静.跨境电子商务的法律制度与实践［M］.北京：中国海关出版社，2018.

［44］曹红玉.跨境电子商务发展模式与物流优化［M］.西安：西北工业大学出版社，2018.

［45］丁婷等.跨境电商函电与商务写作［M］.北京：中国海关出版社，2018.

［46］柯丽敏，于亚楠.跨境电商零售实务［M］.北京：中国海关出版社，2018.

［47］王多娜.跨境电商实务［M］.天津：天津大学出版社，2018.